Acompañando a morir. Aprendiendo a vivir

ANTONIO FRANCISCO GARCÍA ATENZA

Acompañando a morir. Aprendiendo a vivir

AGRADECIMIENTOS

Un conocido se acercó a una persona muy adinerada y le preguntó cómo había conseguido tanta riqueza. Este le respondió:

—Robando.

—¿Robando?

—Sí, robando.

Así pues, el conocido comenzó a robar en las casas y en los comercios, hasta que un día la policía lo detuvo y lo llevó a la cárcel.

Cuando la persona adinerada descubrió que el conocido estaba en la cárcel, fue a visitarlo y le preguntó qué había pasado, qué había hecho para estar allí, a lo que el preso respondió: «He hecho lo que tú me dijiste que había que hacer para tener fortuna: robar».

El visitante se echó a reír de forma compasiva y le dijo: «Robar, pero no de esa manera. Cada vez que respiro, le robo aire al espacio, a la naturaleza, porque el aire no me pertenece, no es mío. Cuando me caliento con los rayos del sol, los estoy robando, porque ellos tampoco son míos. Cada vez que como, robo comida a la tierra, porque aunque la compre, ni la comida ni la tierra me pertenecen. Cuando leo o aprendo de otros, estoy robando su conocimiento, porque el conocimiento no me pertenece, no es mío. En ese sentido te decía que robaba». (Tomado con modificaciones del Evangelio del Tao)[1].

Así considero este libro, un robo, porque ninguno de los aspectos aquí plasmados pertenecen al autor. Pertenecen a aquellas personas a las que he acompañado como sanitario, cuando estas estaban enfermas o muriendo. Pertenecen a sus familias. Y pertenecen a aquellas personas a las que he acompañado en los cursos de formación que he impartido y a los autores de los libros y artículos que he leído.

Dicho esto, quiero expresar el agradecimiento que siento, de una manera más especial, hacia algunas personas. En primer lugar, quiero expresarlo hacia todos los enfermos con los que he estado trabajando y me han permitido permanecer a su lado mientras morían, porque me han enseñado a vivir la vida de la manera que se describe en este libro, que es a veces dura y difícil, y en otras ocasiones, hermosa. En segundo lugar, quiero expresarlo también a sus familias, porque me han permitido acercarme a «sus» enfermos, permanecer junto a ellos mientras morían, y me han ayudado a acercarme a sus dificultades y a sus vidas.

Quiero expresar mi enorme gratitud hacia Teresa Piulachs, primero maestra, después amiga y ahora hermana del alma, porque ella me enseñó que existía un camino para acercarse a las personas en su proceso de curación, en su proceso de enfermedad y en su proceso de muerte, y porque me enseñó a acercarme a mí mismo, algo que sigo necesitando hacer cada día.

También quiero expresar mi agradecimiento hacia varios profesores de los que he aprendido. El catedrático de psicología José Olivares me enseñó una idea pragmática, empírica, de estudio y de aproximación al ser humano, a partir de la evaluación, diagnóstico y tratamiento psicológico (y todo ello conjugado con el respeto, la humanidad y el rigor metodológico que utiliza en su hacer diario). El profesor Conrado Navalón me permitió acercarme a la universidad en el ámbito de la investigación y en el de la docencia, con sus manos y su corazón siempre abierto a cuantas sugerencias le hacía. La catedrática de psicología compañera de trabajo y amiga, Ana Isabel Rosa Alcázar, ha revisado este libro, me ha animado y me ha empujado a terminarlo, cuando parecía que se resistía a nacer. Y al profesor Gustavo Picazo, que ha actuado conmigo casi como un «comadrón», con sugerencias útiles para que este libro viera la luz, y ayudándome con entrega a redondear la redacción y pulir detalles. Sin él, probablemente este «parto» no se habría producido.

Estoy también profundamente agradecido a Willigis Jäger, maestro zen, autor de múltiples libros sobre espiritualidad, porque me enseñó a manejarme con mis pensamientos, con mi vida, a hacer silencio en mi barullo del pensamiento, y a incorporar ese silencio a mis actividades cotidianas.

Mi agradecimiento a Nguyen Van Ghi, maestro acupuntor, que me enseñó la visión de la medicina tradicional china y la de la complementariedad de los aspectos del ser humano considerándolo no como compartimentado, fragmentado en estructuras, sino desde una perspectiva global, holística.

He tenido muchos otros maestros a lo largo de mi camino, a algunos de los cuales he conocido solo a través de sus libros. Entre estos últimos, quiero agradecer expresamente a Mariano Corbí, porque su libro *Conocer desde el silencio* me ha ayudado a seguir mi camino como si estuviera guiado por una mano segura. También quiero expresar mi agradecimiento hacia Fritjoz Capra, porque con su libro el *Tao de la Física* me ha enseñado a conocer cómo, desde culturas aparentemente muy distintas, se puede llegar a formas de conocimiento profundo muy similares.

Y por último, doy gracias a mis padres, porque a pesar de que han pasado ya muchos años desde que ambos murieran, a día de hoy sigo aprendiendo de ellos. A mi padre le estoy agradecido porque me enseñó una visión del mundo justa, honesta, equilibrada, ordenada, honrada y caballerosa. A mi madre porque me enseñó a disfrutar de la vida y de las cosas («lo más hermoso del mundo son las ganas de comer», «lo más hermoso del mundo es dormir», «lo más hermoso del mundo es reunirse con la familia», y todo era lo más hermoso del mundo). A mi sobrina Leticia Abhissira, porque me ayudó en un momento de la producción de este libro, a revisar aspectos importantes del mismo. A mis hijas, Mónica, Marta y Clara, porque de ellas he aprendido a cómo hacer en la vida en los asuntos cotidianos. Y a Carmen, la mujer con la que he compartido esta vida, mi amiga, mi compañera, mi pareja, mi maestra, porque siempre me ha apoyado, me ha enseñado, siempre me ha alentado a seguir, sin importar lo poco convencional que en ese momento fuera mi camino profesional y personal. Sin ella, no sólo este libro no habría visto la luz, sino que ni siquiera mi vida sería igual de hermosa.

CONTENIDO

PRESENTACIÓN

No alcanzo a entender por qué Antonio me pidió que hiciera la presentación de su obra, de la que me atrevo a calificar como de una extraordinaria comunicación escrita de su **experiencia vital y amorosa del proceso de la muerte**. Soy plenamente consciente que estoy insuficientemente preparado para hacerlo y que no soy, en absoluto, la persona más adecuada para ello. Sin embargo, no conseguí que Antonio aceptara mi negativa y claudiqué con un sentimiento encontrado de profundo agradecimiento y privilegio, asumiendo finalmente su petición, como una tarea de enorme responsabilidad para mi persona.

Cuando hace ya una década me crucé como alumno con Antonio, en uno de sus talleres impartidos de «Acompañamiento en el proceso de muerte, aprendiendo a vivir», y que ofertaba en aquella ocasión la Escuela de Práctica Psicológica de la Universidad de Murcia, me impactó desde el primer instante de conocerlo su **<u>humanidad</u>**, el vinculo humano, profundo y espiritual que como maestro, supo establecer conmigo y con cada una de las personas del grupo. Tuvimos entonces la oportunidad de aprender de su mano, de sus palabras, de su lenguaje no verbal, innumerables detalles intangibles de la realidad cotidiana, sustrato de un camino iniciático de toma de conciencia de apegos y de los condicionantes de nuestro carácter, aspectos conocidos limitantes del acercamiento respetuoso a las personas inmersas en la fase final de su vida.

Antonio tenía claro «**<u>para qué</u>**» escribir un libro, este libro, el libro de su vida. En él logra estructurar de forma consistente una herramienta viva, impregnada hasta el alma por su experiencia, que ayuda a entender y sentir al lector la mejor manera de poder acompañar, durante la relación de ayuda, a esas personas que ya les ha tocado llegar al final de la vida, a la que se aferran visceralmente y no saben o no pueden desapegarse de ella. La configuración de esta herramienta la ha ido elaborando a lo largo de muchas horas, muchos años, en su acompañar a personas en la fase final de la vida, a pie de cama, en su acompañar a tantas personas que no han sabido despedirse de sus seres queridos, en el transcurrir de los talleres grupales, o en horas de terapia individual. El autor ha sentido la necesidad de compartir esa experiencia tan especial y valiosa adquirida por ellos, y entendió que hubiera sido quizá egoísta no hacer el esfuerzo de plasmar en estas páginas, ya les adelanto que con una narrativa sencilla y fluida, las claves para que todo el que lo desee se pueda aproximar a este camino de aprendizaje en el acompañar a morir, impregnado con tonalidades de sentimiento, afecto y espiritualidad.

El autor también tenía claro **«a quién»** debían prioritariamente destinar su esfuerzo formativo, y son los profesionales de la salud que el sistema, sin asegurar la preparación humanística en este aspecto tan trascendental, delega en ellos para que durante sus horas de trabajo en algunas unidades de los hospitales, centros sanitarios de cuidados medios o unidades de paliativos, sean los encargados de tratar a los pacientes que han entrado en la fase del proceso de muerte. El autor ha sabido, con motivación y constancia, promover cursos de formación, encuadrándolos la mayoría de ellos en el marco de una «formación continuada para profesionales de la salud» ya sea a través de los departamentos de formación de los Hospitales de la Región de Murcia, de la Escuela Universitaria de Práctica Psicológica de la Universidad de Murcia, del Área de Formación de la Diputación de Alicante y de Sindicatos profesionales, llegando así esta formación durante años a centenares de profesionales, que tienen la responsabilidad de acompañar a miles de personas en situaciones muy complicadas.

Por otro lado, creo importante resaltar que los

contenidos teóricos y prácticos que se abordan en este texto ponen de relieve el **déficit de formación humanística** de los profesionales de la salud durante sus **estudios de grado** (Enfermería, Medicina, Fisioterapia, Psicología, Trabajo o Educación Social, etc.), que brilla por su ausencia. Mi experiencia como docente durante años en la formación del grado de Medicina y en la formación MIR (médicos internos residentes), me ha permitido ser testigo de numerosos ejemplos de equivocaciones en la comunicación emocional, verbales y no verbales que se repiten con mucha frecuencia cuando se establece el contacto con pacientes o familiares durante el proceso de la muerte, o bien en la manera de comunicar el mismo fallecimiento a sus acompañantes. Hemos abogado y estamos luchando porque esta formación se incorpore, de la mano de profesionales con experiencia, tanto a la formación de grado de Medicina y Enfermería como a la formación MIR o EIR (enfermero interno residente).

Quiero también señalar el **impacto** positivo que ha tenido esta formación práctica en mi ejercicio **profesional**. A nivel clínico me dedico desde hace años a trabajar en el proceso de donación/trasplante, tanto como coordinador de trasplantes, como en mi función de cirujano de trasplante hepático. Puedo identificar dos escenarios clínicos donde la formación humanística en general y la formación en comunicación de noticias difíciles a pacientes en situación crítica en particular, en los que he empezado a vivenciarlos de forma diferente, considerando el prisma con el que trabaja el autor de este libro. Un **primer escenario** es el que viven los coordinadores hospitalarios de trasplantes, médicos y enfermeros responsables de solicitar la autorización familiar para la extracción de órganos destinados a trasplantes. Solo desde la perspectiva de una relación de ayuda, autentica y desde el corazón, se puede empatizar con la familia y de esta manera, transmitir el alivio que supone autorizar la donación de órganos. Durante muchos años los profesionales de la coordinación de trasplantes de los hospitales de la comunidad autónoma de Murcia se han formado con esta herramienta humana. Sin duda que esta formación ha sido uno de los factores críticos, junto a otros, como es la solidaridad de las personas, lo que han hecho y hace que la Región de Murcia sea una de las comunidades con tasas más elevadas de donación de órganos, y que el Hospital Clínico Universitario V. Arrixaca, sea el Hospital de todo el Estado Español con menor tasa de negativas familiares y mayor número de donantes, en beneficio de los pacientes que necesitan un trasplante para salir del tramo final de su vida, y puedan volver a nacer. Es de justicia agradecer a Antonio su disponibilidad y generosidad para impartir año tras año, durante tantos años, el curso que lleva por título este libro y que tantos médicos y enfermeros del Servicio Murciano de Salud han tenido la oportunidad de disfrutar. El **segundo escenario** tiene que ver con los pacientes que están con una enfermedad terminal, esperando un trasplante para poder salir del túnel. Es en esa fase donde más necesitan del vínculo con su médico y con sus enfermeros. Muchos llegan al trasplante, otros no tienen esa suerte. Hemos podido iniciar una experiencia preciosa, con ayuda de un grupo de psicólogos, de psicoterapia grupal para estos pacientes y los resultados han sido extraordinarios, no solo para los pacientes, sino también para los profesionales implicados.

No quiero desaprovechar la oportunidad que me da el escribir este prologo para subrayar de forma especial lo que considero una de las mayores joyas que el libro trasmite, el **impacto personal** que el trabajo de estos cursos han hecho sobre la vida de cada una de las personas. Durante los talleres surgen, sin poder ser controlados con la cabeza, los emergentes de cada uno, heridas recientes o antiguas no cicatrizadas, de perdidas, de personas queridas o de relaciones, y se produce un *shock* que posibilita casi de forma automática un *darse cuenta*, que a su vez permite en muchos casos saborear una «parada vital». El proceso de *darse cuenta*, si uno es generoso, o arriesgado, soslayando los *introyectos* o los prejuicios del que dirán, dentro del marco de confidencialidad, puede avanzar hasta una segunda fase, durante el trabajo grupal de los talleres, para que se pueda dar una toma adecuada de conciencia de las necesidades y del deseo mas autentico y profundo, pudiéndose establecer así los pilares para que en cualquier momento, sin control mental, alineando la cabeza, el corazón y el cuerpo y de forma fluida, se dé el cambio, se viva, como ocurre en el proceso final de la vida y aprendamos a vivir. Porque no nacemos enseñados, sino de la mano de una madre que amorosamente nos cuida, nos acompaña y nos ayuda a crecer y a independizarnos. Este aprendizaje a vivir se inicia cuando nacemos y culmina cuando morimos.

Por todas estas razones, animo al lector, docto o no en Medicina y/o Enfermería, que se adentre en las experiencias y contenido de este texto, que le ayudará, sin duda, en el saber acompañar y cuidar emocionalmente a esas personas que están atravesando el proceso de muerte, además de prepararnos para cuando nos toque vivir a nosotros mismos vivir este proceso único y extraordinario de la vida.

Pablo Ramírez Romero
Jefe Servicio Cirugía HUVA. Murcia
Catedrático de Cirugía. UMU
Ex Coordinador Regional de
Trasplantes. Región de Murcia.

Acompañando a morir. Aprendiendo a vivir

INTRODUCCIÓN

Un día de verano de 1980, trabajando como enfermero del servicio de Atención Primaria estaba visitando a una mujer en su domicilio, con un diagnóstico de cáncer de útero. Ella estaba en la cama en un estado avanzado de la enfermedad. Había establecido con ella una buena relación terapéutica, y había evaluado sus necesidades físicas de alimentación, de eliminación, de higiene, el dolor, etc. Hasta que la mujer, en un momento determinado, me miró a los ojos y me dijo: «Me estoy muriendo». En ese momento no supe muy bien qué responder, y me di cuenta de ello. Tan sólo acerté a pronunciar algunas frases estereotipadas.

Aquel fue el punto de inflexión que me marcó en mi trabajo y en mi vida. En ese momento descubrí que no estaba ni preparado para acercarme a la muerte, ni para acompañar a una persona de forma terapéutica en ese proceso. Aquella enferma se convirtió en mi maestra, la persona que me facilitó darme cuenta de las carencias formativas que tenía, de las habilidades de comunicación que precisaba aprender, y fundamentalmente, de la madurez que necesitaba conseguir para estar próximo a las personas que se encuentran en el proceso de morir. De esa enferma aprendí cómo los enfermos, en ocasiones, no tienen un interlocutor que sea capaz de escuchar sus inquietudes, sus miedos o sus preocupaciones, porque las inquietudes, miedos y preocupaciones del propio personal sanitario dificultan esa escucha. Los propios ruidos interiores impiden escuchar al otro.

En el camino que he realizado desde ese momento, primero como enfermero y después como psicólogo, atendiendo a cada una de las personas con las que he trabajado en procesos de enfermedad y de muerte, he reflexionado muchas veces sobre la salud, la vida, la muerte, el sentido que tiene nuestra existencia, la atribución de una causa a las cosas que nos pasan (*¿Por qué me pasa esto que me está pasando?*), la justicia o injusticia de todo ello. En muchas ocasiones me he preguntado qué es lo que permite a algunas morir tranquilas, habiendo presenciado procesos de muerte en paz, tranquilos, sosegados, con calma, con una respiración cada vez más tranquila, más profunda, más serena, hasta el momento de la muerte. En otras ocasiones, sin embargo, me he encontrado con personas que mueren con mucha rabia, con mucho dolor, agarrados a las sábanas, retorciéndose o tirándose de la cama, retirándose las vías del suero o la alimentación por sonda.

Este libro nace con el objetivo de ayudar a acompañar a la persona que está muriendo y aumentar la capacidad de quien acompaña, de estar próxima a ella. Tanto si está muriendo de una forma tranquila, como de una forma inquieta o desasosegada, este libro propone facilitar que ese acercamiento sea terapéutico, que se haga de la mejor manera posible, para las dos. Facilitar a la persona que ayuda a que lo haga de forma terapéutica, estando bien presente, de una forma tranquila, calmada, sosegada, amorosa, respetuosa y con la menor cantidad de prejuicios posibles en ese momento tan importante de la vida.

Pero para entrenar en esta capacidad es preciso convertirse en un investigador de las propias emociones, pensamientos y actitudes. Y eso genera mucho miedo, porque puede reflejar la propia muerte. Identificar las emociones, (miedos, angustias, preocupaciones, culpa, etc.), genera dolor.

Aunque si se es capaz de identificarlos y aceptarlos, e incluso aprender a manejarse con ellos, puede hacer fluir un estado de bienestar, de tranquilidad o incluso de alivio que se va a mostrar de forma palpable en la relación terapéutica.

También es necesario realizar un trabajo de *desidentificación* que consiste en dejar de identificarse con cada uno de esos pensamientos, emociones y conductas, e incluso con el propio cuerpo, con sus recuerdos y con los roles que ha desempeñado. Asimismo es necesario que el acompañante sea capaz de resolver los asuntos propios que tiene pendientes, es necesario que sea capaz de curar sus propias heridas y los duelos que aún le duelan. El objetivo consiste en que el que acompaña perciba que él no es ninguno de esos elementos anteriormente citados, y que la persona que está muriendo tampoco lo es. E incluso, si la persona está dispuesta a ello, el objetivo consiste en ser capaz de crecer a través de la experiencia. Y esto es algo que pueden hacer los dos, el acompañante y el acompañado.

Si el acompañante es capaz de realizar este trabajo, entonces podrá aproximarse a la persona que muere, estableciendo una relación terapéutica y saludable para las dos en dicho proceso, y facilitando que esa persona pueda morir acompañada y no en soledad. Así podrá facilitar que la persona muera en paz, no con angustia. Así permitirá que muera con calidad de vida y con calidad de muerte. Así favorecerá que la persona pueda morir con la sensación de que está haciendo lo que tiene que hacer, o al menos, lo que es capaz de hacer en dicho momento. Así favorecerá que la persona pueda morir con la sensación de haber elegido, entre las múltiples opciones que se le presentaban, la que es la más adecuada para ella. Y facilitará que la persona pueda aceptar lo que está sucediendo en ese preciso momento de su vida. Y dará la posibilidad de que pueda morir de una forma hermosa, liberadora, sencilla, con una buena muerte —una muerte «bonica»- como me comentaba una médico sobre la muerte de su padre, cuatro meses después de producirse.

Quien aprende a vivir, aprende a morir. Quien aprende a afrontar la vida, sus dificultades, los asuntos pendientes, aprende a desapegarse —a desapegarse del propio cuerpo, de las ideas, de la propia vida—, y aprende a afrontar la muerte como la última de las vicisitudes de esta vida. Y si el personal sanitario también lleva a cabo ese proceso, entonces y solo entonces podrá estar cercano a él mismo y a la persona que muere; entonces y solo entonces podrá acompañar, cuidar, y estar presente de verdad.

Este libro está basado en buena medida en las ideas, la filosofía y la forma de ver la vida y la muerte que transmitió Teresa Piulachs en su taller de *Acompañamiento en los procesos de la muerte y el duelo*, impartido desde 1977, primero en el Hospital de la Santa Cruz y San Pablo de Barcelona, y después en distintos lugares de España. Dicho taller, dirigido fundamentalmente al personal médico-sanitario, enseñaba formas saludables de acompañar a la persona que se encontraba en ese momento de su vida, la muerte. Las enseñanzas que yo he recibido de Teresa están en el origen de este libro y son las que lo han hecho posible. El agradecimiento que siento hacia ella es inmenso. Sin sus enseñanzas, este libro no estaría escrito.

El libro recoge también las aportaciones de los participantes en el taller titulado *Acompañamiento en procesos de muerte. Aprendiendo a vivir*, que he venido impartiendo en hospitales de la Región de Murcia desde 1996, y en la Escuela de Prácticas Psicológicas de la Universidad de Murcia desde el año 2006, entre otras instituciones públicas.

El libro está estructurado en cinco capítulos. En el primero se habla del ser humano en general, así como de su situación en el universo. De su fragilidad y de su grandeza. De sus necesidades y de sus emociones. Y de cómo desde su naturaleza holística, global, se enfrenta al mundo que le rodea. También reflexionaremos sobre el cambio que desde el primer momento de la gestación, no se detiene ni siquiera con la muerte. En el segundo capítulo se reflexiona que la muerte no es un fracaso, sino un hecho natural que le sucede a todos los seres vivos y que siempre se puede hacer algo ante ese hecho. Se abordan las formas en que se contempla el hecho de la muerte desde la medicina, los distintos paradigmas que existen en la sociedad, en algunas religiones y culturas y cómo ellos influyen en la forma en que la persona afronta ese momento. El tercer capítulo aborda lo que se entiende como una muerte serena o hermosa y cómo la identificación con algunos aspectos de lo que se entiende como cuerpo dificultan esa muerte. Se estudian las distintas emociones y manifestaciones que aparecen en dicho proceso y cómo los vínculos emocionales que se establecen entre las personas influyen en ese momento y cómo se puede dificultarlo. El cuarto capítulo, afronta el acompañamiento terapéutico en la muerte, tanto por parte del personal médico-sanitario como por parte de los familiares. El quinto capítulo observa las consecuencias de ese acompañamiento para las familias y para los profesionales e incluso cómo puede provocar disturbios físicos, emocionales y espirituales en los mismos y sobre el duelo.

Un aspecto que tendremos presente a lo largo de todo este libro es que mientras la persona está muriéndose, está viva. En ocasiones familiares y amigos, hablan de la persona que está muriendo como si ya estuviera muerta, y comportándose de un modo que no lo harían si fueran plenamente conscientes de que la persona aún permanece con vida y percibe sonidos y comportamientos. Se trata, por tanto, de algo muy evidente, pero que aun así, conviene resaltar: *La persona está muerta cuando muere; mientras no se muere, está viva*. En un vídeo de los payasos Pupa Clown, que trabajan en el hospital Virgen de la Arrixaca con niños enfermos y en proceso de morir, los payasos dicen: *«La vida es vida hasta el final»*. De la misma manera, en la película *Las Alas de la vida* del director Antoni P. Canet, el protagonista, un médico con una enfermedad neurodegenerativa, afirma: *«Mientras haya música, hay que seguir bailando»*.

Cada una de las experiencias que comparto a continuación en este libro, corresponden a personas y a situaciones que ellas han compartido conmigo, y lo que he modificado han sido algunos detalles de estas, para asegurar su confidencialidad.

Quiero concluir esta introducción, con la siguiente reflexión. Este libro se centrará más en plantear interrogantes que en formular afirmaciones. El hecho de plantearse preguntas (el método de la *mayéutica*, o método de aprendizaje socrático a través de la pregunta) capacita al ser humano para descubrir nuevos aspectos de los fenómenos que observa, permite ampliar el campo del conocimiento, y salir de la certeza y del dogma, que en ocasiones ancla en una estrecha visión de la vida. Este método permite, en fin, estar abiertos a formas nuevas de contemplar, a nuevas formas de ver y de experimentar la vida, y a nuevas formas de crecer como seres humanos a través de la experiencia.

1

EL SER HUMANO COMO PARTE DEL UNIVERSO

El hombre no teje la trama de la vida,
no es más que una de sus hebras.
Todo lo que le hace a la trama,
se lo hace a sí mismo.
Jefe indio Seattle

Si en este libro vamos a reflexionar sobre la muerte, empecemos observando cómo los físicos consideran que se formó la vida. Cómo se formaron las partículas, los átomos y las moléculas de las que está formado, lo que consideramos nuestro cuerpo. Hace[1] unos 15.000 millones de años, (aunque las cifras varían desde los 13.000 a los 16.000 millones, según los diferentes investigadores) se produjo la Gran Explosión, el Big Bang. Hasta ese momento, todo el Universo y lo que este contenía, se hallaba ubicado en un solo punto de densidad infinita, lo que los astrofísicos denominan una *singularidad*. Una centésima de segundo después de producirse esa explosión, la temperatura habría sido de cien mil millones de grados, y el contenido del universo habría constado en su mayor parte de fotones, electrones, neutrinos y sus antipartículas, junto con algunos protones y neutrones. Un segundo después de la gran explosión, los protones y los electrones se habrían combinado formando núcleos de hidrógeno, helio, litio y deuterio. Tres minutos después, la materia y la radiación se habrían acoplado, y se habrían formado los primeros átomos estables. 300.000 años después se habrían desacoplado la materia y la energía. Y 1.000 millones de años después se habrían formado los quásares, las estrellas y las protogalaxias. Se llega a la conclusión de que en ese momento hubo esa gran explosión, porque ahora, en este momento, los miles de millones de galaxias que forman parte de este universo se siguen separando unas de otras y dado que se separan de forma progresiva y continua, en un pasado se supone que debieron de estar juntas.

El universo entero puede considerarse como una interconexión de galaxias, como una red cósmica. De hecho, podría parecer que determinadas áreas del Universo estén casi vacías, como si de huecos oscuros se tratase, mientras que otras están densamente pobladas, con galaxias y regiones que se conocen como cúmulos. A su vez, las agrupaciones de cúmulos reciben el nombre de supercúmulos, y son por ahora, las estructuras más grandes descubiertas. A mediados de 2014, un grupo de investigadores[2], de la Universidad de Hawái, recopilaron datos de más de ocho mil galaxias que rodean nuestra galaxia, la Vía Láctea. Su conclusión fue que formamos parte de un sistema mucho mayor de galaxias, un supercúmulo al que denominaron *Laniakea*. En hawaiano, *lani* significa «cielo» y *akea* significa «espacioso». Este supercúmulo tiene una longitud de millones de años luz y contiene millones de galaxias. Nuestra Vía Láctea está situada en el punto más alejado de este supercúmulo, en las afueras.

El Universo, a su vez, contiene millones de cúmulos y supercúmulos de galaxias. Y cada una de estas galaxias contiene incontables millones de estrellas. Una de esas estrellas es el Sol, alrededor del cual está formado el Sistema Solar, que está situado a su vez en la parte más externa de nuestra galaxia. Pero nuestro Sol no existe desde siempre, y no durará para siempre. Se estima, en concreto, que el Sol que nos alumbra cada mañana se formó hace 5.000 millones de años, a partir de nubes de gas. Gracias a la fusión nuclear el Sol convierte el hidrógeno en helio, lo cual produce luz y calor. Como explican los astrónomos, nuestro sol permanecerá en ese estado durante un largo tiempo, entre 5.000 y 10.000 mil millones de años. Tras agotarse el hidrógeno entrará en combustión el helio y se formarán elementos más pesados, como por ejemplo el carbono y el oxígeno. Pero como estas reacciones no generan mucha energía, el Sol perderá calor y disminuirá la presión térmica y comenzará un proceso de expansión, durante el cual el diámetro del Sol llegará a sobrepasar la órbita de Mercurio, Venus y la Tierra, hasta el punto de que se estima que todo el planeta Tierra desaparecerá. En algunas predicciones se estima que aunque nuestra estrella no llegará a alcanzar la Tierra, el calor provocado por su proximidad hará imposible la vida en ella.

Posteriormente tendrá lugar un proceso de contracción solar, hasta que éste se convierta en una *estrella enana*. Otras estrellas de masa mayor que nuestro Sol, cuando colapsan por la acción de su propia gravedad se transforman en un *agujero negro*, del que no puede escapar ni la luz, ni el tiempo ni el espacio. En el caso de esas estrellas, todos los planetas y las lunas de su sistema solar desaparecen, fundiéndose en el agujero negro. El director[3] del Observatorio Astronómico Nacional, describe cómo se forman nuevas estrellas en las zonas más densas de las nebulosas oscuras, y cómo, tras evolucionar y morir, estas estrellas devolverán parte de su material al medio interestelar, dejándolo disponible para que nazcan nuevas generaciones de estrellas. De esta manera se completa el ciclo cósmico que permite la regeneración de las estrellas y la evolución de las galaxias en el Universo.

La Tierra se formó hace aproximadamente 4.400 millones de años. La Tierra no existe desde el comienzo del Universo. Nuestro planeta no existe desde siempre, y tampoco durará para siempre. Nosotros tampoco.

Parece pues que en este Universo donde estamos, todo cambia de forma, incluso desde el momento en que es formado. Y esto se aplica también al ser humano, como parte de la naturaleza que es. Francisco Sánchez[4], director del Instituto de Astrofísica de Canarias, escribe: *"En nuestra propia Galaxia, en esta bellísima región y en otras similares, están naciendo estrellas a racimos, por aglutinación del polvo y el gas interestelares. Estrellas que, en muchos casos, generarán un disco de materia protoestelar de la que poco a poco, y por reiterados choques, se formarán planetas y satélites. Así pensamos que nació nuestra Tierra, en la que la especie humana habita. Y me emociona saber que nuestro planeta, incluidos nosotros, somos polvo de estrellas. Pensar que los elementos que componen nuestros cuerpos no han podido producirse ni en la Tierra ni en el Sol me aminora hasta el miedo a la muerte. De lo que está hecho nuestro querido cuerpo ha sido fabricado por estrellas, que murieron como supernovas y regaron el medio interestelar de material procesado, del que nació nuestro Sistema Solar. Somos material reciclado y ¡a mucha honra! Y este material seguirá el ciclo cósmico y terminará convertido en nuevas estrellas que brillarán esplendorosas en el firmamento. ¿No es este motivo suficiente para que nos apasione la Astronomía?".*

Doroty y Lewis B[5], del Museo Americano de Historia Natural, en un artículo titulado **Somos polvo de estrellas**, explican de otra manera, esto mismo: *"Cada átomo de oxígeno de nuestros pulmones, cada molécula de carbono de nuestros músculos, de calcio de nuestros huesos y de hierro de nuestra sangre, ha sido creada dentro de una estrella, antes de que la Tierra hubiera nacido".*

La especie humana tan solo ha existido durante una minúscula fracción de la historia del Universo. Se estima que los primeros humanos aparecieron 500.000 años atrás. Si consideráramos que la historia completa del universo se pudiera representar en una línea recta de un kilómetro, la duración de los humanos correspondería a siete centímetros en esa línea.

Si hiciéramos una analogía entre la duración del universo y los 365 días que dura un año, similar a la que realiza Jäger[6], el día 1 de enero surge la materia, las partículas elementales, los núcleos atómicos, el hidrógeno y el helio. A finales del mes de enero se desacoplan las radiaciones y aparecen las galaxias. No es hasta agosto cuando se forma el sistema solar. Las formas geológicas terrestres más antiguas aparecen más o menos en septiembre. A primeros de octubre las algas fósiles. A finales de noviembre la flora y la fauna. Sobre el 19 de diciembre las plantas cubrirían los continentes. Entre el 22 y el 23 de diciembre se formarían los cuadrúpedos anfibios a partir de los peces. El 24 los reptiles. Los primeros mamíferos el día de Navidad. El día 30 por la noche se formarían los Alpes. El género humano de los simios tiene su aparición sobre la Tierra a las 21:00 del día 31. Cinco minutos antes de las doce de la noche el hombre de Neandertal (¡cinco minutos antes de Nochevieja!). Cinco segundos antes de las doce de la noche vendría al mundo Jesús de Nazaret, y un segundo antes de las uvas comenzaría la era técnica.

¿A qué conclusión se llega con todo esto? La conclusión es, sencillamente, que todo lo que existe tiene un comienzo y tiene un final. Todo lo que existe comienza a manifestarse en un momento dado, y termina de manifestarse en otro momento posterior. Que nuestra presencia en esta vida, 80-90 años aproximadamente, comparada con la duración de este Universo en el que vivimos, es muy limitada. Y todo ello me invita a plantearme cómo quiero vivir este tiempo de vida que vivo. Si desde la angustia, el dolor, el sufrimiento, desde la preocupación por cosas que nunca han pasado, desde la incapacidad, etc.., o desde el manejo de las situaciones que se me plantean, viviéndolas y experimentándolas de la mejor manera posible.

Y esto nos afecta a todos los seres, a los vivos y a los inertes.

Tony de Mello, cuenta el siguiente cuento:

Un predicador estaba subido al púlpito y se dirigía a los feligreses con un tono muy trágico y dramático:

—¡Todos los miembros de esta parroquia sois unos pecadores! ¡Os condenaréis todos! ¡Iréis al fuego eterno!

Una persona que escuchaba desde la puerta de la iglesia, en lugar de estar asustada como el resto de los asistentes, se reía a mandíbula batiente.

—¡Y usted, ¿por qué se ríe?! —le preguntó el predicador.

—Porque yo no pertenezco a esta parroquia… —replicó el visitante.

Nosotros sí pertenecemos a esta «parroquia» que es nuestro planeta, y pertenecemos a esta «parroquia» que es nuestro universo, en el que todo está en constante cambio y evolución. No podemos escapar a eso. Pero podemos aprender a vivir y a morir de una manera hermosa.

FRAGILIDAD Y LIMITACIÓN DEL SER HUMANO

Algo que se desprende de lo que hemos estado reflexionando es la ínfima importancia que tiene el ser humano en el conjunto del Universo y en la formación de este. Dicen los Indios Lakota: *El ser humano no es más que el más insignificante grano de arena. Y no es menos que esa inmensidad que llamamos Dios.* El Universo ha existido antes de que existieran los seres humanos, y no ha necesitado de ellos en ningún momento para su formación. Cuando los seres humanos desaparezcan, el Universo tampoco nos echará en falta para seguir existiendo. ¿Cuántas personas que se creían imprescindibles en su trabajo han muerto, y el trabajo ha continuado? ¿Cuántas situaciones personales o familiares que nos parecían tremendas u horribles en un momento dado, se han colocado en su sitio con el paso del tiempo? El agua siempre vuelve a su cauce. ¿Qué permanece de todas nuestras preocupaciones, nuestros miedos, nuestras tristezas, después de cien, doscientos o trescientos años?

Hace algún tiempo hubo una exposición titulada *Los tesoros de Murcia*, que tuvo lugar en el convento de Santa Clara la Real de esta ciudad. En dicha exposición se mostraba, entre otras cosas, una colección de monedas de oro que habían sido halladas en la excavación realizada para construir los cimientos de una casa. Tras un adobe, en el pozo de agua de la antigua casa, encontró una caja que había estado enterrada durante cuatrocientos años. Se trataba de una caja de metal, que dentro contenía otra caja de madera, y esta a su vez contenía un paño ya raído y descolorido, en cuyo interior se encontraron monedas de oro, una pulsera hueca dorada, y un dije (una joya de oro pequeña con la forma de una mano invertida que colgaba de una cadena).

Investigando en archivos antiguos, los arqueólogos pudieron comprobar que la cantidad de dinero que contenía la caja coincidía exactamente con la multa impuesta a un vecino en el Concejo de Ricote, un pueblo situado a unos 56 kilómetros de la capital, en el año 1490, fecha coincidente con el tiempo de datación de la caja. Al parecer, el Concejo había impuesto esta multa a un vecino judío que se había querellado con otro. El vecino condenado debía abonar al Concejo dicha cantidad de dinero, o de lo contrario sería desterrado. La hipótesis de los arqueólogos es que el condenado reunió el dinero, lo escondió en el pozo en secreto y poco después murió, llevándose a la tumba su misterio. Quinientos años más tarde, de forma azarosa, el tesoro volvió a salir a la luz. La pregunta que me hago ante esto es: ¿Cuánto dolor, cuánta preocupación, cuánto miedo sufrirían esa persona, o su familia, para esconder así un tesoro semejante? ¿Y dónde está ese dolor ahora, en el momento presente?

El padre de Ibn Arabí, amigo del sabio Averroes, mandó a su hijo a estudiar con él. Al morir Averroes, Ibn Arabí escribió: «*El féretro con el cuerpo del maestro iba en un lado de la mula. Sus escritos, para hacer contrapeso, al otro lado de la mula. Pero ¿dónde iban sus anhelos, sus deseos y sus preocupaciones?*»

Otro cuento que hace referencia al mismo planteamiento ante las dificultades del día a día: *Un gran rey, para quien trabajaban numerosos hombres sabios, se sentía frustrado y preocupado. Un país vecino, más poderoso que el suyo, estaba preparando un ataque contra su reino. El rey temía la muerte, la derrota, el dolor, y que le quitaran todo lo que tenía. Un día llamó a sus sabios y les dijo: «Esta noche he encontrado en mis sueños un anillo mágico con el que podía resolver todo lo que me inquietaba. Así que id y encontrad ese anillo, aunque tengáis que buscarlo en el fin del mundo».*

Los sabios enviaron mensajeros a todos los confines del reino, sin resultado alguno. Finalmente fueron a ver a otro sabio y le pidieron ayuda. Este se quitó un anillo que llevaba puesto y se lo dio, diciéndoles lo siguiente: «Dádselo al rey, pero con una condición. Decidle que solo deberá mirar lo que hay debajo de la piedra del anillo cuando todo esté perdido, cuando la confusión sea total, cuando la agonía sea extrema y se sienta desamparado por completo. Por el contrario, si lo mira antes de que llegue ese momento, no comprenderá su mensaje».

Los sabios entregaron el anillo al rey, y este obedeció. Perdió su país y tuvo que escapar del reino para salvar su vida. El enemigo lo perseguía y podía oír los caballos acecharlo. Su caballo cayó muerto, y entonces siguió corriendo a pie hasta que se encontró en un callejón sin salida. En el último momento recordó el anillo, y leyó lo que había escrito debajo de la piedra: «Esto también pasará».

Uno de los indicadores de la maduración personal aparece cuando la persona comienza a ver las cosas en perspectiva, es decir, cuando coloca las cosas en su sitio y empieza a relativizar los hechos. Entonces suele ocurrir que la angustia, la tristeza y el miedo disminuyen. Como decía Rumi, «*¡Deja, oh tú, átomo de un segundo, de considerarte el ombligo del mundo!*».

Antes de seguir conviene aclarar una cosa, y es que hablar de la muerte no la provoca. El hecho de hablar y reflexionar sobre la muerte no hace que esta ocurra antes, y el hecho de evitar hablar de la muerte no tiene como consecuencia que esta no se vaya a producir. La reflexión sobre la muerte, por el contrario, puede permitirnos vivir la vida dándole a las cosas la importancia que realmente tienen. ¿Cuánto tiempo pierdo estando preocupado, o angustiado, con miedo o con tristeza, en previsión de acontecimientos que luego no han sucedido? ¿Cuánto tiempo pierdo por conceder una importancia excesiva a cosas o a acontecimientos que, tras el paso del tiempo, carecían de importancia? ¿Qué pasaría si fuéramos capaces de trasladar este planteamiento a nuestro día a día, a la hora de resolver situaciones cotidianas?

Ocurre a veces que la familia de una persona que se está muriendo, duda si decirle cuánto lo quiere o no. Y una vez que el familiar ha muerto, se plantea: «¡Ay, si le hubiera dicho lo que le quería, antes de morirse!». Entonces, la pregunta que yo me puedo hacer es: ¿Hasta cuándo tengo que esperar para decirle a esa persona cercana lo mucho que la quiero? ¿Hasta cuándo tengo que esperar para decirle lo importante que ha sido para mí en mi vida? ¿Por qué tengo que esperar a que la persona que quiero esté a punto de morirse?

Y extrapolando este tipo de preguntas a mi vida diaria, me puedo preguntar también: ¿Qué pasaría si viviera este día de hoy como si fuera el último de mi vida? ¿Qué pasaría si hoy me despertara, me vistiera, me aseara, desayunara e hiciera ejercicio, como si fuera el último día que pudiera hacerlo? ¿Qué pasaría si hablara con las personas como si fuera la última vez que fuera a verlas, en lugar de esperar a más tarde? ¿Qué pasaría? Y si estoy enfadado con alguien, ¿tengo que esperar a resolver el problema cuando esa persona o yo estemos a punto de morirnos? ¿O puedo resolverlo ahora? ¿Qué pasaría si resolviera los problemas hoy? Puedo resolver los problemas ahora, hoy. No es necesario que los deje para después. Puedo ponerme en marcha ahora. Gestionar ahora. Resolver ahora.

¿Y qué pasaría si hoy gestionara mi vida? Si soy capaz de gestionar hoy mi vida, ¿cuánta carga puedo dejar de llevar a mis espaldas? ¿Podría liberarme de esa carga, vivir *ahora*, y relacionarme con la gente a la que quiero, *ahora*? ¿Podría decidir dejar de relacionarme con la gente a la que *no* quiero, y decirles adiós *ahora*? No cuando se mueran, o cuando yo me muera, sino *ahora*.

Es verdad que son muchas preguntas. Pero tampoco tengo que hacérmelas todas en un momento.

La muerte constituye una liberación para algunas personas. De hecho, hay personas que expresan ideas de muerte y de autolisis (ideas de suicidio) como una forma de liberarse de las dificultades de la vida, pues no son capaces de encontrar una forma sana de vivir. Pero ¿qué pasa si, en lugar de esperar a morirme para liberarme, me libero ahora, estando bien vivo? ¿Qué pasa si vivo la vida, *esta* vida? Y cuando hablo de «vivir la vida» no me refiero únicamente a vivirla estando bien, sin problemas, sin enfermedades, sin conflictos. Si puedo estar bien toda la vida, mejor. Pero si estoy con dificultades (con problemas de pareja, con alguna enfermedad o con problemas económicos, etc.) entonces ¿qué pasa si vivo la vida siendo bien consciente de lo que me está sucediendo? ¿Y qué pasa si en lugar de dejarme llevar por el desánimo, la tristeza, el lamento o la crítica, me dedico a *vivir*, simple y llanamente, con todas las dificultades que aparezcan en este momento de mi vida?

Cuentan que hace unos 2.500 años, una madre tenía un hijo primogénito que, a la edad de un año, cayó enfermo y murió. Agobiada por la pena, con el cuerpecito en brazos, la madre deambulaba por las calles suplicando a cualquiera un remedio que le devolviera la vida a su hijo. Algunas personas pasaban por su lado sin hacerle caso; otras se burlaban de ella, y otras la tomaban por loca. Al final dio con un anciano que le dijo que la única persona del mundo que podía conseguir el milagro que ella pretendía era un hombre muy especial, un sabio que vivía en el monte.

Así pues, esta mujer fue en su busca, depositó el cadáver de su hijo ante él y le expuso su caso. El hombre la escuchó con infinita compasión, y respondió:

—Sólo hay una manera de curar tu aflicción. Baja a la ciudad y tráeme un grano de mostaza de cualquier casa en la que no haya habido jamás una muerte.

La madre experimentó un gran alivio y se dirigió a la ciudad de inmediato. Cuando llegó, se detuvo en la primera casa que vio y les dijo:

—Busco un grano de mostaza de una casa que nunca haya conocido la muerte.

—En esta casa ha muerto mucha gente —le respondieron.

La mujer se dirigió a la casa de al lado, y preguntó:

—Busco un grano de mostaza de una casa en la que no haya muerto nunca nadie.

—En nuestra casa ha muerto mucha gente —le contestaron.

La mujer preguntó lo mismo en la casa siguiente.

—Nuestra familia ha conocido incontables muertes —le dijeron.

Lo mismo sucedió en la cuarta y en la quinta casa, hasta que al fin hubo visitado toda la ciudad, y comprendió que la condición del sabio no podía cumplirse.

Entonces la mujer se despidió de su hijo por última vez, lo enterró, y a continuación volvió donde vivía el sabio.

—¿Has traído el grano de mostaza? —le preguntó este.

—No —respondió ella—. Empiezo a comprender la lección que tratas de enseñarme. Me cegaba la pena, y creía que yo era la única que había sufrido en manos de la muerte.

—¿Para qué has vuelto? —le preguntó.

—Para pedirte que me enseñes la verdad sobre lo que es la vida y la muerte.

Esta persona tan especial empezó a enseñarle:

—Si quieres conocer la verdad de la vida y la muerte, debes reflexionar sobre lo siguiente: en el universo sólo existe una ley que no cambia nunca, la de que todas las cosas cambian. Nada es permanente.

EL CAMBIO COMO PARTE DE ESTA VIDA

Heráclito, sabio griego que vivió en el 540 a. C., ya planteó que lo único que no cambia en la vida es el propio cambio. Todo cambia constantemente, todo es devenir. Y efectivamente, si se observan la vida, la naturaleza, el mundo y el universo, se puede constatar que nada es estático, que todo es movimiento. Los satélites se mueven respecto de los planetas, estos se mueven respecto del Sol, y las galaxias se mueven en el contexto del Universo. En cuanto al ser humano, desde que somos engendrados se producen una serie de cambios a nivel celular que no terminan con el nacimiento, sino que continúan durante toda la vida. Y ni siquiera tras la muerte termina este proceso de cambio, ya que a partir de entonces, aunque dejan de producirse procesos de construcción (*anabolismo*), sí se producen procesos de destrucción (*catabolismo*), que son los que llevan al cuerpo a la descomposición, y a que los huesos, en una gran parte, se transformen en polvo.

Un cuerpo humano posee alrededor de un billón de células. Además de estas, poseemos unos cien billones de bacterias que conviven con cada uno de nosotros, y pesan entre 1 y 2 kg. Estas bacterias están distribuidas en el pelo, la cavidad oral, la nariz, el esófago, la piel, el estómago, la vagina o el colon. Por otro lado, el 98 % de los 10^{28} átomos de los que se compone el cuerpo se renueva cada año[7]. El páncreas regenera casi todas sus células en un solo día. El tejido óseo es dinámico, siendo los *osteoclastos* y los *osteoblastos* los que mantienen en equilibrio la masa ósea. El osteoclasto degrada, reabsorbe y modela el sistema óseo, mientras que los osteoblastos forman el tejido óseo nuevo.

Además, la mucosa del estómago se repone cada semana. La epidermis se renueva cada mes, y no tenemos más que acariciarnos el brazo a la luz de un rayo de sol para visualizar cómo las células epiteliales muertas van cayendo. Los hematíes tienen una vida media de 120 días, al término de los cuales desaparecen de la circulación sanguínea, y son reemplazados por otros en un proceso llamado *eritropoyesis*.

Vivir es nacer a cada instante. Al igual que nuestro sistema celular se encuentra en un proceso de continuo nacimiento, el resto de los aspectos psicológicos y espirituales están también en un continuo proceso de cambio. El cambio, en general, no agrada a nadie. Y sin embargo, lo cierto es que el hecho del cambio no tiene que ver con nuestros intereses, con nuestros gustos o con nuestros deseos. El cambio es algo que se da en la vida y en la naturaleza en general, tanto en los seres humanos como fuera de estos.

Algunas personas se resisten a aceptar el cambio y sus efectos sobre la vida de los seres humanos. Algunas personas afirman: «Esto no me gusta. No me gusta que haya enfermedad y muerte en esta vida. No me gusta que cuando estoy bien acomodado en una situación, y me siento bien, tengan que cambiar las cosas. No me gusta saber que me tenga que morir». Ante esta actitud, podemos preguntarnos: ¿Y qué más da? ¿Qué importancia tiene que me guste o no? El cambio se va a seguir produciendo. Dice un proverbio sufí: «*Si me doy cuenta, las cosas son como son. Si no me doy cuenta, las cosas son como son*». Parafraseando este proverbio, podemos decir: «Si me gustan, las cosas son como son. Si no me gustan, las cosas son como son». Las cosas son como son. Que nos gusten o no, no tiene mucha importancia.

ESTRUCTURA DEL SER HUMANO

El ser humano tiene dos tareas fundamentales a lo largo de su vida: la primera consiste en construir la realidad que es, como un todo: cuerpo, pensamientos, emociones, conductas y aspecto espiritual. La segunda consiste en construir la relación con el otro, es decir, entender y comprender qué le sucede a él mismo cuando se relaciona con otra persona, ya esté próxima o lejana. Así pues, ocupa su vida en esas dos tareas. Y cuando entra en desequilibrio entre ellas, entra en dificultad. Esto ocurre cuando sólo se ocupa de ella, mirándose sólo hacia dentro, o cuando sólo está pendiente de la otra persona, como si ella misma no existiera. Y también cuando se separa de estas dos tareas, es decir, cuando se aleja al mismo tiempo de ella y de las demás. En el punto medio está la salud.

Desde Descartes se ha considerado al ser humano desde una perspectiva dualista, de separación entre mente y cuerpo. Según este planteamiento, lo que le sucede al cuerpo no tiene que ver con los acontecimientos psicológicos que haya vivido o percibido este sujeto. El dualismo cartesiano postula que la «mente pensante» es independiente del cuerpo. Este dualismo está presente en muchas aproximaciones al ser humano en las cuales se estudian las distintas estructuras que lo integran de forma separada, como si no tuvieran que ver las unas con las otras. Esto ocurre, por ejemplo, cuando se estudia el funcionamiento de los órganos en anatomía (o el diagnóstico de enfermedades en patología) poniendo la atención en estructuras anatómicas concretas (o en aspectos fisiológicos concretos), en lugar de ponerlo en la interacción entre unas estructuras y otras.

Por otro lado, existen aproximaciones en el mundo de las ciencias sociales que tratan exclusivamente de los pensamientos, los sentimientos, las emociones y la conducta, separando así las vertientes psicológica y social del resto de estructuras. Y existen también religiones e ideologías que contemplan los aspectos de orden espiritual como la faceta básica y primordial del quehacer humano, separando esta del resto de los aspectos de la persona.

En este libro consideramos al ser humano desde una perspectiva global, holística, en la cual la interacción entre la parte física, psicológica y espiritual, así como la forma en que se relaciona con los demás y con el medio donde vive, constituyen el eje fundamental de toda su dinámica. Desde esta perspectiva, el objetivo de la intervención sanitaria es fortificar el sistema como tal, a fin de que pueda aumentar su eficacia y capacidad para afrontar los cambios, en el contexto de la interacción con un medio ambiente siempre cambiante. Bajo esta concepción, el ser humano se considera como un todo global, donde los elementos están en constante interacción. En la estructura física se contempla la anatomía, la fisiología, y las sensaciones que la persona experimenta a través de los órganos de los sentidos, así como aquellos aspectos relacionados con las necesidades básicas. En el estructura psicológica, están los aspectos cognitivos (lo que la persona piensa en general), la estructura del ego (lo que la persona piensa que ella es), aspectos emocionales (lo que la persona siente), aspectos conductuales (cómo se comporta), aspectos relacionales (cómo se relaciona con el resto de las personas y con su medio ambiente). En lo que podemos definir como estructura espiritual, estarían incluidos los aspectos que transcienden, que van más allá de lo físico y de lo psicológico y que contemplan el significado y el propósito de su vida. Estas tres estructuras o aspectos de la persona están en una constante interconexión.

Desde hace tiempo se sabe, por ejemplo, que la forma como una persona piensa influye en sus emociones a través del sistema nervioso simpático, a través del eje hipotalámico-hipofisario-adrenal. Estas emociones pueden influir a su vez en su comportamiento, y dicho comportamiento puede acabar alterando el comportamiento de las personas que están a su alrededor, reforzando así el pensamiento inicial que tenía esa persona. La psico-neuro-inmuno-endocrinología estudia esta relación entre pensamientos, emociones, sistema neurológico, inmunológico y el endocrino. Si se tiene un gran disgusto con alguien importante, no es extraño que a la mañana siguiente, pueda presentar una manifestación física, como un herpes labial o una cefalea. Y si se tiene una herida en una uña, o una ciática, p.ej., es posible que la persona se sienta incómoda, intranquila o incluso preocupada. No es extraño las alteraciones en el ritmo menstrual, o en el funcionamiento intestinal, entre otros, como consecuencia de situaciones de estrés. Los cardiólogos, los especialistas del aparato digestivo y los odontólogos, entre otros, observan esas manifestaciones patológicas en el funcionamiento normal de los órganos cuando se producen situaciones de activación psicológica aguda o crónica. En ocasiones, también se observa esa alteración en los aspectos espirituales del ser humano.

Jon Kabat-Zinn[8] dice que los síntomas físicos son mensajes que el cuerpo nos envía para que nos enteremos de cómo le va y cuáles son sus necesidades.

A su vez, es de fundamental importancia la interacción del ser humano con el medio ambiente (ecología). La magnitud de los cambios a los que la persona debe enfrentarse en esa interacción, y los comportamientos que utiliza para adaptarse, serán factores determinantes para alcanzar un estado de crecimiento y bienestar o, por el contrario, de desequilibrio y/o enfermedad. Esta interacción no es unidireccional, sino bidireccional: el ser humano puede modificar el medio ambiente, y también el medio ambiente puede modificar al ser humano. Basta con tomar conciencia de cómo el hombre es responsable de la contaminación del agua, de la tierra, del aire, y de cómo estos elementos contaminados pueden influir —e influyen— sobre la salud de otros seres humanos y animales de este planeta.

Por otro lado, cada una de las estructuras que integran el ser humano tiene sus propias necesidades y su propio desarrollo, por lo que cualquier deficiencia o anomalía en algunas de ellas repercutirá sobre las demás, y alterará su funcionamiento, ya sea de forma directa o indirecta, de forma inmediata o después de un tiempo. El ser humano es muy frágil, muy débil, y al mismo tiempo, tiene mucha fortaleza y capacidad. Cuando se considera al ser humano desde esta perspectiva global se puede entender mejor cómo una enfermedad, un accidente o una crisis relacional, pueden romperlo, quebrarlo, hacer que se venga abajo, hacer que se desmorone. Pero, al mismo tiempo, esta perspectiva permite también ser consciente de la fortaleza del ser humano, de su resiliencia, de su capacidad para manejarse con las dificultades y hacerles frente. Esta perspectiva nos permite entender mejor cómo el ser humano es capaz de sobrevivir en situaciones en las que parece incomprensible que lo haga. Algunas personas dicen: «Que Dios —o la Naturaleza— no te manden todo lo que seas capaz de soportar».

APRENDIZAJE

Las personas tenemos diferentes estilos de afrontamiento ante diversas situaciones, ya sean cotidianas o excepcionales, de calma o estresantes. Nuestro modo de pensar y de sentir nos lleva a actuar de un modo determinado. Imaginemos, por ejemplo, que estamos en un aparcamiento, buscando un lugar donde dejar el coche. En un momento dado localizamos un coche que va a dejar su plaza y nos colocamos junto a él, con el intermitente activado, indicando nuestra intención de aparcar en esa plaza. Sin embargo, conforme el coche que se va completa su maniobra de salida aparece otro coche más rápido que nosotros y aparca quitándonos la plaza libre. ¿Cuál es nuestra respuesta en una situación así? ¿Nos enfadamos? ¿Qué decimos en voz alta? ¿Qué decimos para nosotros mismos? ¿Qué hacemos? ¿Salimos del coche y le gritamos a la persona del coche que ha ocupado la plaza donde íbamos a aparcar? ¿O bien optamos por callarnos, por decirnos que no pasa nada, y que ya encontraremos otro hueco para aparcar?

Y ¿qué hacemos cuando vemos a una persona que está tirada en el suelo, en mitad de la calle?, y ¿cuándo nos anuncian que tenemos una enfermedad inesperada para nosotros?, o ¿cuándo a un ser querido le diagnostican una enfermedad grave?, o ¿cuándo las cosas no salen de la manera que queríamos que sucedieran?

Para profundizar en todas estas preguntas puede ser de ayuda el siguiente cuento.

En una familia, cada vez que tenía lugar una celebración, la mujer preparaba para comer un redondo de ternera, el cual cortaba por la mitad, lo metía en el horno en dos mitades para asarlo, y luego lo presentaba en la mesa. Entonces el marido le preguntaba, extrañado:

—Mujer, ¿por qué cortas el redondo de ternera por la mitad, en lugar de presentarlo entero en una bandeja alargada?

—Mi madre me enseñó a hacerlo así, y así es como lo he hecho

yo siempre —respondía la mujer.

Un día en que estaba la suegra ayudando a preparar la comida, el marido le preguntó a esta, intrigado:

—Suegra, ¿por qué corta usted el redondo de ternera por la mitad, en lugar de presentarlo entero en una bandeja, que estaría mucho más bonito?

—La verdad es que no lo sé. Mi madre lo hacía así, y así es como lo he hecho yo toda la vida —respondió la suegra.

Cierto día vino también la abuela materna, y el marido, que estaba cada vez más intrigado, volvió a preguntar:

—Abuela, ¿por qué cortaba usted el redondo de ternera por la mitad, en lugar de presentarlo entero en una bandeja?

—Mira, hijo, cuando yo me casé mi horno era muy pequeño. El redondo no cabía en él y, para poder meterlo a asar, tenía que partirlo en dos mitades.

El aprendizaje por modelado es el que se obtiene observando a otras personas comportarse. Esta forma de aprendizaje es especialmente importante en la infancia, y se sigue aprendiendo por modelado a lo largo de toda la vida, aunque no siempre de forma consciente. Con frecuencia, el aprendizaje por modelado es el responsable de lo que la persona piensa que tiene que hacer, o de lo que piensa que *no* tiene que hacer, cuando alguien se está muriendo. En función de los estilos que la persona haya presenciado en su vida, especialmente durante su infancia, la persona aprende cómo comportarse cuando alguien se está muriendo: aprende a expresar emociones, o a reprimirlas, y aprende qué tipo de cosas debe hacer, decir o callar. En mi trabajo acompañando a personas que mueren y a sus familiares me encuentro a menudo con esta situación, que me sigue impresionando hondamente. Cuando a una persona que no expresa emociones «porque hay que ser fuerte», posteriormente le he preguntado «¿Quién decía eso cuando usted era pequeño o pequeña?», la persona reflexiona, a veces sonríe, y contesta: «Mi padre» o «Mi madre», o «Mi abuelo»…).

"Una persona de cuarenta años que estaba muriéndose, escribía: *«Mi madre murió con mucho dolor, cuando yo tenía 7 años, y yo tengo la misma enfermedad que ella, y ahora mismo tengo miedo a que a mí me pase lo mismo. A morirme con dolor. Tengo miedo a hacerme daño al escribir, parece que la mano no fluye como siempre lo ha hecho; me tiembla un poco, y no responde a la velocidad que yo quiero…»*

Y luego seguía: *«Pero ahora, estoy sentada en el mismo sillón del hospital desde hace veintitrés días, y veo por la ventana las nubes grises que impiden que asome el sol, aunque este no se da por vencido, y a veces las reta y asoma. Es hermoso ver ese juego que mantienen, y no importa quien gane, aunque ahora que gana el sol, el día pueda parecer más alegre. También cuando manda la nube, el día es hermoso. Cuando escribo, cuando expreso lo que me pasa, me siento mejor que cuando estoy con miedo, que cuando me preocupo. Estoy centradica, estoy aquí».* Una semana después de que muriera su pareja decía de ella: *«Estaba serena cuando murió. Tuvo una buena muerte. Aprendió a manejarse con el miedo. Y yo estoy con dolor, pero tranquilo».*"

Una segunda forma de aprendizaje es el condicionamiento clásico, o aprendizaje por asociación. Pavlov observó que los perros no solo salivaban frente a la propia comida, sino que empezaban a salivar antes de que esta llegara, cuando veían signos que anticipaban su venida (por ejemplo, cuando veían aproximarse a los cuidadores que se la suministraban). Entonces Pavlov realizó el experimento de hacer sonar una campana repetidamente cada vez que le ponían a un perro comida, consiguiendo que el perro asociara ambas cosas, y terminara produciendo saliva con el solo sonido de la campana, sin comida delante.

La muerte puede estar asociada a múltiples elementos que, de forma directa o indirecta, están próximos o la recuerdan. A primeros del siglo XX, la palabra cáncer era sinónimo de muerte. Afortunadamente en el siglo XXI, las tasas de curación están por encima del 80-90%, dependiendo del tipo de cáncer. Pero ese aprendizaje de asociación de las dos palabras todavía está fuertemente unido. *«Cuando oigo la palabra cáncer referida a un ser querido, todavía me recorre un escalofrío»;* o *«Cada vez que alguien con una enfermedad similar a la mía ha ido al hospital y no le ha ido muy bien, cuando tengo que ir yo, tengo miedo de que tampoco me vaya muy bien»;* o *«Esta persona tenía la misma edad que yo, y ha muerto. Tengo miedo a morir yo también»; «Esa persona, que tiene la misma enfermedad que yo, ha tenido una recaída. Tengo miedo de que me pase lo mismo»; «Esa persona ha tenido una muerte muy desagradable, muy dura y con mucho dolor. Me preocupa que a mí me pueda pasar lo mismo».* Este tipo de asociaciones influyen en nuestra forma de afrontar la muerte y posicionarnos ante ella.

Finalmente, la tercera forma de aprendizaje que tenemos los seres humanos, de las tres que estamos comentando aquí, es el llamado aprendizaje operante y es la tendencia a repetir aquellas conductas que tienen consecuencias positivas para nosotros. Un antecedente de este es el llamado condicionamiento instrumental, que surge de considerar la conducta como un instrumento que utilizamos para conseguir un fin, de tal modo que tendemos a repetir aquellas conductas que nos acercan a la consecución del fin que perseguimos, aprendizaje por ensayo y error y evitamos las que nos producen dolor.

Si cuando recibo un tratamiento, tengo efectos indeseados, ¿qué va a tener de extraño que quiera evitarlos, aún cuando para ello, tenga que rechazar el tratamiento?

NECESIDADES FÍSICAS

Las necesidades se definen como un requisito absoluto para la supervivencia. Tienen que ver con la existencia misma. Las necesidades se reconocen cuando aparecen señales que indican distintas carencias, en algún nivel de las estructuras del ser humano. La respiración, en particular, es la necesidad fisiológica más básica. Establece el punto de llegada a esta vida y asimismo marca el punto de partida. Es lo primero que hace cuando la criatura nace y lo último que hace antes de la muerte, que sea percibido por otro ser humano. Si una criatura no respira al nacer, todo el equipo sanitario se moviliza para que respire. Cuando una persona muere en un accidente o en un quirófano y la muerte no es deseada, ni esperada, el personal sanitario procede a efectuar maniobras de reanimación, para que continúe respirando. El ser humano necesita respirar para vivir. Es evidente que si no respira, se muere. Si una persona respira unas 14 veces por minuto de media, en una vida de 80 años, habrá respirado más de 580 millones de veces. En el ciclo de la respiración se inhala y exhala oxígeno: el oxígeno entra en el aparato respiratorio, y a continuación una cantidad de este se distribuye por cada una de las células del cuerpo; después participa durante un tiempo de las funciones celulares específicas de cada una de ellas, y por último sale por la nariz, o por la boca, en la exhalación en forma de dióxido de carbono. En momentos de dificultades, el enfocar la atención en la respiración, ha ayudado a muchos seres humanos desde hace mucho tiempo. a manejarse con ellas. La respiración se produce de forma involuntaria y no consciente, pero se puede modificar de forma consciente. Cuando la atención se centra en la respiración y ésta se enlentece, se activa el sistema nervioso parasimpático y la persona se calma. Si deseo plantearme cómo las estoy cubriendo yo o mi ser querido, puedo preguntarme: *¿De qué manera atiendo mis* *necesidades físicas?, ¿Qué hago con mi necesidad de respirar?, ¿Cómo es la respiración de mi ser querido? Esta, ¿es superficial o es profunda?, y ¿dónde está mi atención cuando respiro?.*

Además de respirar, la estructura física necesita hidratarse, beber líquidos, de los cuales se absorbe una parte (que se distribuirá a las células corporales y a los espacios intercelulares), y se elimina otra (fundamentalmente a través del aparato excretor: urinario y glándulas sudoríparas).

Otra necesidad básica es la alimentación, donde la comida se ingiere, después se digiere, absorbiendo de ellos una parte y eliminando la parte no asimilada. Respecto de la comida, todavía es posible hoy en día encontrarse con situaciones que entorpecen ese hábito, bien porque a nivel familiar se utiliza el momento de la comida para solventar problemas entre ellos, se producen discusiones, o hay distracciones como la televisión, o el teléfono móvil y es evidente que la atención no está puesta en lo que se está comiendo ni en la forma en que se está comiendo. Con lo que en lugar de comer, se "engulle" el alimento. Sin prestar atención al bocado que se tiene en la boca en ese momento, ni a su textura, ni a su sabor, ni al tamaño. Es evidente que la masticación se produce entre los dientes y con la adición de la saliva empieza el proceso de la digestión. En el estómago de los humanos no hay dientes. Así que la comida que no es masticada y convertida en una papilla antes de pasar por el esfínter esofágico superior, luego en el estómago va a tener mayor dificultad para realizar ese proceso digestivo saludable y puede dar lugar a mayores dificultades, haciendo la digestión más difícil. *¿Dónde está mi atención mientras como? ¿Cómo puedo facilitar que mi ser querido pueda estar atento cuando come? ¿Qué cosas podrían facilitar su ingesta? ¿Qué cosas podrían facilitarla?*

Asimismo necesita mantener el equilibrio térmico, hormonal e inmunológico. Procurar que la ropa con la que está abrigada la persona sea la adecuada, la que la persona necesita. No la que necesitan los acompañantes.

El ejercicio físico adecuado a la característica del momento de la persona. Es importante señalar que las fuerzas físicas de la persona pueden ser muy cambiantes de un día para otro y que lo que en un momento dado puede hacer (caminar por el pasillo o hacer aerobismo), en otro momento dado no le sea factible realizarlo.

"Una mujer con 35 años, dos semanas antes de morir, seguía realizando carreras pedestres que había estado haciendo desde los 17 años. Y se encontraba bien después de realizarlas. Conforme se dio cuenta que las fuerzas físicas iban disminuyendo, dejó de hacerlas. El hecho de poderlas llevar a cabo le dio calidad de vida. *¡Puedo seguir corriendo,* comentaba asombrada, *a pesar de las dificultades físicas que voy teniendo cada vez más! »"*

Las personas están vivas hasta el final y es importante que las ideas de los acompañantes no interfieran en lo que ellas quieran y puedan hacer.

También es evidente que se necesita descansar y que dormir (aunque una y otra son necesidades diferentes). También está descrita la de ser tocados: los trabajos de Harlow[9] y Spitz[10], describen cómo, en ausencia de contacto físico, se producen conductas de aislamiento y cambios en el estado de ánimo. Más adelante se estudiará como ese contacto físico en estos momentos puede proporcionar calidad de vida y calidad de muerte a una persona en esa situación.

De modo similar, ocurre a veces que la familia está tan asustada y con tanta confusión, que no son capaces de comprender lo que está pasando, y no son capaces de adecuar su comportamiento a las necesidades del enfermo. Así, ocurre con frecuencia que la familia, desde su buena fe, intenta darle de comer a la persona que muere cuando esta ya no tiene hambre ni puede comer, o se empeñan en que beba para hidratarlo cuando la persona ya no quiere ni puede beber, o le hacen preguntas cuando en realidad la persona no quiere contestar nada, pues solo desea que no lo «mareen». También hay veces en que la familia, como piensa que es bueno tocar al enfermo, lo tienen como atrapado entre las manos de los acompañantes, «para que no esté solo». Encontrar el punto de equilibrio entre tocar a la persona y aferrarse a ella, probablemente sea una muestra de equilibrio y de favorecer la autonomía de la persona que muere.

NECESIDADES PSICOLÓGICAS

En cuanto a las necesidades psicológicas, se contemplan las siguientes: de reconocimiento, de amar y de ser amado, autoestima, de pertenencia, de estructura de espacio y de tiempo, de seguridad física y psicológica, de contacto emocional, de estímulo intelectual, de logro y de expresión de emociones. También aquí se puede preguntar: *¿De qué manera cubro mis necesidades psicológicas? ¿De qué manera cubro las necesidades psicológicas de la persona que acompaño?, ¿Hasta cuándo espero para satisfacerlas? Y ¿dónde está mi atención hacia estas necesidades, cuando estoy haciendo algo?*

En ocasiones, cuando la persona hace algo, la cabeza, lo que piensa, está en otra cosa: es el funcionar en «piloto automático» o no estar atento a lo que está haciendo o donde está. Cuando no está bien consciente en el lugar y en el momento donde el cuerpo se encuentra, se puede encontrar con muchas dificultades. En cambio, si practica el estar presente en el momento en el que vive, es decir, cuando experimenta aquello que está apareciendo, sea agradable o desagradable, le guste o le desagrade, entonces puede desempeñarse mucho mejor con todo lo que aparece en su vida. *¿Dónde están mi cuerpo y mi cabeza, dónde está mi atención?*

"La mujer de 35 años, antes citada, conocedora de la enfermedad grave que tenía en ese momento, me decía: *"Cuando a veces, me vienen preocupaciones, o empiezo a estar con síntomas de ansiedad, y de malestar, empiezo a vivir el momento que estoy viviendo. Acepto que estoy empezando a alterarme, empiezo a prestar atención, en lugar de a las preocupaciones, a la respiración y mi mente se calma y mi cuerpo se tranquiliza".* Es una mujer que murió con mucha paz, según me comentaron sus seres queridos."

NECESIDADES ESPIRITUALES

¡Ea!, amante, vamos.
Tiempo es de dejar el mundo.
¡Oh corazón!, ¡vuélvete al Amor!
¡Oh, amigo!, ¡vuela a tu Amigo!
La muerte pone fin a tu ego.
La vida se estremece ante la muerte.
Cuando crece el amor,
el yo muere, tirano, tenebroso.
Déjale morir en la noche.
Respira libre ya cuando apunta el día.
Rumí

Para la Organización Mundial de la Salud, las necesidades espirituales son aquellos aspectos de la vida que tienen que ver con experiencias que trascienden los fenómenos sensoriales, y se consideran como un componente integrado de la persona, junto al resto de componentes físicos, psicológicos y sociales. Además, las necesidades espirituales se vinculan con el significado y el propósito de la vida, así como con la necesidad de perdón, reconciliación y afirmación de valores.

La espiritualidad no se puede medir[11]. Aunque existen instrumentos para evaluarla, es algo intangible: nos podemos acercar a ella, pero nunca se puede llegar a «tocarla». Así pues no es medible, aunque sí se puede percibir qué personas la manifiestan en mayor o en menor medida. También parece indudable que la dimensión espiritual produce cambios en la persona, en su forma de acercarse al mundo, al otro, a la vida e incluso a la muerte.

La espiritualidad se manifiesta cuando es vivida, no cuando es hablada. En la mística se plantea: Quien habla, no sabe. Quien sabe, no habla. Consiste en un vaciamiento, en una forma de aprender a «quitarse de en medio», una forma de aprender a «no estorbar». A veces, el efecto de la espiritualidad es una suerte de presencia que inunda el espacio alrededor de la persona. Algunas preguntas que conectan con la dimensión espiritual son: ¿Quién soy? ¿Qué sentido tiene mi vida? ¿Qué hago o qué he hecho con ella? ¿Adónde quiero ir? ¿Qué hago para conseguir lo que quiero, en este aspecto no tangible? Lo que hago en mi vida, ¿me acerca a lo que realmente quiero (no a lo que verbalizo que quiero, sino a lo que realmente quiero)? ¿Qué significado tiene para mí lo que ahora me está pasando, si es que tiene alguno? ¿De qué manera cubro mis necesidades espirituales? ¿Hasta cuándo voy a esperar para cubrirlas? ¿Cuándo voy a descubrir quién soy? Estas preguntas pueden ayudar a conectar con esa dimensión, sobre todo si son realizadas de una forma sincera, arriesgada y valiente.

Ese aspecto espiritual se manifiesta en situaciones de crisis y en el proceso de muerte, pues como señala el Lama Sogyal Rimpoché[12]: «Tal vez la razón más profunda por la que tememos la muerte es porque ignoramos quiénes somos en realidad».

Hay ocasiones en las que una persona se identifica con lo que piensa, diciendo cosas como: «Es que yo pienso así. *Yo soy así*». Cuando ocurre esto, la persona no es consciente de hasta qué punto lo que ella piensa está influyendo en su forma de ver la vida, en su forma de situarse ante ella, e incluso en sus circuitos neuronales. No somos lo que pensamos. Ni siquiera somos lo que hacemos, y ni siquiera somos lo que sentimos. Lo que pensamos es solo lo que pensamos. Lo que hacemos es solo lo que hacemos, lo que hacemos en un momento dado, lo que estamos haciendo en ese momento. Lo que sentimos es solo lo que sentimos. A ninguna persona se le ocurriría decir que ella es la saliva que segregan sus glándulas salivares, y a nadie se le ocurriría decir que ella es la orina que segregan sus riñones, o las lágrimas de sus ojos.

Willigis Jäger contaba el siguiente cuento:

Al morir una mujer, llega a las puertas del cielo, y llama para entrar. Desde dentro le responden:

—¿Quién eres? La mujer respondió:

—Soy Juana.

Volvieron a responder desde dentro:

—No te he preguntado tu nombre, te he preguntado quién eres.

Ella sorprendida, se lo pensó dos veces, y volvió a replicar:

—Soy maestra.

—No te he preguntado en qué trabajas, te he preguntado quién eres —volvieron a responder.

La mujer, algo más inquieta, afirmó:

—Soy la madre de Pedro y de María.

—No te he preguntado los hijos que tienes. Te he preguntado quién eres —contestaron de nuevo.

De nuevo, la mujer respondió:

—Española, soy española.

—No te he preguntado por tu nacionalidad. Te he preguntado quién eres —respondieron otra vez.

La mujer algo confusa, y dándose cuenta de que estaba en las puertas del cielo, dijo:

—Soy católica.

—No te he preguntado por tu religión. Te he preguntado quién eres.

Al final, la mujer totalmente sin respuesta contestó:

—Pues, si no soy todo esto, no sé quién soy.

Desde dentro, la voz replicó:

—Pues tienes una segunda oportunidad. Vuelve a la tierra y descubre quién eres.

Descubrir quiénes somos, quizás sea uno de los trabajos más importantes de nuestra vida.

La persona es portadora de una dignidad sublime que radica en su modo peculiar de ser[13]. «En esa dignidad se basan el respeto y el trato personalizado y justo que merece la persona siempre. La persona es un ser complejo, dinámico, único y relacional: complejo, por cuanto su realidad está formada por un conjunto muy rico de aspectos o dimensiones interrelacionadas, que son la física, la emocional, la cognitiva, la social y la espiritual; dinámico, puesto que va modificando sus dimensiones a través de las experiencias que vive en su día a día; único, porque la persona se construye y se hace cada día, de modo que cada ser humano es único e irrepetible, no se puede reemplazar ni sustituir; y por último, la persona es al mismo tiempo un ser relacional, que interactúa consigo mismo, con las ideas, con los demás, con el entorno y con lo trascendente».

Me he encontrado con personas con un componente espiritual muy desarrollado, y que sin embargo no lo manifiestan de una forma religiosa, aunque puedan aceptar e incluso estar cómodas con este tipo de manifestaciones. También personas muy religiosas pero nada espirituales, y que se conducen de forma muy dogmática en su práctica religiosa y en su vida. Asimismo existen personas que presentan ambos aspectos, el espiritual y el religioso, de forma muy honesta, muy coherente e íntegra. Mi experiencia a lo largo de los años me ha demostrado que la dimensión espiritual auténtica (es decir, ese contacto o aproximación a lo que la persona realmente **es,** sin importar si se manifiesta o no a un nivel religioso) produce efectos sanadores en la persona que experimenta tal dimensión, así como en las personas que e están a su alrededor. Es como si se irradiara. Y lo que más me sorprende es que las personas lo perciben. No saben muy bien cómo, pero lo perciben. *¡Después de estar un rato con "Nombre", me voy con una sensación de calma, de sosiego, que me es difícil de describir!*

Para Marge Reddington[14], en las necesidades

espirituales, al igual que en las físicas, se produce un proceso de entrada al organismo, seguido de una absorción y una eliminación. El proceso sería por tanto similar en el caso de unas necesidades y otras, pero entonces tenemos que preguntarnos, para empezar: *¿con qué se nutre la persona en ese aspecto espiritual?* Algunas personas se nutrirían viendo un paisaje en la naturaleza, algunas personas se nutrirían estando cerca de otra persona, o bien leyendo, o bien estando en algún lugar religioso o solitario, o, rezando, escuchando música, meditando, estando en silencio, caminando o corriendo. O, simplemente, fregando. O estando en donde uno esté, haciendo lo que esté haciendo. A continuación, el proceso de absorción (o proceso de crecimiento) tendría que ver con el desarrollo de la compasión, con el desarrollo del conocimiento y de la fortaleza interior. Y por último, el proceso de eliminación se manifestaría como un aumento en el amor a sí mismo y hacia los demás. Este último proceso podría manifestarse, por ejemplo, en el desarrollo de la expresión artística, pintando, haciendo ganchillo, o cualquier otra manualidad o en la contribución de la persona a la comunidad mediante el voluntariado (ayuda a personas mayores, ayuda a grupos socialmente desfavorecidos, etc.), o podría manifestarse sencillamente en la voluntad de vivir.

El desarrollo espiritual implica un esfuerzo por llegar a ser sabio, un esfuerzo por descubrir quién y qué es uno. También implica llegar a ser efectivo (es decir, hacer lo apropiado en ese momento de la vida), y llegar a ser solícito (es decir, sensible a uno mismo y a los demás), e implica disfrutar de todo ello y de la vida.

Los procesos de crisis familiar, económica, o de enfermedad o la presencia de la inminencia de la muerte, hacen emerger en algunos estos aspectos espirituales y para algunas personas, puede facilitar dichos procesos. Benito[13] escribe que la espiritualidad no solo está asociada a momentos de gran felicidad y amor (al contacto con la belleza, con el arte y la naturaleza, a la contemplación, a la pertenencia a un grupo), sino que está asociada también a momentos de gran sufrimiento, de duelo o de muerte. Y que el acompañamiento espiritual no consiste en dirigir a la persona, ni en inocular creencias, ni en hacer psicoterapia, ni en ayudar a la persona a huir del sufrimiento. En lugar de todo eso, el acompañamiento espiritual consiste en estar con la persona en condición de igualdad, bajo la figura del «cuidador herido», tratando de conectar, desde mi propia humanidad y mis propias dificultades, con las necesidades del ser humano que está en proceso de morir, así como con sus capacidades y dificultades.

Morir es como un intento de vivir el momento, valorando qué es realmente lo importante antes de morir (algo así como «ponerse del todo en el mundo, antes de desaparecer») y dejando de valorar lo que no lo es.

Vivir[15] con una enfermedad terminal es un proceso en el cual se va eliminando, capa tras capa, la idea de quién creía que era, lo que pensaba que era, de forma que se comienza a vivir un sentido del yo más real, más esencial, y en consecuencia, más amplio. Aunque algunas personas pueden expresar en determinados momentos del proceso: *¡Qué duro es esto!*, en otros momentos posteriores, cuando han ido eliminando capas no esenciales, pueden expresar: *Estoy haciendo aquello que tocaba hacer*, con mucha paz.

En este sentido, el hecho de que una persona haya sido capaz de manejarse de una manera sana y resolviendo las dificultades que a lo largo de la vida se le han ido presentando, o que haya tenido poca tendencia a desarrollar estrés o depresión, es un buen indicador del nivel de bienestar emocional y de la capacidad de adaptación, que podrá tener ante el final de esta vida. En efecto, cuando la persona considera que está en paz a nivel espiritual, cuando la persona se considera en paz con ella misma y con el resto de las personas significativas para ella, la muerte se produce en calma, se produce lo que llamamos una «buena muerte». En términos generales, y así lo atestigua mi experiencia acompañando personas en el proceso de muerte, podemos decir que tal y como se viven y se afrontan las situaciones en la vida, se afronta el proceso de la muerte y se muere. Cuando la persona está en equilibrio a nivel espiritual en la vida, la persona muere en paz. El alcance del equilibrio y de la calma antes de morir, puede facilitar el tránsito del final de la vida.

Reconsiderando la estructura global y holística del ser humano, ¿Qué necesita para crecer de forma saludable y madurar? Pues precisa de un modo muy especial, amor y afecto. Así, en el momento de nuestro nacimiento, en el momento del parto, necesita a una persona que la acoja, que la recoja, que la ayude a salir del canal de la madre, y que con mano firme y cuidadosa la limpie, la sostenga, la abrigue, la conforte, le dé seguridad y le facilite la primera necesidad básica, la respiración. Asimismo, para crecer de forma saludable y madurar necesita también amor y afecto: ser queridos y sentirse queridos. Y compartir lo que le sucede, compartir cómo se siente, compartir las vivencias, las emociones, las intuiciones y los planes. También atención, la disponibilidad del otro, la presencia del otro en una relación privilegiada, próxima (no remota, no lejana). Y ser escuchados: *«Tú eres importante para mí. Tú me consagras tu tiempo y tu atención»*. Y el contacto físico, la cercanía física de otra persona. Y poder seguir el propio ritmo, tener un tiempo adecuado y específico para uno mismo. Y ser animados a explorar, a expresarse, a jugar, a reír en complicidad. Y ser estimulados desde el respeto, y también desde la compasión, desde el reconocimiento de que es un ser humanos, y como tal limitado, frágil y vulnerable. Necesita todo esto para mantenerse en equilibrio, en *homeostasis*. Necesita todo esto para mantenerse en salud.

Pues bien, todo lo que se acaba de enumerar es exactamente lo mismo que necesita la persona cuando muere. La muerte forma parte de la vida, y las necesidades de la persona que muere son esencialmente las mismas que las necesidades de una persona que está viva. Porque la persona que se está muriendo *todavía está viva*, y mientras se mantiene con vida tiene esas mismas necesidades: atención, cariño, abrigo, contacto físico, sentirse tocada, respetada, querida, escuchada.

EMOCIONES

Lo que niegas te somete, te ata, te atrapa.
Lo que aceptas te transforma, te libera.
Carl G. Jung

Dice Jesús: «Si sacas lo que está dentro de ti,
lo que está dentro de ti te salvará.
Si no sacas lo que está dentro de ti,
lo que está dentro de ti te destruirá.»
Evangelio gnóstico de Santo Tomás

Lo que está dentro y se niega,
termina haciendo daño a la persona.

En el desempeño profesional me he encontrado a sanitarios y a cuidadores de enfermos crónicos inmovilizados largo tiempo en una cama, que de forma confidencial, me han contado cuánto dolor y sufrimiento les produjo la muerte de «su» enfermo. En algunos casos, era por no haber sido capaces de evitar la muerte de esa persona, o por el miedo a volver a enfrentarse con la muerte y el sufrimiento de otros enfermos, lo que los llevó a que se hicieran insoportables los sentimientos de culpa, miedo y tristeza. Estas emociones les llegaron incluso a incapacitarles presentando problemas físicos, dolores de espalda, de cabeza, molestias digestivas o situaciones de depresión grave o ansiedad que les incapacitaron tiempo después.

En el trasfondo de tales situaciones lo que hay es un cansancio, o un agotamiento psicológico o físico, que puede llegar a convertirse en una situación conocida como burn-out y que puede generar también sentimientos de incapacidad, de inadecuación.

Y es que la presencia de la muerte genera emociones a todas las personas que participan de la misma, no solo a la persona que está en el proceso de morir. Entre estas personas están los familiares, y también los profesionales sanitarios. El hecho de tomar en consideración, de tener en cuentas las emociones de los familiares y las emociones de los profesionales sanitarios en el proceso de la muerte supone una gran ayuda, de cara a mejorar la capacidad que estas personas tendrán para manejarse en dicho proceso y en situaciones posteriores.

Las emociones son impulsos que llevan a la persona a actuar, programas de reacción automática con los que les ha dotado la evolución[16]. Y cada emoción predispone al cuerpo a un tipo diferente de respuesta. En definitiva, todas las emociones, tanto las agradables como las desagradables, producen cambios en la persona, tanto a nivel fisiológico como a nivel cognitivo y conductual. No hay más que pensar en alguien que está llorando, o muy enfadado, para darse cuenta de la cantidad de energía que moviliza, y las consecuencias que una emoción intensa puede acabar desencadenando.

Se puede considerar que la emoción es la reacción del organismo ante acontecimientos de la vida o ante la percepción de estos. Esta reacción se puede manifestar tanto a nivel físico o fisiológico, como a nivel psicológico. Y lo primero que conviene subrayar a este respecto es que **tener emociones es absolutamente normal**. Las personas respondemos emocionalmente a las cosas que nos sucede en el día a día, seamos consciente o no. Lo manifestemos o no. Lo verdaderamente anormal y preocupante es no tener emociones. Así pues, las emociones constituyen respuestas normales del individuo normal. La emoción no implica patología, aunque la forma como la persona se maneje con la emoción, le puede permitir resolver el problema u ocasionarle dificultades. A la dificultad para identificar y expresar emociones, cuando va acompañada de una forma de pensar pragmática y carente de fantasía, se la conoce como alexitimia. La dificultad en este caso es que si la persona no es capaz de identificar emociones en él mismo, no va a ser posible que sea capaz de identificar emociones en el otro.

Las emociones se pueden comparar de alguna manera a la vibración de las cuerdas de una guitarra: cuando en una guitarra vibra una de sus cuerdas, las demás tienden a vibrar también, lo que se conoce como resonancia emocional. Pues bien, del mismo modo, las emociones que experimenta una persona influyen en su conducta, e influyen en las emociones y en la conducta de las personas que están cerca de ella. La emoción que «vibra» en el interior de una persona produce resonancia en otras. Así por ejemplo, al ver a alguien llorar, las personas tienden a entristecerse y a acercarse a la persona que está llorando. Las llamadas «neuronas espejo», recientemente descubiertas, tienen que ver con este tipo de efectos. Y al ver a alguien que expresa miedo o huye de un lugar, los observadores también pueden modificar su propia respuesta, su propio comportamiento. Si se ve a alguien enfadado, las personas tienden de forma natural a alejarse de la misma.

La rama de la psicología que se encarga del estudio de las emociones es lo que se conoce como *inteligencia emocional*, y es la habilidad para percibir los propios sentimientos y atender a ellos de forma apropiada y precisa, así como la capacidad que la persona tiene para asimilarlos y comprenderlos, y la destreza que posee para regular y modificar el propio estado de ánimo y el de los que le rodean[17]. Generalmente se clasifica dicha inteligencia en cuatro momentos diferenciados: el primero es la *percepción y expresión emocional*, que incluye la habilidad para reconocer de forma consciente las emociones, y ser capaces de darles una etiqueta verbal; el segundo consiste en la *facilitación emocional*, que representa la habilidad de hacer uso de las emociones para facilitar diferentes procesos cognitivos. El tercer momento de la inteligencia emocional es la *comprensión emocional*, consistente en la habilidad para comprender la información emocional, la evolución de los estados mentales a través del tiempo, y lo que significan para cada uno. Y el cuarto momento, por último, es la *regulación emocional*, que representa la habilidad para dirigir y manejar las emociones, tanto las agradables como las desagradables, de una forma eficaz.

Pero hay aún muchas personas que desconocen esta forma de manejarse con las emociones, y utilizan estrategias o mecanismos bien distintos, entre los cuales destacan sobre todo dos que no son saludables: la estrategia de *negar la emoción* y la estrategia de *rebozarse en ella*. La persona que niega una emoción es la que no quiere verla, la que le da la espalda a la emoción que ella misma está sintiendo. Este mecanismo de negación se puede utilizar también para darle la espalda a un problema que le preocupa, o para negar el hecho de la muerte. La idea subyacente es que *si niego el problema, si niego la emoción, si me niego a ver lo que está sucediendo, entonces parece que no pasa nada*. Esta estrategia puede parecer eficaz, al menos a primera vista: al volverle la espalda a la dificultad, esta parece eliminarse. La estrategia de negación es un mecanismo humano muy primario que las personas tienen, para evitar aquello que les inquieta, les perturba o les atemoriza. Así, con frecuencia oímos a alguien decir: *«No pasa nada»*, *«No hay ningún problema»*, *«A mí no me importa»*, justamente cuando están hablando de algo que desde fuera sí parece importarles y preocuparles mucho. También aparece cuando tras el diagnóstico de una enfermedad que pone en riesgo la vida, se le dice a esa persona: *«Ahora tienes que ser fuerte»*. Es decir, se le está diciendo: *«No sientas lo que sientes ahora»*.

La estrategia de negar la emoción probablemente también tenga que ver con el pensamiento mágico. La idea que subyace es que, al negar lo que está pasando, se consigue que eso que le preocupa desaparezca. En el juego del *¿Cu? ¡Taa!*, que tanto les gusta a los bebés, el adulto le tapa los ojos al niño diciendo «¿Cu?», y al destaparlos le dice con sorpresa «¡Taa!». Y el niño se ríe, incluso a carcajadas. Es como si al tener el niño los ojos sin visión, el adulto y el mundo desaparecieran, y al destaparlos volvieran a aparecer súbitamente, causándole sorpresa y alegría. *«Cuando me tapo los ojos, parece que el mundo desaparece. Cuando me niego a ver algo, parece que no está».*

El problema que tiene este mecanismo es que *no funciona.* La emoción sigue estando presente y le sigue afectando, aunque se niegue a verla. La percepción del hecho que le preocupa sigue estando presente y le sigue afectando, aunque se niegue a reconocerlo. Y de hecho, hay bastantes estudios que muestran cómo la no expresión de las emociones influye a nivel fisiológico, aumentando la transpiración de pies y manos, disminuyendo el funcionamiento del sistema inmunológico, y alterando el funcionamiento eléctrico y bioquímico del cerebro[18]. Y también hay numerosos estudios que relacionan la no expresión de emociones con el incremento en la aparición de enfermedades.

La segunda gran estrategia de manejo emocional que tampoco es saludable, es rebozarse en la emoción. La persona que utiliza este mecanismo dice cosas como *«¡Qué triste estoy!»*, *«Estoy muy triste, no puedo más»*, *«¡Dios mío, qué pena más grande»*, y además las dice de una forma continuada, sin parar (*pensamiento repetitivo* o en bucle). Por su parte, en el caso en que la persona se esté rebozando en la rabia, dirá cosas análogas relativas a la emoción de la que se está embadurnando: *«Qué rabia me da»*, *«¡Estoy muy enfadado!»*, *«Se van a enterar, esto no va a quedar así»*. Y hace esto de forma similar con el resto de las emociones, como la preocupación, el miedo, etc. A veces las personas se rebozan también en su propia alegría, cuando ésta es muy intensa (alegría eufórica), intentando agarrarse a ella y tratando de alargarla en el tiempo todo lo posible. En todos estos casos, incluyendo el caso en el cual la persona se aferra a su propia alegría, la estrategia de rebozarse en la emoción constituye un mecanismo de respuesta insano, que no ayuda a las personas a salir adelante en su proceso de salud, sino más bien las enraíza en la enfermedad, ya sea física o mental.

Frente a estas dos estrategias de manejarse con las emociones se abre una tercera, que está en la base de lo que prescribe la inteligencia emocional, y que tantas veces he podido comprobar el alivio que produce. Esta forma de manejo consiste en poner el *foco de atención* hacia lo que la propia persona está sintiendo, *identificarla* (ponerle nombre), *aceptarla* y *decidir* qué hacer con ella. En este proceso la emoción se percibe y se puede expresar, de modo que se facilita la visión de la emoción y la expresión de los diferentes procesos cognitivos de una forma adecuada y la consiguiente gestión de la vida estaba planteando. Se ha comprobado cómo el expresar emociones afecta a la salud, disminuyendo el número de veces que las personas enferman y cómo se mejora su sistema inmunológico[18], así como se producen mejoras en la artritis reumatoidea[19], en la modulación del anticuerpo del virus Epstein-Barr[20,] modula los aspectos emocionales colaterales en el cáncer de próstata[21], y en el de mama[22]. Es decir, el expresar emociones mejora la salud.

Aquí es muy importante subrayar algo: una cosa es identificar la emoción lo que la propia persona siente, o incluso la emoción que siente alguien cercano, y otra cosa muy distinta es que se *identifique* con la emoción que siente la otra persona. Mientras que la identificación de las emociones propias es sumamente saludable, el intento de adoptar como propias las emociones de otra persona no resulta saludable en absoluto. En este sentido, conviene recordar que la pauta que prescribe la inteligencia emocional consiste en ser capaz de identificar las propias emociones, sin identificarse con las emociones de otro (*identificar mi propia emoción, sí; identificarme con la emoción del otro, no*). Aunque durante un tiempo se manejó una idea de *empatía* como identificación con las emociones del otro, lo cierto es que dicha práctica ha llevado a un buen número de profesionales de la salud a situaciones de estrés, ansiedad y *burnout* (profesional quemado).

Finalmente, conviene decir también que todas estas estrategias de manejo con las emociones (es decir, el conjunto de mecanismos que ponemos en marcha cuando sentimos algo) van también ligadas al aprendizaje que la persona haya tenido y tenga a lo largo de su vida. Así, el aprendizaje por modelado puede condicionar el modo en que la persona se ha venido manejando en el pasado, como sucede por ejemplo, si la persona está imitando inconscientemente las conductas no saludables que ha visto hacer a sus figuras de referencia en la infancia. Pero el aprendizaje por modelado también le puede servir a una persona para aprender a adoptar modelos que la conduzcan a la salud, si se fija en aquellas personas que son capaces de expresar sus sentimientos sin rebozarse en ellos. De este modo, la persona puede caminar hacia estilos de expresión que le permitan manifestar lo que siente en cada momento de una manera saludable.

Y otro aspecto también muy importante, en esa tarea de acompañamiento con el otro ser humano es, no juzgar, no criticar, no valorar, no etiquetar, no decirle cómo se tiene que sentir. Si todo esto es importante en cualquier momento de la vida, en el momento de la muerte lo es aún más —y ello se aplica tanto al caso en que yo sea la persona que va a morir, como al caso en que desempeñe el rol de médico, sanitario, cuidador, familiar o acompañante: bastante tenemos con vivir lo que estamos viviendo, como para añadir el peso de la crítica y el juicio.

Distintas aproximaciones al campo de las emociones y de su manejo han sido estudiadas en diferentes formas de acercamiento a las mismas.

El profesor de filosofía Gustavo Picazo[23] recoge en el libro *Kairos Zen,* la metáfora del carro de Platón, que compara el alma con un carro dirigido por dos caballos: el caballo de la emoción y el del pensamiento, y cuyo cochero o auriga siempre es el yo. El yo es quien toma decisiones, el yo es quien tira de las riendas de los dos caballos para que el carro se encarrile hacia la dirección elegida por él. Ahora bien, lograr enfilar el carro hacia la dirección que el cochero elige no es fácil, pues el ser humano se deja arrastrar en muchas ocasiones por sus emociones o por sus pensamientos. Lo más difícil es que sea el cochero, el yo, quien tome desde la plenitud, las riendas de su vida.

En medicina tradicional china se destacan cinco emociones principales en los seres humanos: alegría, tristeza, rabia, miedo y preocupación[24], aunque investigaciones más recientes, incluyen también el asco, la vergüenza, la sorpresa, la culpa, la satisfacción, la admiración, la curiosidad, la complacencia, etc.

Nadie pone en duda que la tristeza en el proceso de morir es una emoción relevante. Pero la culpa es otra de las emociones que aparece en ese momento e incluso, después en la situación del duelo. Cuando alguien está muriendo, las cosas siempre se podrían haber hecho de otra manera. Tanto para el que muere, como para el que acompaña. Cuando alguien no está muriendo, las cosas también se podrían haber hecho de otra manera. La dificultad es que cuando el resultado no es el esperado, la idea es que alguien tiene que ser el responsable y puede aparecer la culpa. Y ésta requiere redención, requiere reparar el daño, "pagar". A menudo las personas después de que algo ha pasado, dicen: *Si yo hubiera sabido lo que iba a pasar….. O tendría que haberlo cuidado más, O tendría que haber hecho tal cosa que no hice…., O no tendría que haberle dicho esto que le dije…* Y es que es muy fácil, después, saber lo que ha pasado, pero realmente no es posible saber lo que iba a pasar antes de que sucediera. Así que habrá que estar bien atento a esta emoción, en todo este proceso. En alguna ocasión, cuando la persona considera que no está teniendo una conducta apropiada, y aparece una enfermedad a posteriori, puede interpretar que es un castigo por ese comportamiento: *Me lo tengo merecido*. Y si ese es el pensamiento, la atribución que hace a ese hecho, es posible que tarde en buscar el diagnóstico y el tratamiento adecuado. La emoción puede retrasar la conducta de pedir ayuda médica y agravar el proceso de la enfermedad. Reflexionaremos sobre ellas más tarde.

2
LA MUERTE

> *Todos estamos de visita*
> *en este momento y lugar.*
> *Solo estamos de paso.*
> *Hemos venido a observar,*
> *aprender, crecer,*
> *amar y volver a casa.*
> Proverbio aborigen australiano

El nacer y el morir son los dos extremos de lo que denominamos «vida». Cuando una mujer se pone de parto, nunca se sabe cómo será el proceso. No se sabe si el periodo de dilatación o el de expulsión será largo o corto. No se sabe si el proceso se enlentecerá y será un parto *distócico* (con dificultades), o si será fluido y normal (*eutócico*). No se sabe si el bebé pasará a través de la pelvis de forma fluida, y no hará falta ninguna intervención por parte de las personas que asisten al mismo o se encajará en algún momento del trayecto, debiendo el personal médico-sanitario (la matrona o el ginecólogo) aplicar técnicas como la ventosa, el fórceps o incluso la cesárea, para que la criatura nazca.

Nada de esto se sabrá con certeza hasta que el parto haya terminado. Nunca se puede predecir cómo será un parto, aunque la madre haya tenido anteriormente otros hijos y esos hechos puedan servir de referencia. Cómo es el parto no se sabe, hasta que éste no se termina. Es verdad que los profesionales pueden prever en función de las características de la mujer y de las enfermedades previas, algunas complicaciones y prevenirlas. Pero nunca se sabe como va a ir, hasta que la mujer ha dado a luz.

Pues bien, algo similar ocurre con el proceso de la muerte. La muerte puede aparecer de muchas maneras distintas: (1) puede aparecer al final de un proceso de envejecimiento natural, donde las energías se van disipando y las personas dicen: *es como una vela que se va apagando*, (2) puede aparecer tras una enfermedad crónica prolongada donde la persona tiene múltiples fallos orgánicos repetidos, y el grado de funcionamiento de cada uno de ellos es menor conforme va pasando el tiempo, hasta que se produce el deceso, lo que se conoce como *lisis* o (3) la muerte puede aparecer de forma abrupta, súbita, en lo que se conoce como *crisis*, que puede producirse por muerte súbita, ocasionada por infarto agudo de miocardio, por un accidente, o por suicidio. Cuando la muerte se produce por lisis (es decir, la muerte de forma paulatina), nunca se sabe cómo transcurrirá dicho proceso hasta que este no acaba. Por mucho que hayamos observado la aparición de determinados síntomas en personas en un estado parecido, lo cierto es que no podemos afirmar con certeza cuándo y cómo será la muerte de una persona hasta que esta sucede. Por este motivo, el personal sanitario que está próximo a esa persona ha de estar atento, en aras de poder intervenir ante cada una de las manifestaciones que se vayan presentando. Y por su parte, la familia debe estar atenta también ante cada expresión de las necesidades de la persona en ese proceso, si es que tiene la suficiente claridad para ello, y la entereza y capacidad para poder hacerlo.

Rumi[1], en el *Matnavi*, escribe: «Aunque se produzcan sufrimientos y dolor a la madre durante el parto, para el bebé se trata de su liberación». También expresa: «Al igual que en el nacimiento el bebé se libera de la prisión del útero materno para salir a la libertad del mundo, en la muerte, la parte espiritual se libera de la prisión de los sentidos para ir hacia la libertad».

Definimos el «proceso de morir» por lisis como el conjunto de cambios a nivel físico, psicológico, social y espiritual que se producen en la persona desde que empieza el proceso de morir hasta que muere. Dicho proceso puede producirse en intervalos de tiempo de duración muy distinta. Desde horas, a veces en día, e incluso en semanas.

Distintos factores pueden incidir en este proceso: los problemas de salud física que tiene la persona que está muriendo, las alteraciones orgánicas que presenta, la presencia de más de una enfermedad (*pluripatología*), la medicación o polimedicación que está tomando, la disponibilidad sanitaria del área donde resida, el apoyo familiar y social con el que pueda contar, la edad de la persona, su nivel económico, el estilo de pensamiento que utilice, la forma que tenga de procesar la información, la forma en la que se maneje con las emociones, los estilos de afrontamiento que haya utilizado anteriormente en otras situaciones cruciales de su vida, así como su forma de contemplar y de situarse frente a los aspectos espirituales. El proceso de la muerte depende de múltiples aspectos que influyen de manera diferente en cada situación. Del mismo modo que no hay una sola vida que sea igual que otra, tampoco existe una muerte que sea igual a otra.

El *Diccionario de la Real Academia Española*[2] define el vocablo «muerte» como la cesación o el término de la vida. También puede definirse como el suceso que se produce como resultado de la incapacidad del organismo para mantener la *homeostasis*, el equilibrio. Para la medicina tradicional china (según el *Huan Thi* o *Libro del Emperador Amarillo*)[3], el equilibrio es sinónimo de salud y el desequilibrio es sinónimo de enfermedad. El desequilibrio lleva a la enfermedad o a la muerte. La homeostasis se describe como la tendencia general de todo organismo para el restablecimiento del equilibrio interno, cada vez que este se ve alterado.

La muerte en la medicina occidental aparece, pues, cuando un órgano o un conjunto de órganos presentan un fallo o desequilibrio que deviene irreversible. El *desequilibrio irreversible* es una de las características claves de la muerte. Una vez que el organismo no es capaz de mantener el equilibrio la vida desaparece, y a esa ausencia de la vida le llamamos «muerte».

Hasta hace unos años, la muerte venía definida como el momento en que cesaban los latidos del corazón y la respiración. El concepto se ha ido modificando, sin embargo, gracias a la tecnología sanitaria. En la actualidad se considera que una persona está muerta, a nivel médico clínico, cuando se produce el cese irreversible de un número crítico de neuronas de los hemisferios cerebrales y del tronco encefálico. A este criterio se le conoce como *criterio panencefálico*, y las pruebas para comprobarlo son las exploraciones empíricas elegidas y validadas por grupos de expertos. Bernat[4], señala que la muerte encefálica o muerte cerebral es «la determinación de la muerte de la persona mediante la comprobación del cese irreversible de las funciones clínicas del encéfalo», lo cual es determinante para certificar la muerte de la persona. De acuerdo con la legislación actualmente vigente en España, para certificar la muerte encefálica se necesitan practicar dos exploraciones clínicas entre las que deben mediar seis horas de observación, y en donde se especifica el nivel de $PaCO_2$ (nivel de dióxido de carbono en sangre) a fin de constatar la apnea verdadera.

A propósito de esto, «que el corazón siga latiendo, la sangre circulando y las vísceras funcionando en el enfermo en muerte encefálica indica que, en nuestra era tecnológica, es posible mantener con vida ciertas partes del organismo después de que el organismo como un todo haya dejado de funcionar para siempre. Esa es la esencia del estado de muerte encefálica, y a la vez, su terrible ironía. Se conservan con vida varias partes y sistemas del organismo mediante método mecánicos, a pesar de que el organismo, en su conjunto, ya no existe. De la misma manera que el órgano donado continúa funcionando en el receptor aunque el donante haya muerto, la mera extensión de la función multiorgánica del paciente en muerte encefálica no implica que el organismo siga viviendo como un todo».

El biólogo Jacques Loeb[5] explicaba que «El organismo como un todo es una noción centenaria. Pero el "organismo como un todo", no es igual a "todo el organismo" (la suma de las partes constituyentes), sino que hace referencia a las características que concurren cuando todos los componentes funcionan en su conjunto. Estas características son denominadas "funciones emergentes", porque emergen espontáneamente y no pueden reducirse ni localizarse en una parte concreta del organismo, y porque son difíciles de predecir desde el mero estudio de las partes. Las funciones emergentes tienen diversa consideración crítica para la salud. La conciencia humana es el ejemplo más exquisito de ello: una función sublime es a día de hoy inexplicable desde el paradigma actual del aparato natural de redes jerárquicas paralelas que conforman las neuronas del cerebro».

Así que la muerte la contemplamos desde múltiples aspectos, desde las múltiples facetas del que cada individuo forma parte. El aspecto físico de la estructura corporal, que es lo visible. Lo que se pueden contemplar. Pero hay otros aspectos menos accesibles a la vista, como las emociones y los pensamientos, que son más internos y que se necesita hacer un proceso de introspección para descubrirlos, pues no son ni voluntarios ni conscientes, de forma habitual. El aspecto espiritual del ser humano influye en esta vida y en la muerte. También aparecen dentro de estos aspectos las creencias que son voluntarias, conscientes y aprendidas. Por último la forma con la que nos relacionamos con el otro va a constituir la cultura, las costumbres, las manifestaciones, los rituales, con lo que manifestamos todo lo anterior.

PARADIGMAS

Si te sientes dolido por las cosas,
no son estas las que te molestan,
sino tu propio juicio acerca de ellas.
Marco Aurelio el Filósofo

En el siglo XVI, los escritos del astrónomo polaco Copérnico fueron incluidos en el *Index librorum prohibitorum*, el índice de libros prohibidos por la Iglesia católica, por atreverse a afirmar que no era la Tierra, sino el Sol, el centro del Universo. Ello contradecía el paradigma reinante en aquel momento, un paradigma sostenido con mucha fuerza por la Iglesia católica.

Ahora bien, ¿qué pasaría si Copérnico viviera ahora, y conociera que tampoco el Sol es el centro del Universo, y que ni siquiera es la Vía Láctea a la que pertenece nuestro Sistema Solar, sino que existen miles de millones de galaxias, y que de acuerdo con nuestros conocimientos actuales no existe ningún centro del Universo, pues la forma más plausible que se plantea para el Universo es la de una pera, y además dicha forma está en expansión? ¿Qué pensaría Copérnico hoy si supiera todo eso? No tendría más remedio que replantearse profundamente todas sus observaciones y conclusiones. Los planteamientos de Copérnico eran útiles en el contexto del conocimiento y los medios técnicos del siglo XVI, pero los astrónomos de hoy tienen un entendimiento que les permite ir muchísimo más allá.

Paradigma es un término que se emplea para denotar

un sistema de pensamiento predominante en el ámbito científico, aunque también se puede aplicar a la filosofía o a cualquier otra teoría. El paradigma es aquello que los miembros de un colectivo científico tienen en común, una especie de matriz compartida, que incluye una teoría o teorías principales, un marco teórico general, una filosofía subyacente, una experiencia educativa, una orientación práctica y experimental, un conjunto de métodos de investigación, y, en fin, una literatura de referencia con la que se identifica esa disciplina.

El concepto de *paradigma* ha sido teorizado por el filósofo Thomas Kuhn[6], que lo asocia, entre otras cosas, al conjunto de prácticas que caracterizan una disciplina científica durante un determinado periodo de tiempo. Tales prácticas están relacionadas con el conjunto de experiencias, creencias y valores de cada individuo, lo cual afecta al modo en que ese individuo percibe la realidad y responde a su propia percepción. Los paradigmas conforman, en definitiva, una idea de ver el mundo, y al mismo tiempo, una idea respecto a cómo actuar y situarse en el mundo.

Según Hogarth[7], cada generación tiende a creer que sus modelos normativos o paradigmas son los correctos. Pero la ciencia cambia constantemente la forma ilustrada de ver el mundo … Muchas de las cosas que los físicos del siglo XIX daban por supuesto quedaron en entredicho por los descubrimientos realizados en el siglo XX. ¿Quién sabe cómo cambiará la Física en el siglo XXI?. Los paradigmas cambian, en efecto, cuando se dan dos condiciones: por una parte, el aumento del número de *anomalías* (o problemas sin resolver), y por otra parte, la aparición de un nuevo paradigma que explica mejor lo que está sucediendo. Ahora bien, estos cambios de pensamiento son sucesos traumáticos: Kuhn llega a afirmar que un cambio en el mismo solo termina de producirse, cuando las personas que mantenían la antigua forma de pensamiento mueren, no porque sean capaces de reconsiderar sus opiniones y adoptar uno nuevo.

Así pues, resulta que lo que en cada momento se considera que es «la forma correcta de ver el mundo», depende en realidad de cuál es el paradigma científico que reine en ese momento[9]. Y por ello mismo es importante destacar que los paradigmas no son la realidad. Los modelos no son la realidad. Los modelos tan solo reflejan una forma de ver esa realidad[8]. El mapa nunca es el territorio. La línea azul del mapa —la línea que representa un río— no moja, aunque represente un curso de agua. Un mapa es un mero modelo de la realidad, y la línea azul tan solo representa por dónde discurre el río dentro del contexto de ese modelo, nada más.

Como explica el físico teórico estadounidense Thorne[9], «las leyes newtonianas siguen utilizándose ampliamente en la vida cotidiana, en la mayoría de los campos de la ciencia y en la mayor parte de la tecnología. Las predicciones de Einstein y de Newton empiezan a diferir fuertemente solo cuando las velocidades relativas se aproximan a la velocidad de la luz. Entonces, y solo entonces, debemos abandonar las predicciones de Newton y atenernos estrictamente a las de Einstein… Esta es una pauta muy general que se ha repetido una y otra vez en la historia de la Física: un conjunto de leyes (en nuestro caso, las leyes newtonianas) son ampliamente aceptadas al principio, porque concuerdan muy bien con el experimento. Pero luego los experimentos se hacen más precisos, y entonces ese primer conjunto de leyes resulta funcionar bien solo en un dominio limitado, su dominio de validez (para las leyes de Newton, el dominio de velocidades pequeñas comparadas con la velocidad de la luz). Entonces los físicos se esfuerzan, experimental y teóricamente, para comprender qué está pasando en el límite de dicho dominio de validez. Por último, formulan un nuevo conjunto de leyes que es muy acertado dentro, cerca y más allá del límite (en el caso de Newton, la relatividad especial de Einstein, válida a velocidades próximas a la de la luz, tanto como a bajas velocidades). Y el proceso se repite. La relatividad especial fracasa cuando la gravedad se hace importante, y se reemplaza por un nuevo conjunto de leyes, que se denomina "relatividad general". Y cuando estamos cerca de la singularidad de un agujero negro, se reemplaza por el nuevo conjunto de leyes denominado "gravedad cuántica"».

Otro cambio de paradigma que resulta sorprendente e interesante viene de la noción de comunicación que nos proporciona la neurociencia. Hasta hace no mucho tiempo era impensable que dos personas pudieran comunicarse de otra manera que no fuera cara a cara. Fue por ello por lo que la llegada del telégrafo, y después de las ondas de radio y la televisión, fueron acogidas en un primer momento con estupor, ante la dificultad de entender cómo era posible que la comunicación se produjera de aquella manera. Hoy día, con la popularización de la telefonía móvil, las personas se pueden comunicar sin estar conectadas por cable (y no solo mediante la voz, sino también con la trasmisión de datos que es posible emitir y recibir). Así pues, se siguen derribando barreras que hasta hace unos años parecían imposibles de traspasar.

Pues bien, dos científicos han diseñado recientemente una *interfaz directa cerebro-cerebro* (*direct brain-to-brain interface*). Se trata de Stocco (neurocientífico de la Universidad de Washington) y Rao (ingeniero informático)[10], y lo que han conseguido es una tecnología que combina la neuroimagen y los métodos de neuroestimulación, a fin de intercambiar información entre cerebros. Dicha información se intercambia directamente, a través de un código neural. Concretamente, lo que hace la interfaz es, en primer lugar, captar las ondas cerebrales de una persona, y traducirlas a código binario; después las envía por internet hasta el cerebro de la otra persona, donde, en un proceso inverso, la información se vuelve a convertir a código neural; esa información, por último, es capaz de producir una respuesta motora en el cerebro del receptor. El modelo ha sido demostrado recientemente, tanto en modelos humanos[10] como animales[11].

Se trata, en definitiva, de una técnica no invasiva que permite descodificar la información de un cerebro y reproducirla en otro, sin más que ponerse un gorro como el que se utiliza para realizar los electroencefalogramas. De esta manera, alguien puede pensar en hacer algo, como pulsar el botón del ratón de un ordenador, y ese pensamiento desencadenar que otra persona situada a un kilómetro de distancia ejecute tal acción, pulsando el botón del ratón que tiene delante en ese momento.

Dentro del paradigma occidental actualmente prevalente en ciencias de la salud, se impone una concepción biologicista, de acuerdo con la cual lo que le pasa al cuerpo humano no tiene que ver en absoluto con los aspectos psicológicos, conductuales ni espirituales. De acuerdo con este modelo, cuerpo y mente son dos elementos diferentes, dos elementos separados y sin comunicación. Sin embargo, para Capra[12], esto contradice las ideas ya expresadas en la escuela de Mileto, en el siglo VI a. C. Y es que tal concepción «no veía diferencia alguna entre lo animado y lo inanimado, entre espíritu y materia. De hecho, ni siquiera tenía una palabra para designar la materia, pues consideraba que todas las formas de existencia eran manifestaciones de la *fisis*, (la naturaleza esencial de las cosas), estando todas ellas dotadas de vida y de espiritualidad» De acuerdo con este físico, la forma en que se percibe el mundo —así como la vida y la muerte— desde las perspectivas oriental, hinduista, budista o taoísta, se asemeja bastante a los hallazgos científicos actuales de la teoría cuántica y la relatividad. La diferencia radicaría más bien, en la forma de expresar ese conocimiento único.

Asimismo, desde el paradigma cartesiano se explicita también que solo lo que es visible y se puede medir es cierto: "solo admito como verdadero lo que haya sido deducido con la claridad de un ejemplo matemático y de unas nociones comunes acerca de las cuales no quepa la menor duda[13]". En contraposición a esta postura, sin embargo, Van Lommel señala[14]: «El misterio humano ha sido increíblemente degradado por el reduccionismo científico, con su reivindicación de un promisorio materialismo que explica el mundo espiritual mediante patrones de actividad neuronal».

Finalmente, la visión mecanicista del mundo se derrumba también con el descubrimiento de la física cuántica, cuando afirma[15] que ha demolido los conceptos clásicos de los objetos sólidos y de las leyes estrictamente deterministas de la naturaleza. De acuerdo con esta teoría, todo está interconectado, existe una causa no local para todo suceso, y cuando algo ocurre, cambia de inmediato el universo entero.

Y es preciso señalar que todas estas teorías sobre los fenómenos naturales no dejan de ser más que explicaciones de la mente humana, que es tan limitada y que trata de entender esas manifestaciones de la realidad. Trata de entender el misterio de la muerte. *Vemos la realidad a través de nuestra forma de percibirla, más que como realmente es.*

PARADIGMAS SOBRE LA MUERTE

Cuando una persona muere,
lo único que hace es
adelantársenos en el camino
de vuelta.

Hasta hace unas décadas, la forma de entender la muerte dentro del paradigma occidental estaba ligada a la ausencia de latidos cardíacos y de respiración. Hoy en día, como ya vimos al comienzo de este capítulo, la muerte se define en términos del cese irreversible de la actividad del cerebro (la muerte se identifica con la *muerte cerebral*, que a su vez se comprueba a través del electroencefalograma, acompañada de una ausencia de respuesta vital). A su vez, esta idea de la muerte está basada en concepciones biologicistas de la vida y del ser humano, así como en los paradigmas mecanicista y reduccionista, para los cuales el cuerpo y la mente son aspectos diferentes que están bien separados. Dentro de este paradigma, la muerte se contempla como un fracaso, la muerte es vista como sinónimo de fracaso, de tragedia. La muerte es el enemigo contra el que hay que luchar y vencer. Cuando alguien muere, toda la persona muere, nada queda ya. El proceso de la vida se representa, en este paradigma, en forma de una línea recta: el nacimiento se encuentra a la izquierda de la línea, la muerte se encuentra a la derecha, y a lo que hay en medio lo llamamos «vida».

Sin embargo, ya desde el primer capítulo de este libro introdujimos la consideración del ser humano desde una perspectiva global, holística. Se trata de un paradigma muy diferente al anterior, un paradigma que poco a poco va ganando presencia en occidente. En este otro paradigma, mente y cuerpo están íntimamente conectados[16], y tanto la salud como la enfermedad y la muerte son procesos dinámicos, complejos e interdependientes. Para este otro paradigma, la muerte es un cambio en el plano existencial, con el consecuente cambio de conciencia, siguiendo el ritmo de las mismas leyes que rigen el universo, el mundo y la naturaleza[17].

Una forma de representar este otro paradigma sería imaginando un círculo, y dividirlo por su eje horizontal o *línea de ecuador* (esto es, una línea recta que atraviesa el círculo por su zona central). Entonces, al punto izquierdo de la intersección de la línea del ecuador con el círculo lo llamaríamos «nacimiento», y ahí comenzaría la manifestación de lo que conocemos como «persona». Por su parte, la intersección de la derecha sería lo que denominamos «muerte», es decir, la desaparición de esa manifestación de dicho ser. Entre esos dos puntos, lo que quedaría en la zona superior del círculo, es decir, encima del ecuador, sería lo que conocemos como «vida» o «existencia». Y lo que quedaría por debajo de dicha línea sería lo desconocido, un misterio.

Isutzu[17.1], dice: «La muerte no es más que una de las formas fenoménicas infinitamente diversas de la *Realidad eterna*. Para nuestra mente, esta *Realidad* se actualiza y se desarrolla como un proceso que evoluciona en el tiempo. Pero incluso considerado en su forma temporal, el proceso en cuestión describe un círculo del que se desconocen los puntos de partida y de llegada. La muerte no es más que una etapa en ese círculo. Cuando la muerte sobreviene, una forma fenoménica particular desaparece del círculo, para reaparecer bajo otra forma fenoménica completamente distinta. La Naturaleza hace y deshace sin cesar. Pero el círculo en sí, o sea la *Realidad*, permanece inalterada e inmutable». Desde este otro paradigma es posible concebir la muerte de una forma diferente, sin considerarla como el final de todo.

Desde que el planeta Tierra se formó, las moléculas de hidrógeno y oxígeno que componen el agua han sido siempre las mismas. El agua que componían las lágrimas de Nefertiti en Egipto es la misma agua —las mismas moléculas de hidrógeno y oxígeno— que bebemos ahora.

El agua que contenía el río Nilo en tiempos de Nefertiti es la misma sustancia que contiene ahora. Lo que ha cambiado es la población de la Tierra, así como el hecho de que el agua se haya contaminado en bastantes casos. Además, el agua ha cambiado de forma millones de veces: se ha transformado en vapor, ha formado nubes, ha caído a la superficie en forma de agua líquida, o en forma de nieve o granizo, ha emergido mediante fuentes, y ha formado ríos que se han dirigido de nuevo al mar. Pero las moléculas de hidrógeno y de oxígeno, durante todo este tiempo, han sido siempre las mismas. El agua sigue siendo agua tanto cuando se da en forma de vapor, en forma de líquido, o en forma de hielo. El agua sigue siendo agua cuando cae sobre la tierra, cuando está en un río, cuando está en el mar. El agua adopta formas distintas pero sigue siendo agua. Y cuando un río desemboca en el mar, río y mar se hacen uno, no es posible separar el agua de un lugar de la del otro. Las moléculas de agua permanecen, a pesar de que aparezcan en tantas situaciones distintas, y se combinen adoptando formas tan diferentes.

Y en el acelerador de partículas del *CERN* (Organización Europea para la Investigación Nuclear), situado entre Francia y Suiza, cuando se colisionan partículas consideradas elementales, se demuestra ahora cómo estas no solo no se destruyen ni desaparecen, sino que se transforman en bosones y fermiones. Para algunas personas y para determinadas culturas, cuando alguien muere, algo perdura, permanece, aunque sean partículas.

EXPERIENCIAS SOBRE LA MUERTE

Hay un tipo de experiencias, que aquellos que nos hemos dedicado a trabajar con personas en el proceso de la muerte, así como con sus acompañantes y con familiares en situación de duelo, hemos presenciado y hemos escuchado relatar muchas veces. Se trata de experiencias a las que no encontrábamos una explicación que pareciera razonable desde el reduccionismo científico dominante. El trabajo publicado en *The Lancet* por Van Lommel[18] recoge, describe y analiza este tipo de experiencias. Gracias a este trabajo y otros similares, nos encontramos con la explicación a unas anomalías que se producían en el anterior paradigma, y que nos pueden obligar a contemplar la muerte desde otra perspectiva que encaja mejor con las formas de morir, y con lo que algunas personas se encuentran a la hora de morir. Esto nos permitirá acercarnos al que sufre o al que muere sin juzgarlo, sin valorarlo, sin etiquetarlo, o sin situarse «por encima» del que relata este tipo de vivencias. La persona que siente la necesidad de contar estas experiencias lo hará solo si tiene la certeza de que va a ser respetada en su relato, sin ser tachada de padecer locura, ni sentir que se burlan de lo que ha vivido, *aunque quien las esté recibiendo no las entienda*. En cambio, en cuanto el oyente, juzgue este tipo de experiencias, en cuanto las critique, las desvalorice, las etiquete de forma moralizante, o simplemente se sonría con aires de superioridad, la persona va a dejar de contarlas y se va a callar. Los personas autoras de estos relatos no tienen ningún tipo de patología mental y desempeñan sus vidas familiares, laborales y sociales con normalidad.

Hace ya algunos años entré en una biblioteca para buscar documentación respecto a la educación para la muerte. El bibliotecario me preguntó qué palabras clave iba a utilizar para la búsqueda, y cuando le indiqué el tema sobre el que estaba trabajando, tocó la mesa con los dedos índice y meñique de la mano derecha en un gesto de conjurar la palabra muerte, y a continuación me indicó las instrucciones para manejarme con el ordenador del catálogo y para copiar los resultados de búsqueda en un almacenador de memoria digital. Mientras estaba realizando dicha búsqueda, vi al bibliotecario acercarse hacia mí arrastrando una silla, y me preguntó si me podía contar algo. Cuando vio que su propuesta era bien recibida, me dijo: «*Mire, yo a los 18 años estaba haciendo la mili en un cuartel, cuando de repente me puse muy enfermo. Me evacuaron al hospital de referencia, y allí empeoré, perdí la conciencia, y solo recuerdo a una enfermera muy grande que le decía a la auxiliar: "Este no se va". Cuando me desperté me dolía la cara, y debía de ser por las "bofetadas" que me habían dado para reanimarme. Yo no vi luces, ni túneles, ni me vi fuera del cuerpo. Pero mire, yo ahora estoy casado y tengo una hija pequeña de tres años a la que quiero con locura. Y yo no tengo miedo de morirme. Y ni siquiera tengo miedo de que mi hija se muera*», me comentó.

"Una persona que estaba cuidando de su padre en el hospital durante muchos días seguidos, se sintió presionada por el resto de la familia para que se fuese a casa a descansar un poco. Así que se fue, pero una vez allí se sintió inquieta. Tuvo una sensación interna de que no podía quedarse mucho tiempo, pues algo le decía que su padre no estaba bien. Entonces se montó en el coche para regresar al hospital, y mientras estaba conduciendo tuvo de forma súbita, la extraña sensación de que su padre había muerto. Se trataba de una sensación que, después, cuando se le preguntaba acerca de ella, le resultaba difícil de describir. (Esta persona no tiene ningún tipo de enfermedad mental.) Cuando llegó al hospital, su hermano la estaba esperando en la puerta para comunicarle que el padre había muerto. Esta persona había mirado la hora en el coche mientras conducía, y cuando le preguntó a su hermano cómo habían sido los últimos momentos, y cuál había sido la hora de la muerte, su hermano le dijo la misma hora a la que ella había tenido esa sensación."

Este tipo de «casualidades» se producen a veces, y aunque no tenemos ninguna explicación lógica según el paradigma actual (serían *anomalías*), lo cierto es que hay muchas personas que relatan experiencias similares. Eso sí, las personas relatan este tipo de experiencias solo cuando sienten que el interlocutor está dispuesto a oírlas y a recibirlas con respeto, no antes.

De un modo similar, trabajando con personas en proceso de morir o con sus familias, me he encontrado con muchas otras «casualidades» o anomalías según el paradigma que hasta ahora se ha estado manejando.

"Una mujer de noventa años, encamada desde hacía tres meses, empezó a empeorar en su estado de salud. Su analítica y el estado general indicaban que estaba muriéndose: estaba en coma profundo, sin respuesta a estímulos verbales, dolorosos ni pupilares. Sin embargo, esta persona seguía viva, y día tras día los profesionales sanitarios que la atendían se preguntaban cómo era posible. Entonces, mientras las hijas de la mujer estaban alrededor de su cama, un enfermero les preguntó si no faltaría algún familiar por venir, alguien que hasta ese momento no se había presentado. Las hijas sonrieron como avergonzadas por la pregunta, como si les hubieran descubierto algo que no querían compartir. Entonces le dijeron que sí, que faltaba una hija que estaba en Francia, una hija con la que la enferma no se hablaba desde hacía doce años, a raíz de haber tenido una discusión muy fuerte con ella. Entonces el enfermero invitó a las hijas de la mujer a llamar a su hermana y contarle lo que estaba pasando con su madre. Dos días después esta hija llegó de Francia, y a las dos horas de llegar, la madre expiró. Después, la familia comentaba: *«Es como si estuviera esperando a que ella llegara para morirse».*"

Como acabamos de comentar, hay una serie de trabajos científicos recientes en los que se registran muchas de estas situaciones y se aportan explicaciones a las mismas. Destacan en este sentido los trabajos ya mencionados con anterioridad del cardiólogo holandés Van Lommel[14], y también del neuropsiquiatra y neurofisiólogo Parnia[19], así como Greyson[20] y Fenwick[21]. Este último, en su libro *El arte de morir*, cuenta que algunas personas que están en proceso de morir ven a personas ya fallecidas que vienen a visitarlas, y eso parece facilitarles el proceso de la muerte y una partida tranquila. Para este autor, dichas anomalías son bastantes más frecuentes de lo que a algunas personas les gustaría creer, y él las documenta en su libro, basándose en testimonios de familiares y de personas próximas al moribundo. Respecto a las experiencias cercanas a la muerte, que este autor estudió junto al doctor Sam Parnia, Fenwick escribe: «Descubrimos, al igual que otros investigadores, que alrededor de un diez por ciento de los pacientes que se recuperan de un paro cardíaco afirman haber tenido una experiencia cercana a la muerte». Lázaro[21] también recoge los testimonios de distintos investigadores sobre estas experiencias.

Van Lommel[14] que ha dedicado mucho tiempo a estudiar estas «coincidencias» o anomalías que suceden en torno al proceso de la muerte (unas antes de que la persona muera, otras en el mismo momento de la muerte, y otras después de haberse producido esta), y que no tienen ninguna explicación desde el paradigma occidental hasta ahora en uso, «son aspectos de una interconexión no local ... la conciencia completa e infinita con recuerdos accesibles tiene sus orígenes en el espacio no local».

Blackman[22] también señala, por su parte, que cuando la persona muere la existencia permanece, aunque la limitación y la sensación de separatividad se disuelven.

Desde el nuevo paradigma al que apuntan estos autores, la muerte no es un enemigo, no es algo que «combatir», la muerte no es algo contra lo que haya que luchar, o que haya que impedir. La muerte forma parte de la vida, y es algo que está siempre al final de la vida. Y en ese proceso, en el proceso de morir, siempre se puede hacer algo: siempre se puede acompañar, no estorbar, estar próximo y estar presente. Esté pasando lo que esté pasando, se puede estar presente en ese momento.

Antes de que la persona muera, la propia persona o las personas muy cercanas tienen experiencias de contacto con seres queridos que ya han muerto.

"Mi madre tenía una insuficiencia respiratoria y estaba muriéndose. Me había quedado a dormir en su la casa de ella con un hermano mío y de madrugada nos despertamos oyéndola reírse a carcajadas. Fuimos corriendo a su habitación, extrañados, sin saber lo que podía estar sucediendo (anteriormente había estado con mucha fatiga y con dolor). Encontramos a nuestra madre muy tranquila, sentada en la cama, y mirando hacia un lugar de la habitación donde nosotros no veíamos que hubiera nadie. Mi madre nos dijo: *«Que están tu padre y tu tía aquí»*, mirándolos. (Tanto el padre como la tía habían muerto hacía diez y dos años respectivamente). *«Que dicen que me prepare, que me voy ya con ellos»*.

Los hijos hicieron una mueca de asombro ante lo que les decía la madre, y ella les preguntó:

«¿Es que vosotros no los veis, es que no veis lo que yo veo?»

Y como le dijeron que no, retomó la palabra y como con resignación les dijo:

«Bueno, no importa. Si me he vuelto loca, mañana me lleváis al psiquiátrico».

Y tras decir esto, se dio la vuelta en la cama, mientras seguía riendo, y se quedó dormida, sin dolor. Los dos hijos, cuando se les pasó el susto, se fueron también a dormir. A la mañana siguiente la madre estaba muerta en la cama, con un rostro muy tranquilo, con mucha paz.

«Todavía recuerdo la muerte de mi madre y la paz con la que se quedó y la que nos dejó a nosotros. Decía este hombre. *Yo no había podido hablar de esto con mucha gente, por lo que pudieran pensar»*".

Otra persona también relataba: "*Cuando mi padre está en el quirófano para intervenirlo de una operación que nos habían dicho los médicos que no era muy importante, que iba a durar poco tiempo, una media hora, al comienzo de esta, tuve la sensación de "ver" a mi abuelo paterno, que había muerto tres años antes. Esa percepción la interpreto como que me está advirtiendo de la muerte de su hijo, aunque no se muy bien cómo. Y me pregunto con mucha incredulidad: ¿Pero es que mi padre está en peligro y se va a morir en la intervención si me han dicho que no es nada importante? La intervención se prolonga hasta tres horas y cuando sale el cirujano del quirófano está como irritado conmigo, con la indumentaria manchada de sangre y muy agitado, diciendo que es algo mucho más importante, mas grave de lo que preveían y muy enfadado. Yo no entendía nada. Pero empiezo a asustarme. Dos días después de la intervención, vuelvo a "encontrarme" con mi abuelo y me digo que estoy perdiendo la cabeza, que estoy volviéndome loco, porque aparentemente con mi padre, a pesar del contratiempo inicial en el quirófano, todo está bien, los médicos nos dicen que todo está bien. Al cuarto día, está esperando en su habitación para recibir el alta médica y de forma inesperada, entra en parada cardiorrespiratoria y a pesar de todos los intentos de reanimación del personal sanitario, muere".*

También durante el duelo hay personas que experimentan una percepción de presencia del difunto. Estas lo suelen percibir de una forma no amenazante y con mucha claridad, pero, al mismo tiempo, con miedo de que no lo podrán contar, porque su interlocutor podría pensar que «han perdido la cabeza». Sin embargo, cuando se sienten escuchadas y no juzgadas, entonces se permiten hablar y son capaces de contar lo que han vivido.

"Un día, tres semanas después de la muerte de su marido, una mujer de sesenta y seis años estaba sentada cosiendo. *«Con algo tenía que entretener el tiempo,* me decía, a modo de disculpa. *«De pronto noté como si él estuviera detrás de mí, a mi izquierda. Era una sensación de presencia muy fuerte. Sentí un escalofrío de pensar que él pudiera estar allí realmente, y me volví. No tenía miedo, sino una sensación de paz y de que todo estaba bien. Sin embargo, al volverme, me di cuenta de que no había nadie detrás. Hace más de un año de este episodio,* relataba la mujer, *y no lo he comentado con mis hijas, para que no pensaran que su madre se había vuelto loca»".*

En bastantes ocasiones he escuchado testimonios similares sobre personas que han experimentado esa misma sensación de presencia tras el fallecimiento de alguien querido.

Entonces, ¿qué cabe pensar de todo esto? ¿Qué conclusión cabe sacar de estas experiencias? ¿Qué sucede en los momentos cercanos a la muerte? ¿Qué explicación tiene? En distintos talleres sobre la muerte que he impartido o a los que he asistido he oído plantear repetidamente dicha pregunta: «Quienes trabajáis dando talleres sobre la muerte seguro que lo sabéis, y queremos que nos lo digáis: *¿hay otra vida después de esta?*». Entonces, tras contar mis propias vivencias, así como los casos que he oído relatar de primera mano, y los escritos de Van Lommel, Fenwick, Parnia, etc., lo que hago es responder: "No lo sé, no sé que responder. Es un misterio. Para mi, es un misterio lo que sucede antes de la muerte, lo que sucede en ella y después". Y repreguntar, al mismo tiempo: «¿Y en esta vida? ¿Hay vida en *esta vida*? ¿Cómo hago *ahora* para vivir este día, este salvaje, maravilloso y apasionante día?».

Como dice Matthieu[24] : *No hay que esperar al último suspiro para prepararse, pues no es ese el momento idóneo para adentrarse en el camino espiritual.* Y cita a Séneca: «*¿No te da vergüenza reservarte el resto de tu vida, y consagrarte a la sabiduría solo en la época de la vida en la que hay que dejar de hacerlo?* »

"Un alumno le preguntaba a su profesor:

—¿Crees que hay vida después de la muerte?

—Me extraña que insistas tanto en este tema —respondió el profesor.

—¿Y por qué te extraña?

—Tenéis ahí, ante vosotros, este espléndido día — respondió el profesor, señalando con un dedo el paisaje circundante—, y os comportáis como el niño que se niega a comer hoy porque no sabe si comerá mañana… ¿Tenéis hambre? ¡Comed vuestro pan ahora![25].

Finalmente, para terminar este apartado en el que hemos abordado algunos experiencias vividas alrededor de la muerte, me pregunto: *¿Con qué paradigma contemplo la vida y la muerte? ¿Qué es lo que sucede realmente alrededor de ese* *proceso?* Pues bien, estas son preguntas para las que el autor no tiene respuesta. De hecho, el objetivo de todo este libro es más bien el de exponer cuestiones y plantear preguntas, y que sea el lector quien encuentre sus propias respuestas. El objetivo es, en todo caso, que cuando el lector se encuentre con una persona que le cuenta este tipo de vivencias respecto al proceso de la muerte que ha experimentado, que las escuche con respeto, en lugar de descartarlas *a priori* por el hecho de no encajar en el paradigma mecanicista dominante. Habitualmente creemos a la persona cuando nos cuenta, cuando nos habla del dolor que tiene, o del miedo que experimenta, o de la depresión por la que está pasando. ¿Porqué dudar de sus vivencias en este momento de su vida? ¿Porqué infravalorarlas o no tenerlas en cuenta?

LA MUERTE NO ES UN FRACASO

Los hombres no tienen
miedo de las cosas
sino de cómo las ven.
Epicteto, filósofo

El objetivo del personal sanitario es **promover salud**, permitir que los niveles de salud física, psicológica y espiritual estén en equilibrio, **prevenir la enfermedad**, **ayudar a restaurarla** cuando ésta se ha alterado, y **acompañar** en el proceso de la muerte de manera que ésta pueda darse de forma tranquila, apacible y a ser posible, hermosa. Ya que todos vamos a morir, preservar la vida no debería contemplarse como un ideal más elevado que contribuir a una muerte en paz.

La muerte como parte de la vida es lo que se contempla desde el comienzo de la humanidad, aunque en ocasiones se siga considerándola como algo que no "debería de ocurrir".

La sociedad occidental tiende a configurar la muerte como un fenómeno que hay que tratar de evitar por todos los medios. Desde esa perspectiva, el fallecimiento de una persona aparece, en términos sanitarios, como un indudable fracaso, porque ese es el estereotipo que existe en la sociedad y el personal sanitario pertenece a la misma. Y el hecho de categorizar la muerte desde esa perspectiva constituye una fuente de estrés y sufrimiento, que le puede llevar a padecer el *burnout,* o síndrome del profesional quemado.

ESTEREOTIPOS SOBRE LA MUERTE

«Las personas mayores no pueden aprender», «Las personas mayores son rígidas, inflexibles y dogmáticas», «Los jóvenes son unos inconformistas y unos rebeldes», «A todos los turistas les gusta la cerveza», «Las mujeres no conducen autobuses», «La muerte es un fracaso», «Cuando alguien está muriéndose, no hay nada que se pueda hacer». Las frases anteriores constituyen estereotipos. Según la Real Academia Española, «estereotipo» es una imagen o una idea aceptada con carácter inmutable por un grupo o una sociedad. Por «inmutable», en este contexto, cabe entender que no se puede cambiar o que cuesta mucho cambiar. Cuando vemos la realidad a través de ellos, en lugar de percibirla tal cual es, estamos aferrándonos a un único aspecto de esta, un aspecto que tomamos como «la verdad». De este modo, cuando hay alguna persona mayor que no tiene ganas de aprender, o tiene dificultades, es fácil concluir que «las personas mayores —en general, *todas* — no pueden aprender». Pero esto, sencillamente, no es verdad. Se trata de un simple estereotipo, algo que no es en absoluto es aplicable a todas las personas mayores.

Los magos saben muy bien que las personas no perciben directamente la realidad, sino que interpretan en todo momento lo que captan a través de los órganos de los sentidos. Los magos, con sus trucos, hacen ver la realidad que ellos quieren mostrar, de ahí el asombro que producen. La psicología académica está estudiando desde hace algún tiempo los mecanismos de atención y procesamiento de la información que son responsables del asombro que produce en los espectadores un truco de magia bien realizado.

Pero esto no solamente sucede con los trucos de magia. Dos neurocientíficos[26] y un experto en inteligencia artificial mostraban cómo la percepción no es una experiencia pasiva, sino dinámica y activa, esto es, una experiencia que vamos interpretando y guiando a medida que ocurre. En efecto, lo que ocurre es que el cerebro interpreta la información perceptual a partir de los estímulos que percibe, y va conjugando estos con sus esquemas perceptivos previos así como con las expectativas e intereses del sujeto. A partir de ahí el cerebro extrae *conclusiones perceptivas*, con frecuencia mediatizadas por la influencia de nuestras propias ideas y nuestras emociones.

Lo que esto nos muestra, en definitiva, es que no existe ninguna observación científica que tenga un carácter absoluto, pues el observador siempre ejerce una influencia sobre aquello que observa y sobre el modo de interpretarlo. Lo que se percibe en un contexto puede no ser válido en otro. El contenido de la percepción es siempre, en parte, una construcción de nuestra propia mente. Y por si esto fuera poco, ocurre además que nuestro propio mecanismo perceptivo, sea cual sea, desencadena unas consecuencias físicas que influyen a su vez sobre el entorno. El físico moderno ha llegado a ver el mundo como un sistema de componentes inseparables, interrelacionados y en constante movimiento, en el que el observador constituye una parte integral de dicho sistema. En la física atómica, nunca se puede hablar de la naturaleza sin, al mismo tiempo, hablar sobre uno mismo.

Sin embargo, a pesar de todo esto, hay muchas personas que se siguen aferrando a ciertos estereotipos como si tuvieran un carácter absoluto, sin ser conscientes de las consecuencias que ello tiene sobre su manera de percibir la vida y la muerte, y sobre su propio comportamiento en relación con el proceso de morir. Las personas tenemos ideas y creencias con las que nos relacionamos con las cosas y con el mundo, incluyendo con la idea de la muerte y las situaciones de crisis[27] trastocan dichas creencias básicas de las personas acerca del mundo.

Olmeda[28], reflexiona que las personas tenemos un sistema de creencias que implican distintos mitos: el mito de la inmortalidad, el mito de la libertad, el mito de la compañía, el mito del significado trascendente de la vida y el mito de la justicia. A estos mitos se podría agregar también el mito de la omnipotencia del personal médico-sanitario, idea que, afortunadamente, los propios profesionales lo están cuestionando cada vez más, pues en ocasiones, puede llegar a generarles una gran angustia.

Además, al tratarse de ideas no conscientes, solo consiguen emerger con un trabajo personal de autoconocimiento, que no todas personas están dispuestas a realizar. Con lo cual ocurre que las personas que viven aferradas a ellos, cuando se enfrentan a la realidad de la muerte como parte indisoluble de la vida, presentan dificultades emocionales, y en ocasiones también conductuales.

Y es que la muerte confronta a la persona con todas estas ideas y con todos estos estereotipos no conscientes, y los sacude sin ningún tipo de consideración. Es como si fuera un terremoto que produce un vuelco en la vida de esa persona. Y lo hace sin tener en cuenta la edad, la clase social, el nivel económico o el poder político, religioso, moral o profesional.

La persona que vive la vida y muere agarrándose a ellas tiene la sensación de que toda la estructura física que la sostenía en pie, todo su «andamio emocional», se derrumba, tiene la sensación de que todo lo que pensaba y sentía, se tambalea. *Todo lo que durante mi vida pensaba que era válido, ahora me doy cuenta de que no lo es.*

Si el acompañante ha efectuado un trabajo de autoconocimiento, será capaz de identificar esos estereotipos cuando aparezcan y tomar conciencia de ellos. Solo así podrá evaluar el impacto que dichas ideas están teniendo sobre ella misma, así como sobre la persona que muere. Por el contrario, cuando los profesionales que trabajan cerca de las personas que mueren no han realizado este tipo de trabajo, se encuentran más expuestos a los efectos que tales ideas inconscientes pueden ejercer sobre ellas. Ello puede desencadenar una alteración de los propios estados de ánimo, de los niveles de ansiedad e incluso llegar a producir fatiga y estados de *burn-out*, o agotamiento del profesional.

Lo cierto es que el morir forma parte de la vida, al igual que el nacer. La muerte no es un fracaso del quehacer sanitario. La muerte no es un fracaso originado por la falta de conocimientos del personal médico-sanitario, o por la falta de habilidad del personal médico-sanitario. La muerte forma parte de la vida. Solo lo que tiene vida puede morir. Solo puede morir lo que está vivo. Los seres humanos nacemos, estamos un tiempo en esta vida y morimos. Todos morimos. No somos inmortales. Los seres humanos no somos tan libres como en ocasiones podemos pensar. Hay aspectos en los que podemos influir, pero no organizamos toda nuestra vida. La vida reparte cartas y nosotros decidimos cómo jugarlas, pero nosotros no decidimos todas las cosas, ni todos los acontecimientos que suceden en nuestra vida. Nosotros no podemos elegir no morirnos. Nosotros no repartimos las cartas de nuestra vida.

La muerte es un hecho natural que nos afecta a todos[29], y que afecta a la totalidad de la persona. La muerte es un proceso biográfico más que un episodio biológico, y también un misterio al que hay que acercarse con respeto, humildad y apertura, para poder acompañar. Piulachs[30] subraya entre otras muchas cosas, la existencia de toda una serie de prejuicios sobre la muerte: la muerte como un fracaso; para morir es necesario sufrir, es algo ante lo que no se puede hacer nada, y como toda esta serie de prejuicios, se pueden poner de manifiesto cuando el profesional se acerca a alguien que muere y como puede dificultar ese acercamiento y ese acompañamiento. Frente a estos prejuicios y estereotipos, lo cierto es que la muerte es una fase de la vida, al igual que lo es nacer. Para morir no es preciso enfermar, ni sufrir, ni padecer, ni vivir un proceso largo y doloroso. Y además, la muerte **es un proceso donde siempre se puede hacer algo**: se puede acompañar, se puede estar próximo, se puede facilitar el proceso con la presencia de una persona serena, una persona que esté *presente* sin interferir con sus propias ideas, con sus miedos, sus preocupaciones o sus angustias. Profundizaremos en este aspecto en el Capítulo 4, en *El acompañamiento terapéutico en la muerte*.

Además, a un nivel físico, siempre muere esa persona. Aunque esté acompañada por otra, o por muchas, siempre es ella quien muere. Esto no se puede cambiar. Pero sí se puede cambiar la manera, la forma en la que se produce dicho proceso. Se puede cambiar la forma de acercarse al que muere de manera que esa intervención pueda facilitar o dificultar este proceso. Y sobre todo, se puede aceptar la propia muerte, y prepararse para morir. **Las personas pueden aceptar su propia muerte y pueden prepararse para morir.**

Y los estilos de afrontamiento que una persona utiliza para manejarse con los problemas de la vida diaria también pueden ser utilizados para afrontar la muerte. Si estos estilos son sanos para la vida, también pueden ser útiles para una muerte en paz. **Lo verdaderamente importante, en realidad, no es aprender a morirse, sino aprender a vivir.** Pues si se aprende a vivir, probablemente la muerte, que forma parte de la vida, se producirá de forma hermosa. Por ello, es importante aprender a desprenderse de lo innecesario en la vida.

Kabir, poeta hindú que vivió entre 1440 y 1518, decía:
Tu casa es de madera: festín para termitas.
De igual modo, tu cuerpo: festín para la muerte.
Nadie lo quiere comprender.
Si sabes que estás vivo, saca jugo a tu vida.
La vida es de esa clase de invitados

que nunca le visita a uno dos veces.

ACTITUDES ANTE LA MUERTE

La muerte forma parte de la vida, aunque la sociedad en general se niegue a aceptar, e incluso a contemplar, esa verdad tan evidente. Si nunca tuviéramos que enfrentarnos a la muerte, si nunca fuéramos a morir, si nunca en la vida nos encontráramos de cerca con la muerte de alguien lejano o querido, no tendríamos ninguna necesidad de mirarla de frente. Pero es evidente que todos los seres vivos moriremos algún día. Y sabemos que nuestros seres queridos, incluso los más queridos, también lo harán. «Muerte cierta, hora incierta», dicen los italianos.

Ya hemos visto cómo influyen las ideas y las expectativas en nuestra forma de interpretar los acontecimientos, así como las emociones que estas nos generan y la conducta que mostramos ante ellos. Sin embargo, conforme dejamos de identificarnos con nuestras propias ideas, conforme dejamos de pensar que somos lo que pensamos —conforme nos *desidentificamos* de nuestras propias ideas y de nuestras propias expectativas— nos vamos haciendo conscientes de que nuestras ideas y expectativas no son más que eso, ideas y expectativas, pero no son lo que nosotros somos. Entonces podemos permitirnos vivir y morir de una forma hermosa, dejándonos mover, ir, al igual que el junco no se opone a la fuerza del viento, sino que se deja mecer por él.

Los investigadores en gerontología cifran el límite de la capacidad de la vida humana en los 150 años (límite ciertamente difícil de conseguir, aunque algunas personas sí han podido llegar hasta los 120 años). En todo caso, al final de ese tiempo, si no antes, las personas mueren. Morimos. Y por otra parte, el envejecimiento y la longevidad no parecen ser un error en la evolución de la especie[31], sino que constituyen un proceso natural para todos los seres vivos. Todos los seres vivos atraviesan este ciclo natural: viven, se reproducen y mueren, para que el proceso filogenético continúe. Heráclito, 2.500 años atrás, ya lo expresaba así: *Morir de la vida, vivir de la muerte,*

Y Epicuro, en el siglo III a. C., señala: «el más terrible de los males, la muerte, nada es para nosotros, porque cuando nosotros somos la muerte no está presente, y cuando la muerte está presente entonces ya no somos nosotros. En nada afecta, pues, ni a los vivos ni a los muertos, porque para aquellos no está y estos ya no son». Y añadía: «La mayoría de las personas huyen de la muerte como del mayor mal, y otras la prefieren como descanso de las miserias de la vida. El sabio, por el contrario, ni rehúsa la vida ni le teme a la muerte, pues, para él, ni el vivir es una carga, ni es un mal el no vivir».

La muerte para el que muere es el final de todas las relaciones vinculares, de las relaciones con las personas y con las cosas. La muerte es la ruptura de todos los apegos. Ahora bien, la persona tendrá muchos apegos si son muchas las ideas, los estereotipos, las cosas, las situaciones y las personas que considera que, sin ellas, no podría vivir. Y serán pocos sus apegos si piensa lo contrario.

Si la persona interpreta su propia muerte como un desastre, como una injusticia, como un castigo, si interpreta su propia vida como un desperdicio, entonces la muerte será dura, difícil y dolorosa para esa persona. En cambio, no lo será —o no lo será tanto— si la persona interpreta que ha vivido una vida provechosa, si la persona interpreta que ha tenido una vida útil, con sentido (si la persona interpreta que ha realizado un trabajo hermoso, y que ha merecido la pena por los hijos que le van a sobrevivir, o que ha realizado una contribución a la comunidad, o que, en definitiva, ha hecho lo que pensaba o sentía que tenía que hacer con su vida). Entonces, cuando la persona interpreta el morir, no como un castigo, sino como el final de una vida plena, el final de lo que se llama «vida» en el pleno sentido de la palabra, es probable que viva una muerte más serena, más sosegada. Para algunas personas, una «buena muerte» es aquella en la que el moribundo es capaz de vivir ese proceso y morir con dignidad y calma, y los que le rodean se sienten privilegiados e incluso enriquecidos por la situación[32].

Las personas que aceptan la muerte como parte de la vida y no se resisten a ella viven la muerte de una forma más dulce, más natural. A una persona mayor, cuando le preguntaron si tenía miedo a la muerte, contestó: *«¿Cómo voy a tener miedo, si sé que me tengo que morir?»*. Esto no significa que le guste o que le agrade morir, sino que acepta que llega un momento en que la vida se termina y la persona no sigue viviendo. E incluso que acepta que está bien que sea así, aunque no sea algo que le agrade.

Esa muerte es bien distinta de la que tiene la persona que está aferrada a las cosas, a las personas, a las posesiones. La persona que tiene estos apegos suele tener pensamientos como: *«Con todo el trabajo que me ha costado conseguir lo que tengo, y ahora me tengo que morir», «¿Cómo es posible que esto me esté pasando a mí?», «Esto no me debería de estar pasando», «No puedo morirme ahora y dejar aquí a mis seres queridos», «Con todo el bien que yo he hecho para los demás, ¿cómo es que ahora me tengo que morir?»*.

El apego a las propias ideas de cómo es la vida y de cómo tiene que ser la muerte —o cómo va a ser la muerte— también puede llegar a generar mucha angustia. Por ello escribe Durkheim[33]: «Cuando el pensar en la muerte causa turbación, la vida todavía no es verdadera Vida». Y añade: «Cuanto más apego hay, más dificultad para vivir y para morir de forma sosegada». Para este autor, la muerte vivida de forma justa es el «gran desprendimiento: soltar, extinguirse, dejarse morir, soltar presa».

Además, en el proceso de muerte no sólo interviene la interpretación que tenga de la muerte la persona que está muriendo, sino que también juega un papel importante la forma en que las personas que acompañan interpretan y se manejan con el hecho de la muerte. Hemos comentado anteriormente que la muerte es un proceso natural en el que siempre se puede hacer algo para ayudar: siempre se puede acompañar, estar (se puede estar próximo, y se puede aumentar la calidad de vida de la persona que está muriendo, eliminando o aliviando el dolor, y proporcionando cuidados físicos, psicológicos, sociales y espirituales).

Pero el proceso de morir provoca en algunas personas que acompañan emociones que no son capaces de manejar. La idea de la muerte y el propio proceso de morir suscitan ideas que, a su vez, generan emociones de tristeza, miedo, rabia o preocupación, y estas pueden provocar respuestas de alejamiento, respuestas de aislamiento o inmovilidad.

De hecho, no son pocas las ocasiones en que la persona que muere lo hace sola, porque el personal que la acompaña (familia o sanitarios) carece de las herramientas necesarias para gestionar sus propias emociones en ese momento. Como no saben cómo manejarse con sus propias emociones, se alejan de la persona que está muriendo. Y como consecuencia de ello, la persona acaba muriendo sola.

Hay varias razones por las que la persona que acompaña puede ser incapaz de manejarse con sus emociones en ese momento. Una de ellas es no haber dispuesto nunca de los recursos necesarios para afrontar esa situación; otra es no haberse encontrado nunca de forma directa frente al hecho de la muerte; otra razón que las experiencias que la persona ha tenido no le han permitido aprender de ellas de una forma saludable; o la falta de motivación, o que haga una autoevaluación negativa de su propia capacidad de acompañar a la persona que muere. En todos estos casos, a la persona que acompaña le gustaría no estar ahí, le gustaría no enterarse de lo que está pasando: *«No ver lo que estoy viendo, no escuchar lo que estoy escuchando, no pararme a ver. Porque si no me paro, si no me sosiego, si no veo, si no escucho, entonces tengo la sensación de que será menos doloroso»*. A eso es a lo que se llama *conducta de evitación*.

Durante los talleres que he impartido, y también cuando he estado próximo a familiares de personas en proceso de muerte, he escuchado muchas veces las mismas preguntas: *¿Cómo hago cuando mi ser querido se está muriendo? ¿Qué es adecuado hacer y qué no? Yo no quiero que se muera, ¿qué puedo hacer? ¿Será muy doloroso? ¿Sufrirá? ¿Cómo puede influir en la persona que muere lo que yo haga? ¿Qué le pasa a la persona cuando se muere? ¿Cómo sabré que ha llegado la hora? ¿Qué debo hacer entonces? Y sobre todo, ¿qué debo hacer antes? ¿Qué pasa si le expreso mis emociones, mi miedo, mi tristeza, mi rabia, mi dolor o mi sentimiento de liberación? ¿Es preferible que no se entere? Porque si no se entera, entonces sufrirá menos, ¿no?* Esas son solo algunas de las preguntas que surgen cuando un ser querido se está muriendo. Y estas preguntas surgen solo las veces en que la persona que acompaña se da cuenta de que su ser querido se está muriendo. Porque ¿cuántas veces se ha muerto una persona, sin que el familiar que lo atendía se haya enterado, sin que se haya dado cuenta? A menudo he oído decir: *«Se murió y no me di cuenta de lo que estaba pasando. ¿Cómo pude estar tan ciego?»*.

También me han preguntado en repetidas ocasiones: *«¿Qué le tengo que decir en esos momentos?»*. Y a veces, lo más importante no es lo que se le tiene que decir, que sin duda es importante, sino qué está diciendo la persona a la que se acompaña. A veces lo importante es estar bien presentes, para darse cuenta de lo que está pasando. Lo importante es saber escuchar, aunque sea doloroso. Es simplemente escuchar, recoger lo que la persona que está muriendo quiere expresar. Y en ese trabajo es de gran ayuda poder reconocer la emoción del otro, y también poder reconocer la emoción propia, pero sin reaccionar ante ella, simplemente estando, recogiéndola, viviendo esa situación con la persona que muere. En ese proceso no es muy importante si lo que está pasando gusta o disgusta al que acompaña, o si lo que está pasando coincide con lo que pensaba que iba a suceder o no. El trabajo es simplemente *estar* con lo que sucede en ese momento.

Antes de redactar este libro, y a la hora de revisarlo, me he planteado muchas veces cómo podemos ayudar, cómo podemos *no añadir más dolor* al dolor que se produce cuando alguien muy querido está muriéndose, o está tan enfermo que intuimos que morirá pronto. Muchas veces me he planteado cómo podemos *no interferir* en ese proceso. Estar bien presentes, acompañar, ayudar, *sin interferir*. Y la respuesta es simple, aunque en ocasiones no sea fácil de realizar. Solo estar presente.

Había una vez un violinista que tocaba música maravillosa y una de las personas que lo escuchaba, se acercó a preguntarle cómo lo hacía. El músico sorprendido, le dijo: Tengo un violín buenísimo, un arco fabuloso y una partitura muy buena. Lo único que hago es juntarlos y quitarme de en medio.

Vida y muerte son una misma cosa, vida y muerte forman parte de un mismo proceso. Al igual que la gestación y el nacimiento están al comienzo de la vida, la muerte está al final de ella. La labor de los acompañantes espirituales en el tramo final de la vida los convierte en comadronas de la otra Orilla, en parteras del segundo nacimiento[34].

LA MUERTE EN LA HISTORIA

> Le preguntaron a Confucio:
> *¿Qué me diréis, pues, de la muerte?*
> Este contestó: *Si no conocemos la vida,*
> *¿qué vamos a saber de la muerte?*
> Confucio, 500 a. C.

¿Desde cuándo enterramos a nuestros muertos? ¿Desde cuándo tenemos el ritual de enterrar a nuestros congéneres al morir, algo que no hacen el resto de los animales? Los últimos descubrimientos arqueológicos sugieren que los primeros rituales de enterramiento podrían haber empezado hace unos 600.000 años. Se trataría del llamado *Homo Heidelbergensis* (especie descubierta en Heidelberg, Alemania), que es la primera especie humana en la que se detectan indicios de mentalidad simbólica y principios de un lenguaje articulado. Los hallazgos conseguidos en el nivel 10 de la Gran Dolina en la Sierra de Atapuerca señalan que este homínido primitivo ya enterraba a sus muertos, hace 600.000 años. Y hoy en día seguimos haciéndolo

Se considera que el *Homo Neanderthal*, asociado al Paleolítico Medio o Musteriense, apareció en Europa y en Oriente Próximo entre 200.000 y 50.000 años atrás en el tiempo. Con él comenzaron la vestimenta, el lenguaje articulado rudimentario, el comportamiento simbólico, la fabricación de herramientas a partir de lascas —que, según estudios, podrían haberse usado para cortar piel o madera—, así como el uso del fuego para trasformar los alimentos, la planificación de grupos de caza y la creación de estrategias para cazar. Con él aparecen también las primeras formas artísticas, junto con el sentido de la mortalidad y los rituales de enterramiento de sus muertos de forma más consolidada.

Por su parte, el *Homo Sapiens* (nuestra especie) apareció en África hace 150.000 años, y llegó a Europa hace 20.000 años. El Homo Sapiens es quien empieza a articular totalmente el habla, a usar el fuego de forma constante, a ser omnívoro, a cazar, a pescar y a recolectar frutas. El Homo Sapiens es quien empieza a analizar el pasado y a anticipar el futuro. También es quien empieza a dibujar formas artísticas claras (las pinturas rupestres), así como a utilizar simbólicamente el color, y a pintar y decorar su propio cuerpo. Como ocurría con el Homo Neanderthal, el Homo Sapiens mantiene los rituales funerarios, pues el culto a la muerte es también un elemento fundamental para la cohesión social de estas comunidades.

En la Edad Media, en Occidente, la muerte ya se entendía como el destino común de los individuos. Los seres humanos eran denominados «mortales», haciendo así hincapié en la idea de mortalidad durante la vida. Entre los siglos XII y XV aparece la idea de la muerte como el fin de la individualidad, considerándose esta como una terminación del individuo. En el siglo XIX, durante el Romanticismo, la muerte pasó a ser idealizada, considerándola a veces como algo bello y deseable.

En el siglo XX, y en particular a partir de la década de los años setenta, comenzó en la sociedad occidental una etapa de negación de la muerte. Las personas pasaron a morir en hospitales, y se comenzó a llevar a los difuntos a tanatorios, retirados de la vista de la gente. El duelo se empezó a llevar a cabo entonces lejos de la actividad cotidiana. La muerte pasó a ser algo alejado de la vida. Se trataba así de negar la existencia de la muerte, como si fuera algo horrible, algo que les sucede a otras personas y de lo que no se ha de hablar («de lo que no se habla es como si no existiera»). Esta idea continúa teniendo una fuerza muy grande en nuestra sociedad hoy en día. De hecho, cuando se habla de la muerte todavía existen muchas personas que responden con evasivas, que cruzan los dedos o tocan madera, para que no les afecte ese hecho. Estas personas actúan como si el hecho de conversar sobre la muerte pudiera provocarla, tal es el miedo que le tienen que prefieren no hablar de ella (*si ni siquiera pienso en ello, todavía mantengo cierta percepción de control*).

La muerte[35] es un proceso inevitable, pero que a menudo resulta difícil de aceptar por parte de la sociedad e incluso del personal sanitario.

Para Kübler-Ross[36], una de las primeras médicas que se ocuparon de investigar y de escribir sobre la muerte, la muerte puede ser una de las experiencias más grandiosas de la vida. Según esta autora, si se vive bien cada día, al llegar el momento de la muerte esta puede ser percibida sin miedo, y puede ser vivida con alegría y aceptación. Esta doctora ha publicado en español desde 1969 numerosos libros sobre la muerte, que ayudaron a buena parte del personal médico-sanitario a comprender mejor lo que les sucedía a las personas cuando estas morían. Al iniciar su investigación, cuando la doctora Kübler-Ross quiso investigar en un hospital qué les sucedía a las personas al morir, la respuesta que recibió por parte de la dirección fue que nadie moría en aquel hospital. En ese momento, también se negaba la existencia de la muerte. Como hoy en día en algunos lugares, todavía se sigue negando.

"Una mujer, en el duelo de su suegra en un tanatorio, comentaba: «*Yo no le tengo pánico a la muerte. No me gusta, pero no tengo ese pánico que algunas personas tienen, pues lo veo como algo normal*». Y confesaba: «*A mi madre nunca le ha gustado lo relacionado con la muerte, los tanatorios y los cementerios, pero su hermana (mi tía), cuando yo era pequeña, siempre me llevaba con ella a los cementerios y lo veía como algo normal, sin miedos. Mi tía me decía, cogiendo una moneda en su mano: "Mira, la muerte es como esta moneda. Cuando nacemos está de cara, pero en un momento se da la vuelta"*. Entonces le daba la vuelta a la moneda y añadía: "*Y esto es la muerte*"»."

La vida y la muerte, en efecto, son como las dos caras de una moneda que nos entregan al nacer. El plazo en el que la moneda se vaya a dar la vuelta se desconoce, pero lo cierto es que la muerte nos llega a todos los seres vivos. La muerte forma parte del proceso de evolución de la naturaleza en la que estamos integrados. Y la muerte está presente en nuestras vidas, por mucho que nos empeñemos en volver la mirada hacia otro lado.

LA MUERTE SEGÚN LAS CULTURAS

¿No sería espantoso morir…y no volver a ver,
a oír ni a amar nunca más?
¿Eso te parece espantoso?
—dijo el Maestro—
¡Pero si es así como vive
la mayoría de la gente!
Anthony de Mello

En este apartado quiero mostrar como la muerte no se afronta igual en las distintas culturas. Las ideas occidentales de dolor y fracaso en la muerte contrastan con las de otras, donde la muerte es considerada como el paso a otra vida distinta, o como el paso a una vida sin dolor (como un reposo). Para los tibetanos, la palabra «cuerpo» es *lü*, que quiere decir «algo que se deja atrás», como el equipaje. Cada vez que pronuncian el vocablo *lü*, recuerdan que solo son viajeros refugiados temporalmente en esta vida y este cuerpo[37].

"Un sufí de impresionante aspecto llegó a las puertas de un palacio, y avanzó tan resueltamente que nadie se atrevió a detenerle mientras se dirigía hacia el trono.

—¿Qué es lo que deseas? —le preguntó el rey.

—Un lugar donde dormir en este refugio de caravanas —respondió.

—Habla con más respeto, peregrino. Esto no es ningún refugio de caravanas, sino mi palacio—replicó el rey.

—¿Puedo saber quién lo ocupó antes que tú? —preguntó el visitante.

—Mi padre, que en paz descanse —respondió el rey.

—¿Y antes que él? —volvió a preguntar el sufí.

—Mi abuelo —respondió de nuevo el monarca.

—Y un lugar como este, donde la gente se hospeda por un tiempo y luego se marcha, ¿no es acaso un refugio de caravanas?[38]."

López Sánchez[39] narra cómo los antiguos toltecas, los hombres de conocimiento del México Antiguo, pretendían en sus majestuosos *Centros de Conocimiento* llegar a la vida eterna a través de la muerte de la vida mundana. La muerte para ellos era un paso a la vida eterna, pues consideraban que la vida en la Tierra era totalmente pasajera. También en la India muchas personas consideran que la muerte es la entrada a otro plano de existencia, sin que se aplique el binomio *muerte/nada* que se maneja en Occidente. Para los jainistas, por ejemplo, por sus concepciones de la vida y de la muerte, esta última desencadena una angustia emocional pero no existencial[40].

Por su parte, algunos esquimales, al sentir que van a morir, lo comunican a la tribu y después se retiran a un lugar aislado, se sientan, inclinan la cabeza sobre las rodillas y dejan de vivir. Y en cierta tribu norteamericana, cuando uno de sus componentes siente que va a morir, reparte sus pertenencias, se retira al bosque, y la familia parte hacia allá a los tres o cuatro días para recoger su cuerpo ya muerto[41]. Otra tribu, africana esta vez, relata que cuando un niño nace, el resto de los miembros lloran y se lamentan de que llega a una vida con mucho dolor. Y sin embargo, cuando la persona muere, cantan y bailan, porque la persona ha dejado de sufrir.

De Alejandro Magno[42], se contaba que en su expedición al río Indo, conoció a un sabio hindú llamado Kalanos. Cierto día, Kalanos pidió a Alejandro que le preparara una pira funeraria, ya que encontraba que su vida había llegado a su fin: estaba convencido de que había llegado el momento de despedirse de la vida. Entonces, el ejército entero acudió al acontecimiento festivo, y Kalanos subió ceremoniosamente a la pira para abandonar la vida.

Y por otra parte, en el norte del Tíbet (en las tierras de Litang, a 4.600 metros altitud) se practica un rito inmemorial en el que los cadáveres se entregan a los buitres para que estos los devoren. Dicho rito es conocido como el funeral del cielo, y se supone que fue introducido por los nómadas en tiempos de profeta iraní Zaratustra, hace unos 5.000 años. Para los habitantes de estas tierras, la vida, al llegar a su final, ha de volver a la vida. No pueden quemar a sus difuntos pues a esa altitud no crecen los árboles (y por tanto no hay leña que quemar), y tampoco pueden enterrarlos, pues el suelo está demasiado helado para cavar. Entregar a los cadáveres a los buitres es una forma de hacer que esos cuerpos, ya sin vida, sigan alimentando a la vida.

En Oceanía, durante muchas generaciones (aproximadamente hasta 1950), los miembros de la tribu *Fore* de Papúa-Nueva Guinea se comían el cerebro de los familiares fallecidos como muestra de luto. Curiosamente, en estas personas no se desarrollaba el *kuru*, una encefalopatía similar al mal de las vacas locas y a su versión humana, la enfermedad de *Creutzfeldt-Jakob*. Dicha enfermedad ataca al cerebro causando temblores, dificultad motora y descoordinación, hasta llevar a la muerte en un periodo aproximado de unos doce meses. Pues bien, los responsables de un estudio publicado en el *New England Journal of Medicine*[35] encontraron en esta tribu una mutación genética que les protegía de los efectos de ciertas proteínas llamadas *priones*, impidiendo así la aparición de la enfermedad. La variante genética descubierta por el equipo de Mead impedía que los priones nocivos se unieran a los sanos, bloqueando el desencadenamiento del kuru.

A un maestro zen, ya mayor, le preguntaron sus discípulos:

—Maestro, cuando te mueras, ¿dónde quieres que te enterremos o que depositemos tu cuerpo?

—Dejadme en un lado del camino —respondió el maestro.

—No podemos hacer eso, los animales te devorarían —contestaron los discípulos, asustados.

—Pues en ese caso, dejadme un palo largo a mi lado, de manera que cuando vengan los animales, yo los pueda espantar con él —replicó.

—¡Pero maestro, si cuando estés muerto no te vas a enterar! —

le dijeron sus discípulos.

—¡Entonces…! —respondió este, con una sonrisa.

El museo arqueológico de Cádiz expone diversas tumbas de la época romana. En muchos de los epitafios encontramos la inscripción *STTL (Sic Tibi Terra Levi)*, es decir: «Sea sobre ti la tierra ligera». Llama la atención este deseo de que la muerte no sea algo duro o doloroso, es decir, la inclinación por cuidar a nuestros seres queridos incluso cuando ya no se encuentran físicamente entre nosotros. *Sea sobre ti la tierra ligera: que no te pese la tierra; que una vez muerto, no tengas un peso encima; que la tierra te sea ligera. Te deseo lo mejor, incluso aunque estés muerto.*

Culturas distintas tienen formas diferentes de afrontar la muerte.

LA MUERTE SEGÚN LAS RELIGIONES

Budistas, cristianos,
musulmanes,
judíos, hindúes…
La muerte no discrimina a nadie
Okuribito, película de
Yojiro Takita, 2008

En este apartado sólo quiero compartir algunas pinceladas de cómo en cada religión la muerte también se contempla de forma distinta, tienen distintas maneras de afrontarla y distintos rituales.

CRISTIANISMO

Para el cristiano la muerte es un camino que se emprende desde la vida terrenal hacia Dios. Los cristianos piensan que, al morir, el cuerpo se corrompe mientras que el alma sobrevive. La creencia de muchos cristianos, en particular dentro del catolicismo, es que al llegar al Cielo, el alma del muerto es examinada, apareciendo todos los hechos y todas las situaciones por los que esa persona ha pasado, desde su nacimiento hasta el día de su muerte, como si de una película se tratase. Entonces, si esa persona ha respetado los preceptos religiosos (es decir, si ha cumplido los Mandamientos), el alma se queda en el Cielo. Pero si, por el contrario, sus pecados son numerosos, y la persona no se ha confesado ni se ha arrepentido antes de morir, entonces va al Infierno.

Está presente la idea de la resurrección en el último día.

El sacramento de la *confesión* y de la *extremaunción* son también muy importantes dentro del cristianismo, y en particular del catolicismo, tanto para la persona que está muriendo como para la familia. Cuando estos sacramentos son administrados en el momento en que se considera que está próxima la muerte, producen en ambos una sensación de alivio, aunque en ocasiones algunas personas son reacias pues les están mostrando la inminencia de la muerte. Las ideas del *purgatorio* y del *infierno* también están presentes en muchas personas practicantes, y ello puede ser motivo de aparición de emociones como la culpa y el miedo, el horror por haber sido un pecador y no haber cumplido con las obligaciones morales y religiosas.

Después de la muerte, la costumbre es lavar al difunto, amortajarlo y llevarlo a la iglesia, donde se celebra la ceremonia religiosa. Después se entierra en el cementerio o se crema el cadáver. A la semana de la defunción se celebra otra ceremonia religiosa, en la que se realizan las *preces* (súplicas) por el alma del difunto, para que este alcance el Cielo. Después de transcurrido un año tiene lugar la llamada la *misa de cabo de año* (o *misa de año*), en la que se vuelve a celebrar el sacramento de la eucaristía, y se da por cerrado, aunque solo sea de manera formal, el duelo por el fallecido.

Lo que prescribe el rito cristiano, en definitiva, es enterrar a los muertos, rezar por ellos, y después dejarlos. En uno de los libros de la Biblia, el *Eclesiástico*[44], dice así: «Derrama lágrimas sobre el muerto, cubre su cuerpo según le es debido y entiérralo. Observa el duelo... La tristeza perjudica y la melancolía del corazón deprime el vigor... Después de las exequias, desecha la tristeza»[42]. El mensaje es claro: a los muertos hay que rezarles, enterrarlos y dejarlos.

ISLAMISMO

Para el Islam, «toda alma probará el sabor de la muerte». El nacimiento y la muerte son dos facetas vinculadas. Una, la vida, trae la felicidad, mientras la otra —la muerte— deja tras de sí tristeza y dolor. También los musulmanes creen que después de la muerte serán juzgados según sus obras. Sus buenas o malas acciones indicarán si van al cielo o al infierno.

Una persona enferma, que practique esa religión puede necesitar una oportunidad para lavarse antes de rezar, y también después de ir al aseo. En el momento de la muerte, un musulmán debería pronunciar las siguientes palabras: «no existe ningún otro Dios que no sea Alá, y Mahoma es su profeta». Una vez muerta la persona, su cuerpo no puede ser tocado ni lavado por nadie que no sea musulmán. Entonces se baña a la persona, se la amortaja y se reza por ella. La vestidura con que se amortaja el cadáver es una sábana sencilla. El cuerpo se debe enterrar en el transcurso de las veinticuatros horas siguientes a la muerte, con la cara orientada hacia la Meca.

Hay muchos musulmanes que no manifiestan sentimientos de dolor, en tanto que este podría ser considerado como una señal de falta de fe en Alá. Otros musulmanes, como los de Pakistán y Arabia Saudita, sí expresan abiertamente el dolor.

Respecto de la muerte, la mística sufí Râbi'a[45] decía: *«Permanece en la puerta si anhelas la belleza. Abandona el sueño si quieres entrar».* También enseñaba que la muerte es *«un puente entre amigos»*, *«la que une al amante y al amado»*. Y cuando algunos maestros fueron a visitar su tumba, la oyeron exclamar: *«¡Qué hermoso lo que sucedió! Hice lo que debía hacer, y encontré el camino recto. ¡Solo Dios es sabio!».*

JUDAÍSMO

Para el judaísmo siempre ha existido la creencia en otra vida, la idea de que el hombre no es inmortal. La responsabilidad de que los difuntos sean enterrados incumbe a sus herederos, aunque hay sociedades comunitarias como la *Hevrá Kadisha* (la Santa Cofradía) que se encargan de llevar a cabo esta tarea. Se considera una señal de buena muerte cuando el moribundo recita en sus últimos momentos la confesión de fe judía (el *Semá*).

Cuando la persona muere, se establece la *tahará,* que es la purificación del cuerpo mediante el lavado. Además, se le cortan las uñas y el cabello con unas tijeras especiales, exclusivamente dedicadas a este menester. Después se envuelve el cuerpo en una mortaja blanca o sudario, llamada *taleth.* Se prohíbe el uso de joyas, así como que el sudario consista en ricas vestiduras. Se entierra a los muertos en cementerios judíos y siempre en el suelo, no en nichos. Tradicionalmente está prohibida la cremación o la incineración de los restos mortales. Y tampoco se erigen en los cementerios monumentos funerarios.

La tristeza y el dolor por la muerte de un familiar directo son expresados en oraciones y mediante costumbres especiales. El difunto no se lleva a la sinagoga, a la que solo acuden los familiares. Y después, una vez efectuado el enterramiento, la familia vuelve a casa para guardar el duelo. La primera comida es servida al doliente por sus vecinos o personas cercanas, pues se entiende que en su dolor no será capaz de cocinar. En la primera semana de duelo no se estrena ningún traje ni vestido, sino que el doliente permanece en su casa, a la que acuden los amigos hasta completar el *Minyán* (grupo de diez hombres), que recitará las oraciones (el *Kadish* de duelo) y acompañará a los dolientes. Es característico de este periodo el silencio, hablar poco. No se escucha música ni se enciende la televisión, y se suspenden todas las actividades habituales. La plegaria del *Kadish* es una aceptación del designio divino que termina con las siguientes palabras: «El que hace la paz en las alturas, así haga la paz por nosotros y por todo Israel. Amén».

A la semana de la muerte se celebra una ceremonia religiosa por el alma del difunto. Al cabo de un mes se conmemora la muerte del familiar con un homenaje, y se enciende una vela en señal de recuerdo. Al año de la muerte se coloca en el cementerio la lápida (la *Matzevá*), la familia va a visitarlo y se celebra una ceremonia religiosa en la sinagoga.

«Un turista americano visitó al rabino polaco Jafetz Jaim, y se quedó asombrado al ver que la casa del rabino consistía sencillamente en una habitación atestada de libros. El único mobiliario lo constituían una mesa y una banqueta.

—Rabino, ¿dónde están tus muebles? —preguntó el turista.

—¿Dónde están los tuyos? —replicó Jafetz.

—¿Los míos? Pero si yo sólo soy un visitante… Estoy aquí de paso —dijo el americano.

—Lo mismo que yo —respondió el rabino[46]*».*

HINDUISMO

Para el hinduismo, cualquier niño que nace tiene ya tras de sí una serie de historias pasadas. La existencia está conformada por ciclos de reencarnaciones. La ley de la «eterna reencarnación del alma», así como su correspondiente renacer o *Samsara*, son una parte muy importante del pensamiento filosófico y religioso de la India. La meta final de la vida es la liberación del ciclo de vidas del mundo material, y la entrada en el paraíso o *Nirvana*.

Si un pariente hindú está agonizando en el hospital, los familiares pueden traerle ropa y dinero para que los toque, antes de ser distribuidos entre los necesitados. Algunos familiares se sientan junto al enfermo y le leen un libro sagrado. Si el sacerdote hindú está presente, este puede ayudar a las personas a aceptar la muerte como inevitable, mientras le ata un hilo alrededor del cuello o de la cintura como señal de bendición. El enfermo puede querer acostarse en el suelo para estar más cerca de la madre Tierra en el momento de su muerte, y ayudar así a la reencarnación siguiente. Después de la muerte, la familia lava el cuerpo y lo viste con ropa nueva, antes de sacarlo del hospital.

BUDISMO

*Según el Nirvana sutra,
cuando Buda estaba cerca
de su propia muerte, dijo:
«De todas las huellas,
la del elefante es la suprema;
de todas las meditaciones atentas,
la de la muerte es la suprema».*

Los budistas han estudiado desde hace muchos años el proceso de la muerte, y lo describen de esta forma[47]: Al moribundo le empiezan a dejar de funcionar los sentidos. Si la gente que rodea la cama está hablando, llegará un momento en que puede oír el sonido de las voces, pero ya no distinguir las palabras. Esto quiere decir que la consciencia auditiva ha dejado de funcionar. Mira un objeto que tiene delante y solo se ve el contorno, pero no los detalles. Y es la conciencia visual la que deja de funcionar. Y es la señal de que ha empezado la primera fase del proceso de disolución del cuerpo.

Luego empieza la disolución de lo que denominan el elemento tierra, el cuerpo. Y se empieza a percibir la sensación de peso. El cuerpo se vuelve pesado. La persona se queda sin energía. No consigue sostener un objeto, ni siquiera un vaso entre las manos. La ropa de la cama le pesa.

Comienza después la disolución del elemento agua, y el cuerpo empieza a secarse. Al principio hay aumento de líquido en la nariz, y en la boca, un aumento de saliva, pero después se secan los ojos, la boca, y las aletas de la nariz se hunden hacia adentro y aparece mucha sed.

Sigue la disolución del elemento fuego y el cuerpo de la persona se va enfriando.

En los últimos momentos se hace cada vez mas difícil respirar hasta que el aire deja de faltarle totalmente, y por último, muere.

Es innecesario, añadir que cada vida de cada persona es única y que cada muerte también. Que no todas se producen de la misma manera, pero algunos de las manifestaciones que están arriba descritas, corresponden a las que he observado en ocasiones y que pueden manifestarse de una forma muy rápida en el tiempo o a través de varios días.

Para Rimpoché[48], «desde el punto vista budista, la vida y la muerte son un todo único, en el cual la muerte señala el comienzo de otro capítulo de la vida. La muerte es un espejo en el que se refleja todo el sentido de la vida».

El camino de la vida budista ofrece preceptos para el bienestar ético y espiritual de cada individuo, y exhorta a tener compasión por cualquier forma de vida.

Dado que creen en la reencarnación, todos los budistas deben aceptar la responsabilidad respecto a la manera en la que ejercen su libertad, en cuanto que sus acciones pueden tener consecuencias en vidas posteriores.

El enfermo budista es, con frecuencia, vegetariano. Puede rechazar medicamentos que disminuyan su nivel de conciencia para que no interfieran en su capacidad de meditar.

Se considera que la meditación sobre la propia muerte ejercerá una influencia especial sobre la siguiente reencarnación.

Para los budistas, aunque el corazón esté detenido y no haya respiración, la persona no está muerta, hasta que se produzcan ciertos signos como la aparición de moco o sangre en las fosas nasales y el cuerpo empiece a desprender olor, que debe confirmar el ministro de culto.

En España, existe un protocolo funerario, firmado en marzo del 2015, entre la Unión Budista Europea y el Ministerio de Justicia, para el cumplimiento de las prácticas consideradas óptimas para los practicantes budistas. En él hacen hincapié en que el cuerpo de la persona fallecida permanezca lo más recto posible y evitar tocarlo especialmente en la zona de la cabeza, hasta que la muerte sea definitiva, es decir, hasta que cesa la respiración interior que se produce entre 1 y 10 días. Este cese de la respiración lo asegura el Ministro de Culto. A partir de ese momento, ya se le puede lavar y preparar para la cremación o el entierro, de manera que el alma sea liberada del cuerpo y pueda entrar en la siguiente existencia. El cuerpo debe ser envuelto en una sábana lisa, sin ningún símbolo.

El correspondiente velatorio dura una semana, a veces hasta 20 días, para dar tiempo a que el alma salga del cuerpo y renazca en otra forma de vida.

En las personas que practican la religión budista y en su cultura se incinera al aire libre, es el hijo mayor quien una vez que el difunto se encuentra en la pira funeraria, le acerca la antorcha a la boca para comprobar por última vez que no respira. Una vez hecha la comprobación, enciende la pira.

El *Nokanshi* es una ceremonia ritual del arte japonés, mezcla de budismo y el sintoísmo. En ella se asean y se embellecen los cadáveres de una manera extremadamente delicada, para que el difunto pueda partir en paz. Limpian el cuerpo con agua para liberarlo del mundo, de la fatiga, del dolor y del deseo. Mediante tal ceremonia se prepara a los muertos para que estos inicien la senda del viaje hacia el más allá. Para ellos, la muerte es el principio de ese viaje, que emprenden en presencia de sus familiares, teniendo la posibilidad de despedirse de ellos. La película *Okuribito*, o Despertares, dirigida por Yojiro Takita en 2008, expresa de una forma muy delicada dicha ceremonia.

BUDISMO ZEN

Para Thich Nhat Hanh[49], *nuestro mayor temor es el de convertirnos en nada al morir.* Creemos que hemos nacido de la nada y que volveremos a la nada, lo cual provoca que nos invada el miedo a la aniquilación. Pero Buda lo comprendió de forma muy diferente: la vida y la muerte no son más que nociones ilusorias. No son reales.

«Antes de que Ninakawa falleciera, el maestro zen Ikkyu lo visitó.

—¿Debo guiarte en este paso? —le preguntó el maestro.

—Vine aquí solo y solo me iré. ¿De qué podría servirme tu ayuda? —respondió Ninakawa.

—Si realmente piensas que vienes y vas, esa es tu ilusión. Permíteme mostrarte el camino en el que no hay idas ni venidas —replicó Ikkyu.

Con sus palabras, Ikkyu había revelado tan claramente el sendero, que Ninakawa sonrió y murió»

«Cuando se estaba muriendo el maestro zen Tung-shan (primer patriarca de la escuela Soto zen de China, en el siglo IX), un monje se le acercó y le dijo:

—Maestro, tus cuatro elementos están en desarmonía.

—Sí —contestó Tung-shan— pero hay alguien que nunca enferma.

—¿Ese alguien te está viendo? —preguntó el monje.

—Mi función es observarle —replicó Tung-shan.

—¿Y qué sucede cuando tú le observas? —preguntó el monje.

—Entonces no veo ninguna enfermedad —sentenció Tung-Shan, y falleció».

Para Willigis Jäger[50] —monje benedictino y maestro zen, 86° sucesor del Buda Shakyamuni— «la muerte no existe, morir es la gran transformación hacia una nueva existencia».

Cuando le comentaba que trabajaba con personas en

proceso de morir, Jäger me decía: «*Vd. dígales que no le tengan miedo a la muerte. Que no teman la muerte.*»

Para el pensamiento zen, no existe madurez sin muerte. A pesar de tener delante el hecho de la transformación continua de las cosas, no estamos dispuestos a aceptarlo. Los árboles florecen, las hojas caen, las estaciones van y vienen. El cambio constante es el auténtico milagro de la vida. Nacer, morir y vivir son la perfección de la vida. Sin embargo, el «yo» se rebela contra esto. El yo —el *ego*— se rebela contra lo que no perdura, y «como es una lucha inútil y estamos llenos de miedo, buscamos la seguridad en otras personas, en el trabajo o en una falsa religiosidad… El yo quiere vivir eternamente». Sin embargo, quien experimenta la vida de forma auténtica pierde el miedo a la muerte. Para Jäger, la *Vida* (con mayúsculas) no puede morir. Solamente puede morir una forma de vida.

Cuando la persona identifica su vida con el yo (con el *ego*, con lo que piensa que ella es) está en una ilusión. Cuando ese yo considera que es el soberano, entonces entra en lucha con la profundidad del *Ser*, y el ser humano está en conflicto. En una crisis personal, tal como es la muerte[51], la dimensión contingente de la persona (el ego) tiende a desaparecer, mientras que la dimensión trascendente (el ser) puede emerger y hacerse más presente. Sin embargo, para quien no es capaz de desprenderse de su yo (de su estructura egoica), para quien no es capaz de mirar cara a cara a la muerte, morir puede resultar muy difícil, pues surgirá indefectiblemente el miedo a desaparecer. Este miedo surge cuando la persona considera que el yo (la estructura) es lo que la persona *Es*, o dicho en otras palabras: cuando la persona se identifica con su propio yo. Sin embargo, cuando se deshace esta ilusión, el miedo desaparece: nunca puede morir algo que nunca ha nacido.

TAOÍSMO

El Taoísmo no se considera una religión sino una forma de ver la vida y por consiguiente de contemplar la muerte.

Cuando alguien conoce su verdadera naturaleza, la muerte del cuerpo físico se torna algo sin importancia; la muerte deja de ser real. Los maestros aseguran que este proceso de auto-realización o nirvana no constituye una aniquilación ni algo a lo que haya que temer.

Comparan la fase final a la unión de una gota de lluvia con el océano; la existencia permanece, pero las limitaciones y la sensación de separación se disuelven.

«Un día murió el hijo de un hombre llamado Tung men Wu de Wei. Sin embargo, el hombre no manifestó ningún pesar tras la muerte de su hijo. Un vecino le preguntó por qué no daba muestras de tristeza ni vestía de luto, a lo que este contestó: «Hubo un tiempo en que no tenía hijos y no estaba triste. Ahora que mi hijo ha muerto, estoy igual que antes de que naciera. ¿De qué me he de entristecer?», (Tomado del 177).

«Chuang Tzu, filósofo chino del siglo IV a. C., se plantea la muerte como una ilusión: «¿Cómo puedo saber que esta vida no es una pura ilusión? ¿Cómo puedo saber que al despreciar la muerte no estoy actuando como ese joven exiliado que no podía volver a casa? La bella Dama Li era hija de un caballero poco importante de Ai. Al principio, cuando Chin se la llevó con él, ella empapó de lágrimas toda la parte delantera de su túnica. Pero una vez llegó al palacio, una vez que compartió la cama del emperador y se dio un festín con sus cebadas terneras, se arrepintió de sus lágrimas. ¿Cómo sé que los muertos no se arrepienten de haberse aferrado tan ignominiosamente a la vida?».

Y cuando a este mismo filósofo taoísta Chuang-Tzu se le preguntó por qué el Maestro Wang Tai era tan extraordinario, contestó: *«La vida y la muerte son reverenciadas como grandes momentos de cambio, pero para él no son cambios. El cielo y la tierra pueden quebrarse y colapsarse a su alrededor, pero él permanecerá impertérrito. Su mente es pura e intachable, por lo que no comparte el mismo destino que las cosas que le rodean.»*

Religiones y filosofías distintas tienen formas diferentes de contemplar la vida y de afrontar la muerte

3
MUERTE SERENA Y DIFICULTADES

IDENTIFICACIÓN

No tengo nada para daros,
sólo liberaros de la esclavitud del pensamiento
Suzuki

Aún cuando durante mucho tiempo, las ideas, los paradigmas, los estereotipos, nos hayan presentado la muerte como algo horrible, terrible, catastrófico y muy doloroso, y en bastantes situaciones constituya una experiencia muy dura, muy difícil de atravesar para esa persona y para los acompañantes, es verdad que a lo largo de este tiempo de acompañar a otros, he sido testigo de que en otras ocasiones, se puede morir de forma no dolorosa, no difícil, de forma fluida, igual que fluyen los ríos y que algunas personas lo han identificado con expresiones como una *buena muerte,* una *muerte serena* e incluso *una muerte hermosa.*

Los elementos que facilitan que se produzca ésta última forma son: En primer lugar, cómo la persona ha construido la realidad que ella es y en segundo, como ha construido su relación con el otro y con el mundo.

Le voy a proponer un ejercicio que le puede hacer reflexionar sobre cómo construye su realidad.

Imagine varias fotos que le hayan hecho a usted, o recuérdelas, recreándolas en su mente. En primer lugar tome una foto de cuando usted era bebé, la más cercana que tenga usted a su nacimiento. Incluso, si tiene fotos de la ecografía que le hicieron a su madre cuando estaba embarazada de usted, tómelas. A continuación tome una foto de cuando usted tenía sobre los 3 años; luego tome otra de cuando usted iba al colegio (sobre los 6 años), de cuando tenía 9 años, y de cuando era adolescente. Después otras cuando empezó a trabajar o a estudiar, y de cuando tenía 20, 30, 40, 50, 60 años, o hasta la edad que tenga ahora.

Cuando usted enseña esas fotos a otras personas, especialmente si hay más gente que aparece en las mismas, es posible que en algún momento dado, usted se señale a sí mismo y diga: «Mira, este soy yo». Ahora bien, está claro que cuando usted dice «este soy yo» no se refiere a su cuerpo (es decir, a su estructura física), porque éste ha ido cambiando no desde que usted nació, sino desde que fue engendrado, desde la primera foto hasta la última. De hecho, usted puede ver esos cambios, observando cómo ha ido cambiando de unas fotos a otras. Por consiguiente, cuando dice *yo*, no se está refiriendo al cuerpo. Lo observado no puede ser quien observa. Cuando ve algo con los ojos, eso que observa no soy *yo*. Incluso si lo observa en un espejo, solo ve el reflejo. El cuerpo que tiene en este momento es sólo el que tiene ahora. En este momento.

Por otra parte, usted tiene pensamientos, y usted se da cuenta de los pensamientos que genera su mente de forma automática, involuntaria, sin que tenga que ver con lo que sucede en el exterior o puede que aparezcan como una respuesta a lo que sucede fuera. Y posiblemente usted recuerde algo de lo que pensaba cuando era pequeño, y cómo su pensamiento ha ido cambiando con la adolescencia y con su madurez, a lo largo de la vida. Usted se puede dar cuenta también de que no es lo mismo lo que piensa hoy respecto a determinados temas, que lo que usted pensaba hace un tiempo. Entonces usted se puede dar cuenta de cómo los pensamientos van y vienen: los pensamientos vienen a usted y los pensamientos se van de usted, como van y vienen las nubes en el cielo. Usted observa, en definitiva, los pensamientos, y cómo estos van cambiando a lo largo del tiempo. Sin embargo, aunque usted observa los pensamientos, usted *no es* sus pensamientos. Cuando dice *yo,* no se refiere a los pensamientos. Igual que usted no es la saliva que tiene en la boca ahora. Los pensamientos son sólo pensamientos que en un momento determinado tiene.

Por otra parte, usted tiene emociones y, al menos en algunas ocasiones, usted es consciente de ellas. Así, usted puede observar, al menos en algunas ocasiones, cómo cambian las emociones conforme transcurren los acontecimientos. Incluso puede usted observar cómo las emociones van cambiando a lo largo del día. Y así puede usted darse cuenta de que las emociones vienen y se van: algunas emociones permanecen más tiempo y otras menos, pero todas van cambiando. Pues bien, las emociones pasan a través de usted (usted las experimenta, las siente), pero las emociones no son su *yo.* Usted observa las emociones, pero usted *no es* sus emociones. Cuando dice *yo,* no se refiere a las emociones. Las emociones son sólo emociones que en un momento determinado tiene.

Asimismo, usted tiene recuerdos y se da cuenta de ellos. Y usted puede observar sus propios recuerdos. Entonces puede usted recrearlos en su pensamiento, volverlos a revivir y darse cuenta de que algunos de ellos le resultan agradables y otros desagradables. Asimismo puede usted darse cuenta de que algunos de sus recuerdos le resultan excitantes y otros le resultan aburridos. E incluso es posible que estén influyendo en usted, sin que usted los tenga presentes (sin que esté pensando explícitamente en ellos) en este preciso momento. En definitiva, usted tiene recuerdos que van cambiando y los observa, pero usted *no es* sus recuerdos. Cuando dice *yo,* no se refiere a los recuerdos. Los recuerdos son sólo recuerdos de situaciones por las que ha pasado y que tiene en un momento determinado.

Además, usted puede reflexionar también sobre los roles que ha asumido usted a lo largo de su vida, y cómo estos han ido cambiando desde el momento de su nacimiento. Cuando usted nació era «el hijo de…» y «el nieto de…» Después fue el niño que iba a la escuela, «un escolar», «un adolescente», «un estudiante», o «un aprendiz», luego «un oficial», «un universitario», « un maestro», «un barrendero», «un taxista», «un trabajador de banco», «un médico», También ha podido ser usted «el novio de…», «el marido de…», «la mujer de…», «el padre de…»; y posteriormente «un jubilado», o el «abuelo de…» A lo largo de su vida ha ido usted representando diferentes roles, pero ninguno de esos roles es lo que usted es. Usted desempeña o ha desempeñado distintos roles, pero no es ninguno de ellos. Usted ha desempeñado varios roles escolares, académicos, laborales e incluso relacionales y puede observarlos, pero usted *no es* sus roles. Cuando dice *yo*, no se refiere a sus roles. No es lo que ha hecho. Lo que ha hecho es sólo lo que ha hecho en un momento determinado de su vida.

Además, es posible que usted tenga o haya tenido algunas enfermedades en diferentes momentos de su vida. La enfermedad es algo que posiblemente le haya pasado, o algo que le esté pasando en este momento. Pero usted no es su enfermedad (aunque alguien pueda, ocasionalmente, etiquetarle a usted con el nombre de la enfermedad que padece). Usted puede tener una enfermedad, y observar que la tiene, pero su enfermedad no es lo que usted *es*. Las enfermedades que ha tenido o tiene en este momento, son sólo las enfermedades que ha tenido o tiene en este momento.

De modo que, si yo no soy el cuerpo, si no soy los pensamientos, si no soy las emociones, si no soy los recuerdos, ni los roles, ni las enfermedades que he tenido o que tengo en este momento, entonces ¿quién soy?

En el capítulo 1, ya reflexionábamos que uno de los trabajos más importantes que hay en esta vida, es precisamente este: descubrir quién soy. Hay personas que se mueren sin haber caído en la cuenta, hay personas que se mueren sin preguntárselo siquiera. Y está bien. Pero también hay personas que se plantean de una forma honesta, auténtica: *¿quién soy realmente?, ¿qué estoy haciendo en esta vida?, ¿qué hago con mi vida?, ¿qué estoy haciendo con esta preciosa, apasionante y salvaje vida? Si estuviera a punto de morirme, o si supiera que voy a morirme en un corto* espacio de tiempo, ¿qué querría hacer en el tiempo que me queda? Y la siguiente pregunta es *¿a qué espero? De verdad ¿tengo que estar enfermo, o a punto de morir para realizar aquello que quiero ahora?*

La tendencia que las personas tienen a identificarse construye su realidad. Lo que se piensan que son. Y es el primer elemento que influye de forma decisiva en este proceso de morir.

VÍNCULOS

El segundo elemento que puede facilitar una buena muerte es como la persona construye su relación con el otro o con el mundo. Como se vincula. Y se entiende por *vinculación afectiva* la tendencia a permanecer en mutua proximidad. Generalmente, el vínculo se experimenta como una fuente de seguridad, como una fuente de cuidados, de presencia y de amor. Así, cuando una madre amamanta a su bebé, este no aparta su mirada de la madre y ella tampoco de él: se miran como si no existiera nada más en el mundo que ellos dos. El bebé succiona mirando a la madre, y la madre lo sujeta atenta a cualquier pequeño gesto de su criatura. No existe nadie más que ellos dos, y están bien presentes. Están. En ese momento están estableciendo vínculos que muy probablemente perdurarán para el resto de sus vidas. Si no fuera por esos vínculos, la supervivencia del bebé estaría en peligro.

Los vínculos afectivos y los estados subjetivos de intensa emoción suelen ir de la mano, pues ambos nos proporcionan seguridad en cuanto al tiempo y al espacio, así como afecto y confort. Es sabido que la capacidad de vincularse posee un valor de supervivencia muy elevado, especialmente en los primeros años de la vida. Sin embargo, si la madre se encuentra en un estado de ánimo depresivo, con miedo a no hacerlo bien o muy enfadada con el mundo, entonces es posible que esos vínculos no lleguen a establecerse de forma sana, y las relaciones se conviertan en *patogénicas*, siendo origen de posibles enfermedades.

Los trabajos más sólidos respecto de la formación, mantenimiento y ruptura de vínculos afectivos fueron publicados por John Bowlby[1]. En su trilogía *La pérdida afectiva, El vínculo afectivo* y *La separación afectiva*, elaboró toda una teoría de la conducta sobre el apego, que define como la capacidad para elaborar lazos de vinculación dirigidos a buscar y mantener la proximidad con la madre o la figura materna. Dicha teoría está basada en sus numerosas investigaciones en relación con los procesos de separación y los sentimientos a los que tales procesos conducen.

Así, este autor comprobó que cuando se retiraban a niños de entre uno y tres años de sus madres para dejarlos en una guardería, todos mostraban comportamientos similares: protesta, desesperanza y aislamiento. Al principio solicitaban que volviera la madre, llorando y muy enfadados, esperando tener éxito en el intento. Esta primera etapa, caracterizada por un comportamiento tendente a la destrucción y a la violencia, podía persistir varios días. Más tarde empezaban a calmarse, pero solo aparentemente: seguían anhelando que la madre volviera, pero la esperanza se marchitaba y entraban en una fase de desesperanza. Después, en una tercera fase, los niños aparentaban olvidar a su madre y se mostraban desinteresados por ella, incluso no las reconocían. A lo largo de todo este proceso los niños mostraban numerosas rabietas y una inquietante violencia. Al regresar a casa permanecían apáticos, sin reaccionar y sin pedir nada. Manifestaban sentimientos ambivalentes: anhelo por la madre (deseo de ser queridos y de recibir afecto), junto a una intensa ansiedad y rabia contra ella.

Antes de que una madre se quede embarazada, es evidente que no se ha producido el vínculo con el bebé, por mucho que la madre haya deseado su nacimiento. Conforme el bebé es engendrado y va creciendo en el claustro materno, la madre, el padre y el resto de la familia van estableciendo relaciones de afecto y cariño, así como expectativas y proyectos, hacia ese ser todavía no nacido. Estos vínculos se van construyendo de forma consciente o inconsciente, y son los responsables de que, en caso de muerte del feto, se produzca un duelo por ese niño no nacido. Por su parte, cuando el embarazo va progresando y el niño nace, se fortalecen los lazos y las relaciones vinculares a nivel familiar día tras día. Conforme la persona crece y madura va a establecer nuevas relaciones con otras personas, que en función de esa convivencia pueden llevar a establecer vínculos de autonomía o de dependencia.

El dolor que se experimenta ante la muerte de alguien está relacionado con los vínculos que se han establecido previamente con esa persona. Cada lunes, los medios de comunicación informan de los muertos por accidente de tráfico durante el fin de semana anterior o los inmigrantes que han muerto cuando llegan en patera a la costa. Ahora bien, ¿por cuántas de esas personas se experimenta dolor insoportable? Cuando hay una identificación con esas personas por razón de la edad, del sexo o de cualquier otro elemento. En el caso del niño turco Aylan de tres años, al que encontraron en una playa de Turquía muerto, cuando el barco con el que intentaban llegar a Grecia naufragó, el dolor que se generó en la sociedad tenía que ver con la identificación que se realizó con esa criatura.

En situaciones cotidianas, para que haya dolor, se ha de haber establecido previamente un vínculo y eso es algo que saben muy bien los escritores y los directores de cine y teatro, cuando en sus obras muestran primero a la persona, hacen que se la conozca, que se establezca un vínculo con ella, aunque sea temporal y después le sucedan cosas que hacen vibrar a nivel emocional a los lectores o a los espectadores. Cuanto más fuerte sea el vínculo que se establezca con el actor, más intensa será la emoción que se experimente con las situaciones que le suceden y más fuerte será el dolor cuando el protagonista se muera.

El dolor por la muerte de alguien en la vida diaria también será distinto, en función de la vinculación previa que se haya establecido con la persona con la que uno se relaciona de forma cotidiana. Aunque conviene subrayar también que el dolor es algo subjetivo, y que cada persona tiene un umbral de dolor diferente, e incluso un estilo distinto de afrontar el dolor: el dolor que para algunas personas es perfectamente tolerable, puede resultar insoportable para otras.

Así pues, para comprender el significado de la pérdida en la vinculación humana conviene explorar diversos aspectos: quién o qué se ha perdido; cómo se ha tejido esta vinculación; cuál es el significado y el valor de la relación establecida; qué tipo de apego existía; cuál es el grado de maduración y autonomía de las personas frente a la separación, y cómo se ha producido la ruptura de los vínculos. Y por supuesto, hay que tener en cuenta también que el impacto de cada uno de estos factores puede variar mucho en función de cada persona.

En este sentido, un factor importante, por ejemplo, es el rol familiar que desempeña la persona que está muriendo, así como el significado y el valor que tiene para las personas que se quedan. No es lo mismo si quien está muriendo es el hijo de tres años, o si es el padre de treinta, setenta o cien años. No es lo mismo si se trata de una pareja con la que se tiene muy buena relación, o una pareja con la cual se estaba pensando en romper. Cuanto mayor sea el rol y la importancia de la persona que muere, más significativa será su muerte para el resto de la familia, y mayor será el nivel de dificultad que tendrán para asimilar su ausencia.

Por su parte, el nivel de dependencia o de autonomía que tuvieran los familiares con la persona que muere también influirá en su percepción de dolor ante la pérdida. En particular, si la relación establecida era de dependencia, entonces la expectativa de muerte de uno de ellos puede suponer un golpe muy duro para el otro. Hay personas que lo expresan así: *«No puedo vivir sin él/ella»*.

"Una mujer, cuyo marido había muerto hacía dos años, decía: *«Él era el que se encargaba de los bancos, de la renta, de administrar el dinero, de arreglar los desperfectos que se producían en la vivienda. Ahora que el no está, ¿quién se va a encargar de eso? Yo no sé hacerlo»*".

También influye, por último, el modo en que se haya producido la ruptura de esos vínculos. Es distinto el caso de una muerte que se produce de forma progresiva, dando tiempo a que los que se quedan se vayan adaptando, haciéndose a la idea de la separación, que el caso en que se produzca de forma brusca, por accidente. No es lo mismo un proceso de muerte por *lisis*, donde la persona (sus órganos y el cuerpo entero) van deteriorándose poco a poco, donde puede aparecer un proceso de habituación, que un proceso de muerte por *crisis*, cuando se está hablando con el ser querido y la muerte sucede de forma brusca, después de haber tenido un accidente laboral o de tráfico o haber sido intervenido de una patología en principio sin importancia y que pierda la vida en ese instante.

AUTONOMÍA VS DEPENDENCIA

Cuanta más dependencia, más dificultad
para morir de forma sosegada.
Durkheim[2], modificada

En la vida se establecen distintos tipos de relaciones emocionales entre las personas: Una, de autonomía y de libertad y otra de dependencia. Y generalmente, se extienden hasta el momento de la muerte e incluso, en algunas relaciones, bastante después.

En las relaciones basadas en la autonomía y la libertad, las características de las personas son: que ambas han madurado[3] y han desarrollado su propia personalidad de forma completa y saludable; ambas han sido capaces de gestionar y satisfacer sus propias necesidades y de responder de forma positiva a las circunstancias que la vida les deparaba, sin necesidad de culpabilizar ni culpabilizarse, sin necesidad de defenderse, criticar, justificarse o dar explicaciones. Tampoco han elegido el lamento ante las circunstancias como una forma de afrontamiento. Cada persona se ha sentido y se siente diferente dentro de la relación, tiene su propio espacio, y se siente libre de compartir ese espacio con el otro, cuando así lo desean.

Además, en las relaciones basadas en la autonomía las personas se sitúan en un plano de igualdad. Saben que nadie les pertenece, por muy significativa que sea la relación que les une con la otra persona, y no ejercen ningún tipo de presión sobre ella. Se establece así una situación de equilibrio, sana, armoniosa, equilibrada, una relación de apoyo y protección mutua: *«Me gusta que estés a mi lado. Es hermoso cuando estamos juntos. Estoy contigo porque quiero, no porque te necesito. Si tú también lo deseas, entonces resulta fabuloso. Te quiero y quiero que estés conmigo».* Este tipo de relación conduce a las personas a la aceptación de lo que está sucediendo en su vida y en su relación con el otro, así como al desarrollo de las potencialidades que cada uno de los dos tiene. Ello conduce al desarrollo de la salud experimentada como vigor y deleite físico, satisfacción psicológica y plenitud espiritual[4].

En este tipo de relaciones, las personas desarrollan conductas autónomas. Las personas responden a sus propios intereses, siempre que estos no violen los intereses y los derechos del otro. Tratan al otro con respeto y dignidad, utilizan estilos asertivos de comunicación: piden aquello que quieren y rechazando explícitamente lo que no desean, por ejemplo. En definitiva, lo que hacen las personas en este tipo de relación es ejercitar los derechos humanos básicos, tal y como se utilizan en el entrenamiento dentro del campo de las habilidades sociales[5].

Al igual que el organismo humano busca el equilibrio, en la relación con el otro también se tiende hacia la estabilidad, hacia el equilibrio. En caso de desequilibrio térmico en el organismo, puede aparecer la fiebre (temperatura alta) o la hipotermia (temperatura demasiado baja). La temperatura normal del cuerpo humano se cifra entre 36,5 y 37° C, y se considera que una persona tiene fiebre si su temperatura corporal es superior a 38° C, e hipotermia si está por debajo de 35° C. Por su parte, en cuanto la cantidad de hematíes en sangre, por ejemplo, si tomamos un segmento imaginario podríamos decir que la *poliglobulia* (exceso de hematíes) estaría situada en uno de los extremos del segmento y la *anemia* en el otro, encontrándose en el centro el punto de equilibrio, esto es, la cantidad normal o saludable de hematíes. De la misma manera podríamos representar la cantidad de leucocitos en sangre, siendo los extremos la *leucocitosis* y la *leucopenia*, y el punto de equilibrio la cantidad adecuada de leucocitos. Pues bien, esta misma situación de equilibrio entre extremos la podemos trasladar a su vez a las relaciones personales: si en un extremo del segmento ponemos las relaciones de dependencia (las relaciones posesivas), y en el otro extremo las relaciones de total desapego o desinterés, en el centro estarían las relaciones de autonomía. Estas últimas serían relaciones equilibradas, relaciones respetuosas y compasivas.

Tal equilibrio, que no siempre es fácil de mantener, proporciona a las personas ilusión, ganas de aprender, ganas de vivir juntas, incluso a pesar de las dificultades. Conduce a la maduración personal, al autodesarrollo, a la percepción de control, al aumento de la autoestima, al aumento del disfrute de la vida y de la conciencia de estar disfrutando de ella. Favorece las ganas de experimentar todos los aspectos que la vida depara y todas las situaciones que la vida nos va presentando, tanto aquellas que interpretamos como buenas o favorables como aquellas que interpretamos como situaciones de crisis o amenazas. No es un "aguantar la relación". Es un disfrutar de ella.

La relación de dependencia, en cambio, consiste en un estado emocional de vinculación compulsiva a una cosa, a una idea o a una persona determinada, a partir de la creencia de que sin ella, no es posible ser feliz. Está claro que no nos referimos aquí a la relación de dependencia física en la que una persona necesita de los cuidados de otra para vivir, como sucede en aquellos casos en que la persona necesita ser aseada, que le den de comer, que la vistan, que le ayuden para hacer sus necesidades, o incluso ser escuchada y tenida en cuenta. No. En casos como el de una enfermedad degenerativa o un accidente incapacitante, este tipo de relación de dependencia física permite que una persona cuide de otra y le proporcione la ayuda necesaria para poder vivir de una forma digna. Tal relación de dependencia física es compatible —y se da de hecho, en ocasiones— con la plena autonomía emocional entre las dos personas involucradas en la relación.

La relación de dependencia psicológica es muy

distinta a la relación de dependencia física. La relación de dependencia psicológica hace referencia a dos personas que, siendo ambas adultas y capaces físicamente, mantienen relaciones donde el uno depende del otro para pensar, para actuar, para sentir y para decidir respecto de su propia vida. Las personas que mantienen este tipo de relaciones no han desarrollado su propia personalidad, ni han alcanzado un grado suficiente de maduración psicológica o autonomía. Estas personas no solo se muestran posesivas, sino que actúan a la vez de forma dependiente: *«Para que yo esté bien, tu tienes que hacer esto que yo te digo. Vive para mi. Si tu te vas, yo me muero. No puedo vivir sin ti. No podré vivir si tu no estás. No te vayas, eres para mí. Y no dejaré que tú vivas sin mí».*

Este tipo de relaciones no solo impiden el desarrollo de la capacidad de ser, estar y existir, sino que frenan también la maduración y la autonomía de la persona. El hecho de convertirse en dependiente de otra persona impide que esta tome las riendas de su vida —impide que viva *su propia vida*. Además, con frecuencia ocurre que este tipo de relaciones son *simbióticas*: cada una de las personas involucradas necesita a la otra para vivir (en biología se usa a veces este término para referirse a parejas de especies que han perdido la capacidad de vivir la una sin la otra).

Las relaciones de dependencia inhiben o dificultan cuatro de los marcadores característicos de la salud mental: la conciencia de uno mismo, la espontaneidad, la intimidad y la capacidad de establecer límites. Vamos a hablar brevemente de cada uno de ellos, y cómo resultan afectados por la existencia de una relación de dependencia. Así, empezando por la conciencia de uno mismo, podemos decir que la existencia de una relación de dependencia tiende a inhibirla, de tal forma que la persona resulta incapaz de construir la realidad que es ella misma: la persona no se da cuenta de lo que piensa, no se da cuenta de lo que quiere, no se da cuenta de lo que siente, y a veces no se da cuenta ni siquiera de las sensaciones que tiene. Ello supone un hándicap muy grande en cuanto a su capacidad de disfrutar de la vida. Es como si la persona estuviera oyendo una voz crítica en su cabeza, que le dijera: *«No seas tú. No sientas como sientes, no pienses como piensas»*. Este aspecto revierte a su vez en la dificultad de la propia relación, ya que resulta mucho más difícil relacionarse y establecer comunicación con una persona que no tiene clara la conciencia de sí misma.

La segunda característica que se inhibe típicamente en las relaciones de dependencia es la espontaneidad. La persona funciona *como si…*, en lugar de vivir de una forma auténtica. A esto se le conoce como *no autenticidad*, y se caracteriza por pensamientos como *«Tengo que estar bien»*, *«Tengo que ser fuerte»*, *«No debo tener miedo»*, *«No tengo que tener la emoción que tengo ahora»*, *«No tengo que pensar como pienso»*. En Análisis Transaccional se lo conoce como descuentos. Es el no tener en cuenta lo que la persona siente, piensa o quiere. El resultado de todo ello es que la persona se impone a sí misma vivir de acuerdo con un guion, como si de una obra teatral o de una película de cine se tratase. Y la persona se autoimpone cumplir ese guion al pie de la letra, aunque no sepa bien ni quién lo ha escrito, ni quién se lo asignó, ni desde cuándo. La persona vive así su vida como si estuviese desempeñando una función de teatro, en lugar de tomar la decisión de vivir plena e íntegramente su propia vida.

La tercera característica habitual en las relaciones de dependencia es la falta de intimidad: *«No tengo derecho a estar íntimo; ni conmigo a solas, ni con el otro o la otra»*. Pero lo cierto es que las personas necesitan a veces tiempo y espacio para estar a solas, momentos que algunas personas perciben con mucha intensidad. Tal necesidad se trunca en las relaciones de dependencia simbiótica, en las que no hay lugar para uno mismo: *«Si te estás dedicando tiempo para ti, significa que yo no te importo»*, *«Cuando estás teniendo un tiempo y un espacio para ti, es que yo ya no cuento, es que ya no me quieres»*, son mensajes habituales en una relación de dependencia.

La cuarta de las disposiciones que inhibe la relación de dependencia es el respeto de las fronteras. En este tipo de relación no existen límites: *«Si me dices que me quieres, tienes que demostrármelo, tienes que hacer por mí todo lo que yo te pida»*, *«¿No dices que me quieres? Pues demuéstramelo, haz lo que te digo, aunque no tengas ganas»*, *«Tú tienes que hacer esto para que yo esté bien»*. Y ligado a este aspecto suele aparecer el recurso a culpar o responsabilizar a la otra persona de las emociones propias: *«Tú haces que yo esté mal»*, *«Me siento mal por tu culpa»*, *«Es tu culpa que yo esté triste»*, *«Es tu culpa que yo no me puedo expresar»*, *«Es por tu comportamiento por lo que yo me encuentro mal, triste, con ansiedad, depresivo o inquieto»*. En ocasiones, este tipo de afrontamiento de las emociones se aprende por modelado a edades tempranas: *«Si no te estás quieto me dolerá la cabeza»*, *«Si sigues haciendo eso me voy a enfadar»*, *«Papá o mamá se van a poner malos si no te tranquilizas»*, son mensajes que algunos niños escuchan reiteradamente, y que van calando en la formación de su personalidad.

La dependencia emocional es el enemigo inmediato del amor, a pesar de que en muchas novelas, películas y canciones aparezca exaltada, como paradigma de «amor romántico». En efecto, frases como *«Eres mi media naranja»*, *«Sabes cómo hacerme feliz»*, *«Sin ti no soy nada»*, *«No puedo vivir sin ti»*, *«Si me dejas me muero»*, se presentan a menudo como indicativos de amor en su grado máximo, en lugar de aparecer como lo que realmente son: manifestaciones de una relación posesiva. El estilo de comunicación *pasivo/agresivo* *«Si me dejas me mato»*, *«Si me dejas te mato»*, *«Si me dejas nos mato a los dos»* es también característico de este tipo de relación. Y son este tipo de relaciones de dependencia las que están en la base de las situaciones de violencia de género.

"Un chico de 17 años iba conduciendo en moto sin casco. Tuvo un accidente, y sufrió un traumatismo craneoencefálico. Durante dos semanas estuvo ingresado en una unidad de cuidados intensivos, presentando constantes vitales que eran difícilmente compatibles con la vida. Día tras día, el personal sanitario se preguntaba cómo era posible que aquel muchacho siguiera con vida: seguía deteriorándose un poco más cada día, pero se mantenía con vida. En un momento dado, extrañada por la situación, la supervisora de enfermería se acercó a ver al muchacho, y entonces observó que la madre permanecía todo el tiempo sentada junto a la cama del hijo, aferrada a su brazo, susurrando: *«Hijo, no me hagas esto. Hijo, no me dejes. Si me dejas, ¿qué va a ser de mí? Tu padre nos dejó hace dos meses y tú no puedes hacerme esto a mí ahora. No me puedes dejar sola. Hijo mío, no me dejes».* Al contemplar esa escena, la supervisora se acercó a la madre, y desde una profunda compasión y un profundo respeto, le dijo: *«Me pregunto lo difícil que tiene que ser para usted que su hijo esté así. Me pregunto lo difícil que tiene que ser para usted plantearse que su hijo pueda morir. Y me pregunto lo difícil que tiene que ser para usted dejar que su hijo se vaya».* La madre rompió a llorar en los brazos de la enfermera, y tras un buen rato le confesó: *«Es verdad, estoy pidiéndole a mi hijo que no se vaya, estoy pidiéndole que cuide de mí, en lugar de cuidar yo de él».* Entonces la madre reunió fuerzas, y pasado un tiempo volvió a la cama y le dijo a su hijo: *«Hijo mío, quiero decirte que yo voy a estar bien. Me duelo mucho que te vayas, pero quiero que sepas que voy a estar bien».* Dos horas más tarde, el hijo murió. Y la madre buscaba a la enfermera para darle las gracias por la conversación, pues le había ayudado a entender, *«le había abierto los ojos»".*

"Otra madre, cuyo hijo murió también en un accidente de tráfico, contaba: *«Mi hijo me pidió que preparara una paella para cuando él volviera, pero no volvió nunca. Me quedé esperando a que regresara. Y, hoy, después de dos años y nueve meses, aún sigo esperando y mi vida es un tormento. Igual tengo que dejarlo marchar»".*

Un maestro zen, Celso Navarro, transmite la siguiente enseñanza (*Hola, gracias y adiós*):

Cuando nos encontramos con alguien, decimos "hola".
Cuando establecemos una relación, decimos "gracias".
Y cuando cerramos la relación, decimos "adiós".
Si cada vez que terminamos una relación
por muy puntual que sea
somos capaces de decir "adiós",
entonces siempre nos reencontraremos
con un "¡hola!", al volver a ver a esa persona.
Porque será como si esa vez fuera
la primera vez que vemos a esa persona.

MUERTE SERENA

Cuando la persona se ha desidentificado de todo lo que pensaba que era, ha sido capaz de establecer relaciones de autonomía con los otros y ha desarrollado la dimensión espiritual, esa parte profunda del ser humano, se produce una muerte serena, hermosa, con paz.

Y es así, si la persona es capaz de afrontar la muerte como un aspecto más de la vida, y de vivir la vida hasta el último momento de una forma plena y digna, aunque sienta tristeza porque no quiera dejar a sus seres queridos, ni a sus posesiones, ni a su vida, y entonces podrá también morir en paz, con bienestar, con calma, con tranquilidad, sosiego, aceptación e incluso, en algunas ocasiones con alivio y hasta alegría, no tanto externa, sino interna.

No es necesario aprender a morir. Lo realmente importante y necesario es aprender a vivir. Si la persona es capaz de vivir cada momento de la vida como si fuera el último, si es capaz de hablar con los demás como si fuera la última vez que lo hace, si es capaz de hacer lo que corresponde hacer en cada momento como si fuera la última vez que ese momento ocurriera, si no deja cosas pendientes para luego, entonces podrá morir en paz. Si es capaz de ir cerrando situaciones y resolviendo tareas pendientes, entonces cuando llegue el momento de irse, podrá poner su energía en ello. Si ha sido capaz de desapegarse, entonces podrá estar en lo que le está pasando en su vida en ese momento, y podrá morir de una forma plena, hermosa.

Para que se produzca esta forma de morir no es necesario desarrollar intervenciones ni tratamientos, porque la muerte no constituye una patología.

Lo único que se puede hacer es acompañar. Y que esta forma de estar no entorpezca de ninguna forma dicho proceso. Entonces, el único trabajo de las personas que estén alrededor suyo en ese momento, si es que se puede llamar «trabajo», será acompañar a la persona en su proceso de muerte. Porque, cuando se está sin interferir, entonces deja de ser un trabajo, ya no se percibe como tal. Al contrario, se puede llegar a convertir ese proceso en un *regalo*, un regalo que puede perdurar mucho tiempo, a veces todo el resto de la vida de la persona que estuvo acompañando.

Si se adopta una actitud de escucha se puede oír a la persona que está muriendo decir: *"Estoy subiendo a la montaña"*, mientras muestra una calma profunda, ante la situación que vive.

Una[6] muerte feliz no significa una muerte sin nostalgia ni dolor por la despedida, sino una muerte con una profunda conformidad, con una profunda satisfacción, serenidad y paz interior. Lo que tiene mayor importancia en ese momento, más que la habilidad para controlar el modo de morir es el estado mental de la persona que muere. *"En[7] el caso de los maestros autorrealizados, sin embargo, comprobamos que aunque su ser externo experimente los estragos de una enfermedad, el ser interior, el ser con el que están más profundamente conectados permanece en completa paz"*. "Cuando Ramakrishna se dio cuenta que iba a morir por un cáncer de garganta se dirigió a sí mismo diciendo *"Mente, no te preocupes por el cuerpo. Deja que el cuerpo y su dolor se ocupen el uno del otro. Se feliz."*

La persona no necesita demostrar cómo se siente a nivel externo, porque lo importante para ella es cómo está a nivel interior. No necesita demostrar nada. Ella solo está.

"Una mujer de cuarenta y cinco años, murió un mes después de escribir esto: *«Todo está en calma. Todo está bien. Todo fluye. El dolor y la opresión de la cabeza han bajado un poco. No pienso. Me dejo llevar. Estoy tranquila, serena, en calma. Confío en el proceso de la vida. Es lo que hay. Tomo conciencia de lo que pasa. No me complico más. Huelo bien, y me relaja este olor a perfume tan agradable. Es suficiente para tener la calma y serenidad que quiero para esta mañana»*".

"La hija de una mujer de ochenta años, relataba como murió su madre: *«Mi madre sabía que se estaba muriendo. Ladeaba la cortina para ver el día, y lo miraba como si fuese la última vez. Nos decía a mi hermana y a mí: "No quiero haceros sufrir mucho, pero no sé cuánto va a durar esto". Yo observaba lo serena y tranquila que mi madre estaba. En ese momento dejó de respirar. Supe que mi madre había terminado aquí en la tierra. Ella se fue en paz, y eso es lo que a mí me dejó: paz. Los días siguientes yo seguía con esa misma sensación. Hace ya tres meses que mi madre se fue de este mundo, y las sensaciones de serenidad y fortaleza que tengo ahora son muy gratificantes»*".

Saunders[8], una enfermera inglesa que dedicó parte de su vida a los enfermos que estaban en proceso de morir, narra que una persona le dijo: *«¿Sabe, doctora? La verdad es que nunca pensé que me fuera a morir, supongo que ninguno de nosotros lo hacemos. Pero llega un momento en que estás realmente preparada para aceptarlo»*. Durante ese proceso, la persona se ha desapegado de las personas, de las cosas, del mundo. Ha hecho lo que tenía que hacer, ha sido capaz de perdonarse y de pedir perdón. Y ahora que siente que ha hecho lo que tenía que hacer, se puede morir tranquila, en calma. Se puede morir bien.

Las principales manifestaciones de una buena muerte son: A nivel físico, la persona se siente viva, aunque su nivel de energía vaya disminuyendo de forma paulatina.

A nivel emocional, hay una sensación de bienestar, de conformidad con ella misma y con la situación, la persona se encuentra en paz, sosegada, sin prisas, con alegría interior. A nivel cognitivo, la persona expresa cosas como *«Está bien lo que está pasando»*, *«No hay nada que temer»*, *«Me puedo marchar en paz»*, *«He hecho lo que tenía que hacer»*, *«No me queda nada pendiente por hacer»*. A nivel conductual, la persona está en calma, pero permanece activa y sonríe en ocasiones. A nivel relacional, la persona resuelve asuntos con los otros, soluciona temas pendientes, se despide de ellos, expresa y dispone sus deseos (a quién quiere dejar sus cosas, cómo quiere que hagan con su cuerpo, cómo quiere que sea su funeral) y se genera bienestar en las personas que están a su alrededor.

"Una persona con 82 años, era el dueño de una casa alquilada a un matrimonio con dos hijos de pequeña edad. Los inquilinos estaban inquietos por el estado de salud del dueño, pues pensaban que si se moría sin haber renovado su contrato de alquiler, los herederos de la casa no les iban a facilitar dicha renovación, así que firmó el documento el día antes de morir. También dos semanas antes, también dispuso del resto de sus bienes y dónde quería que lo enterraran y junto a quien." Este hombre estuvo preparándose para su muerte unos cuatro años antes, organizando alguno de los aspectos de su funeral, para cuando fuera necesario.

Es una característica que se repite en personas que mueren de esta forma, se preparan, resuelven sus asuntos.

A nivel espiritual, la persona está tranquila por dentro, irradia tranquilidad, paz y orden. Algunas personas perciben la paz que irradia la persona que está muriendo y lo verbalizan más tarde. Estas sensaciones perduran en el tiempo, y en ocasiones se perciben incluso como un regalo. A varias personas las he oído decir literalmente, refiriéndose a la muerte de algún familiar o incluso de alguien cercano: *«Su muerte fue para mi un regalo»*.

Por su parte, entre los principales actitudes para acompañar en una buena muerte destacaría: estar próximo a la persona a nivel físico, a nivel emocional e incluso a nivel espiritual; permanecer presente desde lo más profundo; ser capaz de aprender de la experiencia; compartir el momento con esa persona y redescubrir que la muerte no es algo horrible; tocar a la persona, desde el profundo respeto, si en ese momento es lo que la persona desea; poder compartir con la persona ese momento y saborearlo; experimentar una sensación de agradecimiento profundo hacia la persona por permitir la presencia del ayudante, pues en esa intervención el ayudante, si está dispuesto, se convierte en ayudado[9]. En esa intervención, efectivamente, quien iba a ayudar, si se permite darse cuenta, se convierte en alguien que está aprendiendo a vivir la vida sin miedo. En esa intervención el ayudante se convierte en ayudado, el maestro se convierte en alumno. Maestro y alumno, una misma cosa. Y ese «alumno» podrá más tarde compartir esa experiencia con otras personas, convirtiéndose en un *testigo*, alguien que ha estado cerca de la muerte de otra persona y que es capaz de disminuir su propio miedo y el de los demás, cuando se enfrenten a ese momento.

"El hijo de una señora escribía: *«Cuando me llamó mi hermano desde la casa de mi madre que tenía ochenta años, para decirme que la encontraba mal y que pensaba que estaba muriéndose, le contesté que yo otras veces también había pensado que estaba muriéndose, y al final salía adelante viva. Así que cuando llegué a su casa, encontré a mi madre tranquila. Nos pidió a mi hermano y a mí que la lleváramos al aseo, ella ya no podía moverse sola, y la acercamos entre los dos. Continuaba hablando, pero cada vez menos. Iba tranquila. Cuando la sacábamos por la puerta del aseo, se desplomó. Al echarla en la cama hizo dos o tres respiraciones profundas, y dejó de respirar. Ocurrió sin dolor, sin angustia, sin trabajo. Todo estaba bien. Ocurrió con calma. Una muerte como la de ella la quiero para mí. No entiendo por qué la gente habla de miedo a la muerte. Su muerte fue hermosa. Días antes le había preguntado si tenía miedo a morir, y ella me contestó: "¿Miedo? ¿Cómo voy a tener miedo, si sé que me tengo que morir?". Me lo dijo con mucha tranquilidad, con mucha calma. Y así fue como murió»."*

"Una mujer con 39 años, que era consciente de que se estaba muriendo, me remitió el siguiente escrito con el propósito de que lo incluyera en el libro que sabía que yo confeccionaba: *"«Siempre he corrido mucho. Perseguía la vida, corría tras ella. Ahora siento que voy con ella. No persigo nada. Antes tenía que aprovechar el tiempo, tenía que hacer varias cosas a la vez, y tenía que correr, correr, correr… ¡Qué equivocada estaba! ¡Ahora lo veo con tanta claridad! Ahora lo veo, ahora que estoy serena y no corro. ¡Qué paz he ganado! Ahora puedo vivir. Antes luchaba por vivir. La forma de hacerlo es sencillísima. No hay que hacer ningún esfuerzo. Solo dejarse llevar, y no pelearse con el pensamiento. Cuando vienen los pensamientos, los observo y los dejo que pasen, sin analizarlos mucho. Los dejo pasar y sigo sintiendo. Si esto pudiera ayudar a alguien, aunque solo fuera a una persona, añádelo por favor al libro»."*

"El marido, en el velatorio de su mujer me decía: *«Desde hace 5-6 años, la enfermedad no la ha dejado parar y hemos estado de médico en médico y de tratamiento en tratamiento. Cuando nos hemos dado cuenta de que ya no hay nada más que hacer, hemos hablado, hemos tomado un tiempo para nosotros, para salir, para disfrutar, para llorar, para enfadarnos e incluso para reírnos a carcajadas. La mañana antes de morirse ella me dijo: Hemos hecho todo lo que teníamos que hacer. Y nos dimos un abrazo y un beso y nos despedimos y nos dimos las gracias el uno al otro. Ella se murió tranquila y yo ahora también estoy tranquilo».* Y añadió: *«Pero ahora estoy preocupado por que su familia al verme tan entero, van a pensar que no la quería»."*

"Otra mujer comentaba: *Mi hermana estuvo preparándose para su muerte. Ella sabía que se moría y aprendió a desapegarse de las cosas y a mi hermana y a mi nos enseñó a desapegarnos de ella. A mi me costó mucho trabajo entenderlo porque la quería mucho, pero cuando se produjo fue una muerte fantástica, estupenda. Hace más de veinte años y todavía me acuerdo con alegría de ella, de ese momento, de la situación por la que pasamos y lo que aprendimos de ahí las dos."*

MANIFESTACIONES QUE INFLUYEN EN EL PROCESO DE MORIR

Las principales emociones que pueden aparecer ante la muerte son la tristeza, el miedo, la rabia y la preocupación. También son frecuentes la ansiedad, la culpa y la negación ante la muerte. De todas estas emociones vamos a hablar en el presente apartado, así como del propio sufrimiento, que obviamente está detrás de todas ellas. Otra emoción que aparece frecuentemente en los procesos de muerte es el alivio. Para describir y analizar estas emociones resulta necesario tratarlas por separado, aunque la realidad es que en la persona no se da esta separación artificial: con frecuencia aparecen varias emociones simultáneamente, incluyendo emociones que parecen contrapuestas pero que se dan a la vez. También aparecen deseos que parecen contradictorios: *«Deseo que se vayan y me dejen en paz, pero al mismo tiempo deseo tenerles a mi lado», «Deseo descansar, pero al mismo tiempo deseo hablar con alguien».* Este tipo de paradojas aparecen durante la vida con frecuencia, y en los procesos de muerte también aparecen.

En el proceso de la muerte es frecuente que aparezca un gran dolor por la pérdida de la vida, ya sea la vida propia o la vida de un familiar. Este dolor se percibe en ocasiones como tristeza, y en ocasiones como rabia. Si este dolor no se puede eliminar del todo, podemos al menos preguntarnos: ¿Cómo podemos hacer para no añadir más dolor al dolor? ¿Cómo podemos hacer para que este proceso sea lo menos doloroso posible, en lugar de hacerlo más doloroso de lo que ya es en sí mismo?

Solamente si la persona es capaz de darse cuenta de que la muerte forma parte de la vida, solamente si la persona es capaz de aceptar ese hecho, solamente si la persona es capaz de establecer relaciones de autonomía con otras personas y desidentificarse de todos sus apegos e incluso de sus ideas, entonces ese proceso será menos doloroso, será menos duro y menos difícil. Claro que es mucho más sencillo decir esto que hacerlo, pero esa es la tarea que propone este libro.

LA TRISTEZA

La tristeza ante la muerte va asociada muchas veces a la idea de pérdida. Ocurre con frecuencia que a la persona que está muriendo le van apareciendo cada vez más pérdidas: a veces la persona no puede vestirse sola, o no puede asearse sola, levantarse sola o comer sola, y siente que ya nada va a ser igual. Este es un planteamiento muy común: *«Ya no puedo hacer las cosas que antes hacía, y eso me genera mucho dolor y mucha tristeza»*. En muchas ocasiones aparece también la rabia. Y esa tristeza y esa rabia se extienden también a los familiares cuando éstos perciben la proximidad de la muerte: *«Es que mi vida sin el otro ya no será igual»*. Albom[10], en el libro *Martes con mi viejo profesor*, describe a una persona con una enfermedad muscular degenerativa, que se puede mover cada vez menos y es cada vez más dependiente de otros. El protagonista afirma que lo que más le entristece es no poderse limpiar el ano después de hacer de vientre.

Algunos familiares, al referirse a la persona que está muriéndose, dicen: *«No sabe lo que está pasando, no sabe que se está muriendo. Como nadie le ha dicho nada, no sabe lo que le está sucediendo»*. La idea que subyace a este tipo de pensamiento es que para que la persona que está muriendo sepa lo que le está pasando, alguien se lo ha tenido que decir. Y que, por consiguiente, si nadie le ha comunicado al enfermo lo que le está pasando (ni el médico, ni la enfermera ni la familia), entonces el enfermo no lo sabe. Sin embargo, lo cierto es que la enfermedad de una persona, en términos generales, no implica la anulación de su nivel de inteligencia y entendimiento, y no implica que sea incapaz de comprender una situación, ni siquiera en el caso en que la enfermedad que padece le esté llevando a la muerte. El hecho de que alguien se esté muriendo no lo convierte en ciego ni en alguien con las facultades mentales disminuidas. Puede tener una enfermedad, o puede estar muriéndose, y al mismo tiempo estar con todas las facultades intactas, de forma que sabe muy bien lo que le está sucediendo. A veces, el enfermo ha ido a la consulta de un especialista en el que figuraba un rótulo bien grande en la puerta diciendo «Oncología», o «Quimioterapia», y el familiar quiere creer que el enfermo ni ve, ni oye, ni sabe, ni piensa. Entonces el familiar concluye que el enfermo no sabe qué está sucediendo, aunque desde fuera es obvio que sí lo sabe. Lo que ocurre, habitualmente, es que el enfermo no expresa que conoce su diagnóstico para evitarle al familiar tener que hablar de ello (el enfermo no expresa que conoce su diagnóstico para «cuidar» del familiar que le está acompañando). Y la consecuencia de todo ello es que tanto el enfermo como el familiar callan lo que está pasando, y silencian así su propia tristeza, se guardan su tristeza para sí en lugar de expresarla, y ésta se queda encallada en su interior.

"En un matrimonio en el que el marido tenía un cáncer de pulmón en fase terminal, este sentía una tristeza que no quería expresar para no preocupar a su mujer. Aunque no se lo habían dicho de una forma directa, él sabía que se estaba muriendo. A la mujer sí le habían anunciado que su marido se moría, pero cuando entraba a la habitación, con los ojos enrojecidos, evitaba llorar en su presencia, *«para no hacerle sufrir»*. En un momento dado se desvelaron las cartas, y el matrimonio pudo al fin expresarse mutuamente lo que sucedía y lo que estaban sintiendo. Lloraron mucho, eso si, y después experimentaron los dos, un profundo alivio."

La tristeza se activa ante el fracaso de una situación, así como ante la separación o la pérdida de una persona querida, o ante la percepción de la dicha separación (lo que genera la tristeza no es tanto lo que nos pasa en sí mismo, sino el modo en que interpretamos lo que nos pasa). La tristeza es la reacción normal de un enfermo en el proceso del morir, en cuanto que tiene que afrontar sucesivas pérdidas y decepciones.

La tristeza tiene las siguientes características[11]: es adaptativa, existen precipitantes que la desencadenan, es de duración breve, es de intensidad moderada, el funcionamiento habitual de la persona no se ve alterado por ella, y puede presentarse como un único síntoma afectivo. Se acompaña de baja autoestima, desánimo, aflicción, abatimiento, y culpa o indignidad. La tristeza puede generar aislamiento en cuanto que la persona que está triste tiene menos deseos de comunicarse, y también puede generar aislamiento a causa del rechazo provocado en otras personas, que no soporten estar con alguien que está triste. Asimismo, según la teoría de la puerta[12], la tristeza es uno de los factores que aumenta la percepción del dolor físico.

Entre las manifestaciones de la tristeza ante la muerte a distintos niveles, podemos destacar las siguientes. A nivel físico, las principales son la sensación de cansancio y abatimiento. A nivel emocional, las principales son la apatía, desgana, ganas de llorar, baja autoestima o culpa por lo que le está pasando. A nivel cognitivo, la persona expresa cosas como: *«¡Cuánta tristeza!» «Esto no tendría que pasarme a mí». «¿Por qué me está sucediendo esto?». «Yo no debería estar en estas condiciones». «¡Qué duro es esto!».* A nivel conductual, la tristeza se traduce en llanto, aislamiento, ojos que miran al suelo, hombros hundidos, manos que se restriegan. A nivel relacional, la tristeza puede derivar en rechazo hacia los demás, pero también puede derivar en un mayor acercamiento. A nivel espiritual, la tristeza se manifiesta en desánimo y pérdida de las ganas de vivir: la persona se cuestiona el sentido de su propia vida, o el sentido de la vida en general.

Algunas indicaciones para el acompañamiento cuando la persona que muere está con tristeza son las siguientes: Practicar la escucha activa *no crítica*. Permitir que la persona pueda llorar si lo desea, o expresar cualquier otra emoción. Normalizar las emociones en esa situación es un elemento terapéutico. Hacer saber a la persona que otras personas en situaciones similares, tienen emociones parecidas, alivia.

Además, si la persona está dispuesta a ello, se pueden explorar las fuentes de gratificación que la persona tiene y reforzar las actividades placenteras que pueda realizar la persona en ese momento, hasta donde la persona y la situación lo permitan; y también se puede ayudar a que haga aquello que pueda hacer y que le guste, y a evitar lo que no le gusta hacer, pues con ello ayudamos a disminuir el sufrimiento.

"La mujer de un enfermo de setenta y siete años (encamado, en pleno proceso de la muerte, con un buen nivel de consciencia y triste) quería saber si para aliviar la tristeza del marido, podían venir sus amigos a «divertirlo». Cuando el enfermero preguntó si esa petición provenía de él, su mujer reconoció que no, que había sido idea suya. Cuando posteriormente la mujer preguntó al marido si deseaba que sus amigos pasaran a visitarlo, este respondió que no tenía ganas de ver a nadie, excepto a su familia. En cambio, manifestó que le agradaría mucho que le pusieran la música que a él le gustaba, y que le gustaría que la gente que él quería, su familia, estuvieran a su lado, pero sin «marearle», sin hablarle mucho y sin «darle mucho la lata»."

EL MIEDO

El miedo puede estar presente antes de que comience el proceso de la muerte, puede estar presente durante el proceso mismo, y puede estar presente también, para la familia, después de que la muerte se haya producido. Es una característica del ser humano que reaccione con miedo ante la percepción de cualquier pérdida, del tipo que sea. Ante la percepción de la muerte (es decir, ante la percepción de la pérdida de la vida), el miedo aparece ligado a preguntas como *«¿Qué me pasará después de morir?»*, o *«¿Cómo será mi muerte, será dolorosa?»*. Junto al miedo al dolor y al miedo a lo desconocido, aparecen con frecuencia miedos ligados a la propia enfermedad: *«Tengo miedo a que no me quieran, a que me rechacen», «Tengo miedo a ser una carga para los demás», «A que se cansen de mí por todas las molestias que les provoco»*. Una persona que estaba muriendo en el hospital, escribía: *«Cuando le pedí a mi acompañante, que me acompañara por quinta vez al aseo, me puso mala cara. Ahora, cuando tengo ganas de volver me aguanto todo lo que puedo, porque tengo miedo de que se canse de mí y que se vaya de la habitación y me deje sola»*.

El miedo también aparece en la familia ante la proximidad de la pérdida del ser querido: *«No sé qué va a pasar si esa persona no está», «¿Cómo me las apañaré en las cosas de la vida sin él?», «¿Cómo será mi vida sin ella?», «¿Quién resolverá las cosas del día a día, la comida, la limpieza, la plancha?», «¿Cómo resolveré los asuntos del banco o de la declaración de la renta, si es él o ella quien se encarga de eso?», «¿Qué pasará al acostarme solo o sola a partir de ahora?», «¿Con quién voy a poder hablar de esos temas de los que solo hablaba con mi pareja?»*.

El miedo es una respuesta normal ante la amenaza. Lo normal es tener miedo, cuando hay algo que amenaza a la persona. El miedo[13] es la emoción, normalmente desagradable, que se pone en marcha como respuesta normal ante peligros reales o la percepción de peligros imaginados. En este sentido, el miedo funciona o puede funcionar de forma protectora: el miedo sirve para activar procesos de carácter madurativo, si es que la persona es capaz de permanecer receptiva ante lo que está sucediendo, analizando lo que ocurre y aprendiendo de ello. **El miedo en sí nunca es el problema.** El miedo **indica que existe** un problema, y como tal es un mecanismo de defensa que permite poner en marcha estrategias de afrontamiento para que la persona se maneje con la situación. En estos casos decimos que se trata de un miedo *adaptativo*. El miedo se convierte en un problema, sin embargo, cuando se convierte en un miedo incapacitante, paralizante, cuando se convierte en un miedo que nos bloquea. En tal caso decimos que estamos ante un miedo *inadaptativo*. Y es ahí cuando el miedo puede llegar a convertirse, de hecho, en la mayor interferencia para la persona que está en el proceso del morir.

Estas son algunos de los miedos de la persona que está cercana a morir[14,15]. En cuanto a los aspectos físicos o corporales, puede aparecer miedo al dolor físico, miedo a la incapacidad, miedo al cambio corporal, miedo a la pérdida de la dignidad, a la pérdida de la autonomía, a la enfermedad concreta, a oler mal, a la desfiguración, y a todo lo que va a suceder con su cuerpo.

En los aspectos emocionales, el moribundo puede tener miedo a lo desconocido de la muerte, puede tener miedo a cómo se producirá esta, miedo por si tendrá sufrimiento, miedo por si se convertirá en dependiente de otros en ese proceso, miedo a la pérdida de control, miedo a la pérdida de la dignidad, miedo al tránsito en la muerte, miedo a volverse loco…

En los conductuales, la persona que está muriendo puede tener miedo a aislarse, a paralizarse, a agitarse, a adoptar conductas no saludable.

Respecto a los aspectos relacionales, también puede tener miedo a ser dependiente de otros, a ser rechazado por el olor que produce la herida o el tumor, por su enfermedad o por el trabajo que les ocasiona a otros, puede tener miedo a no ser aceptado, miedo a que se cansen de él, a no poder comunicarse, a que no le entiendan, a que no comprendan lo que desea, miedo a ser abandonado, miedo a quedarse aislado o solo (miedo a la soledad), miedo a lo sucederá a sus seres queridos, miedo a que se produzcan o aumenten los conflictos familiares tras su muerte…

"Un hombre con 78 años, con una herida que supuraba decía: *Tengo miedo a oler mal y que mi familia me rechace.*"

En los aspectos trascendentes o espirituales, el moribundo puede tener miedo a lo que sucederá después de la muerte (lo desconocido genera miedo), puede tener miedo a dejar de ser él, miedo a ser juzgado y dentro de las creencias, el miedo a ser castigado por un ser superior (*«como he sido tan infiel a mis parejas, al morir me esperarán en el infierno, me castigarán y será algo horrible»*), miedo a la disolución de lo que considera la persona que es (miedo a la disolución del ego, su «yo» personal).

En cuanto a las indicaciones para el acompañamiento ante el miedo a la muerte, algunas de ellas pueden ser las siguientes: facilitar que la persona identifique la emoción (permitir que le ponga nombre, que la reconozca); permanecer junto a la persona mientras esta la expresa; aceptar dicha emoción, no valorándola de forma negativa; no juzgar a la persona por cómo se siente; no etiquetar a la persona por su emoción; invitar a la persona a que realice las cosas pendientes; y permanecer, estando presente —simplemente *estar*, simplemente «Estoy aquí»; más adelante volveremos a este tipo de presencia, la *presencia silenciosa*. Al normalizar la emoción, las personas sienten que lo que les pasa no se debe a que sean raras o extrañas, ni a que estén volviéndose locas: *«¿Qué tiene de extraño que yo tenga miedo ahora?»*. También es terapéutico no minimizar la importancia del miedo, sino tomarlo en cuenta, sin descontarlo, valorando su potencia *«¡Qué fuerza tiene!»*; e incluso en algunos casos las personas consideran saludable el desafiarlo: *«¿Y qué pasa si tengo miedo a morir? ¿Qué pasaría si sucediera lo que estoy temiendo?»*. Y aquí es importante subrayar que mientras la persona tiene miedo, está viva.

Si el miedo es del propio acompañante, entonces el trabajo debería realizarlo el acompañante, a fin de evitar que su miedo le paralice y lo trasmita al otro.

A estas pautas podemos añadir otras: Escuchar de una forma activa aquello que la persona está expresando, tanto de forma verbal como de forma no verbal y poder detectar si el lenguaje verbal está en consonancia con el no verbal; Poder estar próximo a la persona, para identificar la naturaleza real del miedo: *«¿Qué le asusta exactamente? ¿Quiere que hablemos de ello ahora?»*; Establecer una línea base de los miedos: frecuencia, intensidad, duración y efectos que le provoca: *«¿Quiere que hablemos de lo que le genera miedo? ¿A qué le tiene miedo? ¿Qué cree que va a pasar?»*; Establecer la fuente de los temores y facilitar que la persona discrimine si el miedo es real o imaginado; Dejar siempre un resquicio de esperanza.; Reforzar respuestas adaptativas, que ayuden a la persona a manejarse con la situación; Facilitar una reestructuración cognitiva, haciendo reflexionar a la persona sobre el tipo de pensamiento que utiliza, hacia dónde la lleva, e invitarla a centrar la atención en el momento presente más que en el futuro, en lo que va a pasar.

Cuando la persona expresa pensamientos absolutos del tipo *«Ya nada se puede hacer. Va a suceder tal cosa horrible. Tendría que estar de forma distinta a cómo estoy»*, el trabajo sería que la persona pueda reconocer cómo ese tipo de pensamiento le lleva a la enfermedad e identificarlo sólo como un pensamiento que tiene fuerza, en tanto en cuanto la persona se lo dé.

Otro tipo de manejo con el pensamiento podría ser el

de promover autoinstrucciones positivas: *«Cuando aprendo a centrarme en el presente, empiezo a estar mejor. Cada vez que respiro, me relajo. Cuando soy capaz de mirar al miedo, de "cogerlo y acunarlo", estoy más tranquilo, me encuentro mejor»;* ayudar al aumento de la percepción de control mediante técnicas como el entrenamiento en relajación y de afrontamiento del dolor; garantizar un soporte de disponibilidad, accesibilidad y confidencialidad; al expresar esta disponibilidad, hacerlo de forma no absoluta, sino realista: En lugar de *«Vendré en cuanto me llame, siempre que usted lo desee»,* decir: *«Vendré en el momento que pueda».*

LA RABIA

"En una familia con dos hijos pequeños, al marido le gustaba practicar deportes de riesgo. La mujer le recriminaba que lo hiciera, diciéndole: *«Deja de practicar esos deportes, que un día vas a tener un accidente, y te vas a matar».* Y efectivamente, un día el marido practicando ese deporte, tuvo un accidente y se murió. La mujer, en el tanatorio, sentía fundamentalmente dos emociones: por un lado, la tristeza por la muerte del marido, y por otro, la rabia por las muchas veces que ella le había pedido que no hiciera esos deportes de riesgo. Sin embargo, estar enfadado con alguien que está muerto no es socialmente aceptable. *«¿Cómo es posible que esté enfadada con alguien que está muerto? No está bien estar enfadada con alguien muerto»,* así que apareció también la culpa, como emoción asociada.

Dos años después, esta mujer moría también, y antes de morir, seguía muy enfadada con su marido. Esa mujer, seguía tremendamente enfadada porque el marido se hubiera matado a pesar de haberle repetido un sinfín de veces que dejara de hacer ese deporte. En la cama del hospital, la mujer se arrancaba las vías por donde entraba el suero y se quitaba las sondas. La mujer se retiraba las sábanas, quería tirarse de la cama. Y no se quejaba del dolor, sino de la rabia. Mientras ella misma se estaba muriendo, le decía a su marido, muerto dos años atrás: *«¿Cómo me has hecho esto a mí? ¿Cómo nos has hecho esto a nosotros, que tanto te queríamos? ¿Cómo se te ha ocurrido dejarnos a tus hijos y a mi, tan solos?»."*

La rabia es una emoción que se activa al sentirse herido, engañado o menospreciado; la rabia se activa también al sentirse insultado, o al sentirse traicionado, o injustamente tratado; la rabia se activa al sentirse frustrado en la consecución de un objetivo. En el proceso de morir, el objetivo frustrado es el de seguir con vida, viniéndose abajo la creencia de esa persona de que era inmortal, de que no se iba a morir nunca. Asimismo, el sentimiento de que la persona se va deteriorando físicamente puede desencadenar enfado o mucha rabia.

Entre las principales manifestaciones de la rabia ante la muerte podemos destacar las siguientes: A nivel físico, el dolor de hombros, de los músculos maseteros (músculos de la mandíbula), de los trapecios, del cuello, de la cabeza. Puede aparecer opresión en el hipogastrio (boca del estómago), bruxismo (rechinar de los dientes) y si se mantiene durante mucho tiempo, cansancio. A nivel emocional, puede aparecer el resentimiento contra el marido, contra la vida por ser tan injusta, el resentimiento contra la familia porque no lo ha hecho bien, o contra los médicos porque no lo han sabido diagnosticar a tiempo, o porque no lo han sabido tratar. También puede aparecer el resentimiento contra la Divinidad, porque *«le ha mandado esa enfermedad»*. También puede aparecer la tristeza, y también surgir la culpa por el hecho de estar enfadado. A nivel cognitivo, la persona puede decir, o decirse cosas como: *«Esto no me tendría que estar pasando a mí», «Esto no es justo», «¿Por qué me mandas esto a mí?», «¿Por qué me pasa esto a mí, con todas las cosas buenas que he hecho?», «¿Por qué me pasa esto a mí, con todo lo que yo he rezado? Por qué con lo bueno o majo, o agradable, o inteligente que es?».* A nivel conductual, la rabia ante la muerte se puede traducir en irritabilidad, en conductas de enfrentamiento, en conductas agresivas, manifestaciones de enfado (golpear paredes o muebles), conductas compulsivas, comer, beber alcohol, consumir drogas, fumar, autolesionarse, aislarse…

A nivel relacional, la rabia ante la muerte se puede traducir en el enfrentamiento con otras personas, así como en conductas de agresión verbal o física.

En cuanto a los aspectos religiosos, por último, la rabia ante la muerte se suele traducir en la evitación de tales aspectos. Decía un hombre: *«Cuando a mi mujer le diagnosticaron un tumor cerebral, realicé todas las novenas a los santos que las vecinas me pasaron. Iba a misa y comulgaba todos los días, pidiéndole a Dios y a los santos que sanaran a mi mujer. Cuando al cabo de los tres meses murió, me enfadé tanto con Él, que ya no he vuelto a ir a misa, ni he vuelto a rezar».*

Algunas pautas para el acompañamiento en una situación de rabia ante la muerte pueden ser las siguientes: Permitir que la persona exprese el enfado. En general, la persona no está enfadada contra el personal sanitario ni contra la familia, sino que está enfadada por la situación; Preguntarle a la persona para confirmar qué es lo que le sucede, qué es lo que le está pasando, o está sintiendo; Permitirle verbalizar lo que le enfada a la persona es una forma excelente de manejarse con la rabia; Intervenir solo para procurar que la persona pueda expresarse mejor: *«¿Quiere explicarme lo que sucede? Realmente estoy interesado en saber qué hace que se sienta de esta manera»;* No pasar a defenderse, ni a justificarse, ni a contraatacar. Si la persona plantea un problema concreto, entonces se puede responder: *«Voy a hacer todo lo posible por resolver el problema de la mejor manera o lo antes posible».* Si la persona está muy enfadada conviene extremar la prudencia en la utilización del contacto físico, pues podría interpretarlo como una agresión e incrementar el nivel de la rabia.

También es una buena estrategia mantener un contacto visual con la persona que está enfadada, mirándola a ser posible a los ojos sin provocar, solo mirando de forma compasiva, sin juzgarla con la mirada, solo acogiendo a esa persona y a la rabia que expresa. En cualquiera de las otras emociones, pero en la rabia muy especialmente, es importante el autoconocimiento y el manejo terapéutico que la persona que acompaña tiene respecto a sus propias emociones. Esto es especialmente importante en el manejo de la rabia, para no sentirse herido o «tocado» con la emoción del otro.

LA PREOCUPACIÓN

> *He estado preocupado gran parte de mi vida*
> *por cosas que no han pasado nunca.*

El vocablo «preocupación» deriva de la palabra latina *praeoccupatio,* y se ha utilizado para designar la ocupación del pensamiento con algo que no se desea que suceda[16]. La persona preocupada[17] se halla inmersa en un problema al que le cuesta dejar de prestarle atención y que intenta solucionar en su imaginación, evaluando para ello diferentes alternativas. Este proceso puede durar minutos, horas, noches enteras o incluso años, y puede que la solución no se encuentre nunca.

La preocupación se activa ante situaciones que la persona prevé irresolubles, o que permanecen en el tiempo más de lo que desearía, y que le pueden generar un daño o una amenaza, ya sea a nivel material, físico, psicológico o espiritual. A veces la preocupación se enmarca en un intento de solucionar mentalmente un problema o un asunto cuyo resultado es incierto, pero que tiene consecuencias negativas potenciales para la persona. La preocupación puede desencadenar ansiedad, aunque la ansiedad no siempre conlleva preocupación (esta última se relaciona más con el sistema nervioso central que con la activación del sistema nervioso autónomo). La preocupación ante la muerte tiene que ver con la necesidad de seguridad, con la necesidad de saber lo que va a pasar en el tiempo y en el espacio: *«¿Podré comer mañana?», «¿Podré seguir controlando mi esfínter?», «¿Que les sucederá a mis seres queridos cuando yo no esté?», «¿Y si mañana mi estado de salud empeora?», «¿Se cansará de mí, teniendo en cuenta que ayer cuando estuve vomitando, puso mala cara».* «*Me han dicho que mi marido se va a morir ahogado,* comentaba la mujer de un enfermo con un cáncer de pulmón, *y no me lo puedo quitar de la cabeza. Pienso en cómo será su muerte, y no puedo dejar de pensar en ello. ¿Y si muere ahogándose, qué puedo hacer yo? No sé qué puedo hacer, pero estoy preocupado día y noche».* Otra persona que se había curado de la enfermedad decía: *«Tuve un cáncer, me dieron quimio, y hace cinco años que me dieron el alta, pues todas las pruebas me salieron bien. Pero yo sigo preocupada, porque en cualquier momento puede aparecer una recidiva»* (una recaída de la enfermedad).

Aunque durante algún tiempo la preocupación se equiparaba con la ansiedad, lo cierto es que la primera hace referencia a un estado cognitivo activo (actividad del pensamiento), mientras que la ansiedad se refiere más bien a una experiencia pasiva (un estado emocional perturbador, que en ocasiones es desencadenado por la propia preocupación).

Otra característica de la preocupación, demostrada experimentalmente, es que el intento de controlarla, el intento de suprimir el pensamiento indeseado puede generar un indeseable y paradójico efecto rebote.

Si quiere experimentar esto a nivel personal mediante un sencillo ejercicio, intente por un momento centrarse en la siguiente instrucción: *No piense en un oso blanco. No piense en un oso blanco. Intente no pensar en un oso blanco. Ni por dónde vive el oso blanco. Ni los oseznos que el oso blanco tiene. No piense en un oso blanco.* Y dese cuenta de lo que sucede. Es lo que se conoce como intención paradójica.

La preocupación no es ni buena ni mala. La preocupación no es positiva ni negativa. La preocupación indica que existe una dificultad, un peligro o un problema por resolver. La preocupación puede ser saludable en cuanto que activa los recursos del organismo para resolver un problema, si es que se trata de un problema que se puede resolver.

Sin embargo, hay veces en la vida en que el problema no se puede resolver. Y si no se puede resolver, entonces ¿qué se puede hacer? Matthieu[18] escribe: *"Si tengo un problema, yo hago todo lo que está en mi mano para resolverlo. Si el problema se resuelve, me alegra mucho. Pero si no se resuelve, entonces ¿por qué tengo que entristecerme o preocuparme?"*. Por otro lado, la falta de autoconfianza respecto a la resolución de problemas suele acentuar y prolongar los procesos de preocupación.

Entre las principales manifestaciones de la preocupación ante la muerte se pueden destacar las siguientes: A nivel físico, la preocupación ante la muerte puede provocar agitación, cansancio, inquietud física y cefaleas. En caso de niveles extremos de preocupación, puede aparecer también opresión o dolor torácico.

A nivel emocional, la preocupación se manifiesta a veces en forma de tristeza, apatía, miedo e incluso rabia. A nivel cognitivo, se repiten continuamente pensamientos como: *«Va a suceder algo horrible», «No sé cómo resolverlo», «Si hago tal cosa, malo. Si no lo hago, peor», «¿Cómo voy a hacer cuando pase lo que temo que va a pasar?», «¿Tendré una recaída de mi enfermedad?», «¿Y si…?»*.

A nivel conductual, la preocupación puede desencadenar insomnio y dificultad para estar en un solo sitio, agitación (la persona se mueve inquieta).

A nivel espiritual, la preocupación puede desencadenar desánimo, desesperanza y en casos extremos, sensación de vacío interior.

Algunas pautas para el acompañamiento a la preocupación ante la muerte son las siguientes: Ayudar a identificar la emoción; Aceptar que esa es la emoción que tiene la persona en ese momento; No intentar suprimirla; No decirle que no piense (eso es lo que la persona está intentando hacer y no le funciona); Estimular a la persona a que haga aquello que crea que ha de hacer o que pueda hacer en ese momento; Entrenar a la persona para que observe la preocupación o el pensamiento como lo que son (una emoción, un pensamiento). Una estrategia realmente útil es que aprenda a centrarse en el presente.

Algunas formas que ayudan a manejarse con la preocupación están basadas en estrategias que las personas ya utilizaban hace más de 6.000 años en los países asiáticos, y que ahora se emplean en occidente bajo el rótulo de *mindfulness*[19,20]. La base de estas técnicas consiste en trasladar la atención desde la preocupación a un elemento neutro, como por ejemplo la respiración, o las sensaciones perceptivas o corporales. El ejercicio consiste, entonces, en enfocar la atención hacia ese elemento, sin juzgar. Cuando aparece el pensamiento, el ejercicio no es el de «pelearse con él», sino contemplarlo como un evento mental y sólo como tal, sin darle más fuerza. Entonces sucede que el pensamiento pierde fuerza, deja de tenerla. Cuando las personas se percatan de que el pensamiento es solo pensamiento, este pierde fuerza, y la persona empieza a encontrarse mejor.

A algunas personas les ayuda visualizar el pensamiento como nubes en el cielo. Sobre un cielo despejado, empiezan a aparecer algunas nubes. Unas son más blancas y otras más negras, como nubarrones. Algunas de ellas, si se miran bien, tienen formas que se asemejan a objetos que conocemos, e incluso pueden parecer dragones, personas, caras o animales. Vistas así, las nubes podrían generar miedo al observador. Pero lo cierto es que las nubes son solo nubes. Las nubes están un tiempo en el cielo y después se van, se disuelven o desaparecen.

También puede ayudar imaginar los pensamientos como peces en un acuario. Los peces suben y bajan. Se meten entre las plantas y piedras y salen de ellas. El que mira el acuario, mira los peces y sigue su camino con la vista, pero no se mete dentro del agua. No es el pez, no es el pensamiento.

Le propongo el siguiente ejercicio de percibir:

Colóquese en posición sentada. La espalda en una postura vertical, derecha, y el cuello lo más posible alineado con la columna. Pruebe a dejar las manos sobre el regazo o sobre la parte superior de los muslos. Si ello no fuera posible, también podría hacerlo permaneciendo en posición horizontal, en una línea lo más recta posible, con los brazos a lo largo del cuerpo, las manos con las palmas hacia arriba, las piernas estiradas y los pies ligeramente caídos hacia afuera. En ninguna de las posturas forzando la situación. Solo permitiendo que la posición corporal se produzca. Sin obligar al cuerpo. Solo permitiendo.

En esa posición ahora céntrese en lo que es capaz de percibir a través de los oídos. No juzgue, ni critique, ni valore, ni rechace, ni etiquete. Simplemente dese cuenta de lo que percibe. En algunos lugares le llaman la percepción pura. No trate de pensar en el sonido. Solamente perciba el sonido. E incluso perciba el silencio que hay más allá del sonido. ¿Qué percibe ahora a través de los oídos? Y permítase tomarse un tiempo para percibir.

Dese cuenta ahora de lo que percibe a través de los ojos, si los tiene abiertos o la luz que percibe a través de los párpados, si los tiene cerrados. Observe las formas, los tamaños, los colores, y no los etiquete. Simplemente qué percibe a través de los ojos. No se trata de pensar en lo que ve. No juzgue, no critique, no rechace, ni siquiera intente quedarse con esa sensación que se produce a través de la vista ¿Solo qué percibe?

Pase ahora a la percepción a través del olfato. ¿Qué huele? Y quédese con las sensaciones olfativas que es capaz de percibir. Observe aspectos, pero no los etiquete, ni los juzgue, ni intente separarse o quedarse con ellos. Sólo perciba. Solo percepción, olfativa en este caso.

Preste atención a la boca y a lo que percibe a través de

la boca. A su lengua y a cómo está situada en la cavidad bucal. Si está pegada al paladar o descansa en la base. De la saliva que hay en la misma. O de la poca saliva que hay. Y dese cuenta de lo que percibe, de las sensaciones que es capaz de percibir. Sin juzgar, ni valorar, ni interpretar, ni criticar, ni etiquetar. Sólo percibiendo. ¿Qué percibe ahora a través de la boca?

Y observe ahora sus hombros. Observe como están situados sus hombros en una línea paralela al suelo si está en posición sentada o en una línea perpendicular a la columna si esta en posición acostada. Si no lo están tampoco tiene que hacer nada. Sólo darse cuenta. Sólo percibir. ¿Cómo están los hombros ahora?

Siga ahora prestando atención a la respiración, a cómo el aire entra y sale. No fuerce la respiración. No intente hacerla más superficial o más profunda. Solamente observe la respiración. No se trata de pensar en cómo respira. Solo percibir la respiración. Cuando entra el aire, ser consciente de que entra y cuando sale, ser consciente de que sale. Sin juzgar el movimiento, ni valorarlo, ni interpretarlo, ni juzgarlo, ni etiquetarlo. Solo prestando atención a la respiración. ¿Cómo respiro ahora?

Y preste atención a los movimientos abdominales que en ocasiones son casi imperceptibles. Si quiere puede ayudarse colocando una mano encima del ombligo, como si el abdomen fuera una ola y la mano fuera una tabla. Y cuando la ola sube, la madera sube y cuando la ola baje, la mano baja. No intente forzar la respiración abdominal. Solo siga con el movimiento de la tabla la ola. Sin intentar que la ola sea más alta o mas baja. La ola es como es y el único trabajo de la tabla es seguir los movimientos de esa ola. Y cada ola es única. Y cada movimiento es único. Es el primero y el último.

Y ahora, tome conciencia de cómo está. Perciba cómo se encuentra ahora…..

LA ANSIEDAD

La ansiedad es una respuesta del organismo que tiene una función activadora y protectora para el mismo, siempre que se mantenga en un cierto equilibrio. La ansiedad ante la muerte está relacionada con la anticipación y el miedo a la misma, así como con las alteraciones físicas, emocionales y relacionales que comportan el hecho de morir, y con la preocupación por el impacto cognitivo y emocional que el proceso de la muerte puede generar. La persona que está muriendo se da cuenta de la limitación del tiempo entre nacimiento y muerte, y además le preocupan también el estrés y el dolor que acompañan a la incapacidad y a la enfermedad en el proceso de morir.

Algunas de las principales manifestaciones de la ansiedad ante la muerte son las siguientes: A nivel fisiológico, la ansiedad ante la muerte puede desencadenar taquicardia, alteración de la respiración, problemas de sueño, tensión muscular, fatiga, cansancio profundo, cefaleas, problemas gastrointestinales, opresión torácica, opresión en las sienes, etc.

A nivel emocional, puede relacionarse con la aparición de tristeza, culpa, miedo, rabia, indefensión, desesperanza, pérdida del control o pérdida de las ganas de vivir.

A nivel cognitivo, puede aparecer en forma de pensamiento repetitivo (pensamiento no productivo, intrusivo o dicotómico), sobregeneralizaciones, culpa desproporcionada, pensamiento profético catastrofista, anticipación del sufrimiento, etc.

A nivel conductual, se puede manifestar en forma de irritabilidad, agresividad, pasividad, rigidez, inercia, dejarse llevar, abandono o baja adhesión al tratamiento. A nivel relacional, la ansiedad ante la muerte puede derivar en aislamiento o en el incremento del conflicto con los demás.

Asimismo, la activación mantenida del estrés produce fatiga, cansancio, cefaleas y problemas de sueño.

Y a nivel psicológico, se relaciona con la aparición de puntos de vista dogmáticos y pensamientos repetitivos (pensamientos no productivos, que la persona percibe como intrusivos, y que dificultan la atención, la concentración y la memoria). Se sabe como el estrés crónico modifica la plasticidad del hipocampo, que tiene un papel vital en la memoria, afecta a las funciones cognitivas y la neurogénesis.

Todo ello hace que disminuya la capacidad de la persona para resolver problemas.

Así ocurre, por ejemplo, cuando una persona que tiene un malestar o un dolor debido a la enfermedad, y empieza a pensar: *«Esa molestia es algo horrible»*, *«No me debería estar sucediendo esto»*, *«Nunca se me irá este dolor»*, entonces se activa el sistema nervioso simpático, se produce una descarga de adrenalina y la persona está más tensa, con más taquicardia, más fatigada y más cansada. Todo ello le puede conducir, previsiblemente, a aislarse o a estar irritada con la familia que la rodea, lo cual incrementará los conflictos e incrementará su propia sensación de angustia. La persona puede pensar, entonces: *«Nadie me entiende»*, *«Esto no se me va a quitar nunca»*, lo cual va a retroalimentar la ansiedad por la que comenzó el ciclo.

Algunas pautas para el acompañamiento en la ansiedad ante la muerte son las siguientes: Reconocer los signos y los síntomas de la situación *«¿Qué me está pasando ahora?»*; Entrenar la detección del pensamiento y las estrategias cognitivas *«¿Qué estoy pensando ahora?»*; Entrenar la identificación de las manifestaciones de ansiedad que resultan incapacitantes para la persona; Entrenar la capacidad de separarse de ellas, y aprender a manejarse con las mismas a través de técnicas de inteligencia emocional y de reestructuración cognitiva *«Ahora tengo taquicardia y lo que puedo hacer es centrar la atención* en la respiración», «*Lo que me está pasando ahora es que estoy con ansiedad*», «*Cada vez que respiro de forma pausada, me tranquilizo*»; Entrenar la resolución de problemas y la realización de actividades placenteras «*¿Con qué cosas, de las que hago, me encuentro mejor?*», «*¿Cuándo me encuentro mejor, cuando hablo con alguien o cuando estoy en silencio?*». Asimismo, entrenar las habilidades sociales puede coadyuvar a seguir manteniendo la percepción de control y de salud dentro de ese proceso de la vida que es el morir.

También las técnicas de relajación, las técnicas de respiración abdominal y las técnicas de conciencia plena o *mindfulness* (técnicas que están incluidas en las llamadas *terapias de conducta de tercera generación*) pueden ayudar a las personas a reducir la activación del sistema nervioso simpático, y a mejorar por tanto su percepción de control, su percepción de salud y su estado de ánimo. Asimismo, el contacto físico y la *presencia silenciosa*, suele ser de gran ayuda en todo el proceso. Estar presente sin hacer nada visible, estando atento, sosegado, en calma y en un proceso de aceptación de lo que está sucediendo en ese momento.

Por otra parte, cuando la ansiedad se convierte en no adaptativa y aumenta tanto el malestar en la persona, que genera muchas dificultades es posible e incluso conveniente plantearse una intervención psicológica o incluso psiquiátrica.

LA CULPA

A lo largo de la vida, la *culpa real* está relacionada con comportamientos u omisiones que la persona valora como no adecuados, en cuanto que trasgredieron unos valores morales, sociales o religiosos. La *culpa imaginada*, por su parte, tiene que ver con el establecimiento de una conexión ficticia entre un determinado acontecimiento y la acción de una persona, o la mera presencia de esa persona, aunque no exista ninguna relación tangible entre ambas cosas: *«Me merezco lo que me está pasando ahora, porque hace años no me comporté bien»*, o *«Desde que tú naciste atravesamos dificultades»*, o *«Si estoy enfermo es culpa tuya»*, *«Si no te estás quieto me va a doler la cabeza»*. Independientemente de que la culpa sea real o imaginada, e independientemente de que la culpa tenga que ver con comportamientos propios o de terceras personas, la culpa genera consecuencias en la persona que asume la existencia de esa culpa. Y lo que ocurre con la culpa es que requiere ser redimida. La culpa requiere redención: *alguien tiene que pagar por ello*.

Ante la enfermedad y ante la muerte, la culpa es una de las emociones que aparecen con bastante frecuencia. Muchas personas manejan la idea de que, cuando aparece la enfermedad o la muerte, alguien tiene que ser el culpable. Y la persona puede culpabilizarse o culpabilizar a otros.

Algunas de las principales manifestaciones de la culpa ante la muerte son las siguientes. A nivel físico, la culpa se puede traducir en falta de energía, cansancio y abatimiento.

A nivel emocional, la culpa ante la muerte se puede traducir en tristeza, apatía, desgana y baja autoestima.

A nivel cognitivo, la culpa propicia la aparición de pensamientos como: *«No tendría que haber hecho eso»*, *«No tendría que haber dicho eso »*, *«Debería de haber hecho tal cosa, en lugar de tal otra»*, *«Alguien tendría que castigarme por esto»*, *«Me merezco lo que me pase»*, *«Habría obrado mejor si hubiera optado por ese otro camino»*, *«Estaría mejor muerto»*, *«Ojalá no saliera de esta situación»*, *«Los demás no me entienden»*.

A nivel conductual, la culpa ante la muerte puede derivar en aislamiento, búsqueda de aprobación, y en ocasiones conductas de riesgo (no abrocharse el cinturón de seguridad, correr por encima de los límites permitidos, abuso de sustancias, deportes de riesgo, no buscar asistencia sanitaria cuando se necesita, no seguir los tratamientos médicos prescritos, etc.).

A nivel relacional, la culpa puede provocar aislamiento.

Y a nivel espiritual, la culpa puede llevar a un rechazo de todo lo que represente lo espiritual para esa persona.

"Una mujer casada de treinta y ocho años, que mantenía una relación afectiva y sexual fuera de la pareja, descubrió en la autoexploración mamaria una retracción del pezón (un posible indicador de una tumoración). En el momento en que tomó conciencia de aquella anomalía, se dijo a sí misma: *«Me está bien empleado. Este es el castigo por mi relación extramatrimonial».*" Esta mujer no acudió al médico para buscar tratamiento hasta siete meses después de encontrar la retracción.

Las pautas para el acompañamiento en la culpa ante la muerte empiezan por la capacidad de descubrir si se trata de una culpa real o imaginada. Entonces, en el caso de que la culpa sea real, el primer paso es aceptar el hecho, aceptar lo que sucedió, y pedir perdón por nuestro comportamiento, lo cual tiene que ver con el reconocimiento de que somos seres humanos limitados, de que nos equivocamos y de que lamentamos lo que sucedió. El segundo paso es preguntar a la persona o personas afectadas cómo podemos resarcir el daño causado, teniendo en cuenta que no es posible cambiar el pasado, y que por tanto, si algo hay que restaurar habrá que hacerlo siempre desde el presente. El tercer paso es perdonarse a uno mismo, para recuperar una situación de equilibrio a nivel psicológico. Si no soy capaz de perdonarme, la culpa seguirá apareciendo una y otra vez. Todo este proceso funciona solo desde la autenticidad, la honestidad y la coherencia. El último paso es particularmente importante, si en verdad la persona quiere volver a encontrar su equilibrio, su homeostasis: si la persona no es capaz de perdonarse, es posible que *entre en pensamiento de tipo bucle que se repita una y otra vez.*

En el caso en que la culpa sea imaginada *«Estamos mal desde que tú naciste»*, *«Tenemos dificultades desde que tú estás aquí*», «*Tú deberías haber evitado que yo fumara"*, "*Eres el responsable de que yo esté mal, o de que beba o de que haya enfermado*», entonces una buena estrategia para librarse de la culpa y volver a la vida es aprender a poner a la culpa en su lugar: reconocer que una persona no es culpable por el hecho de haber nacido; de que otra persona enferme; porque sus padres tuvieran dificultades para criarla; que no es culpable por el hecho de no ser capaz de evitar que otra persona tenga una conducta de riesgo.

En ocasiones, sólo el identificar la culpa, el verbalizarla a alguna persona sensata que escuche sin juzgar, o poderla escribir para luego leerla, pueden liberar a la persona que se siente culpable de esa carga no real que ha asumido. Puede ayudar plantearse de forma honesta: *¿Cómo esa culpa es realmente mía?, ¿Cómo puedo ser responsable de las enfermedades o de las dificultades de otra persona?*

También un trabajo de Gestalt o de imaginación guiada pueden ayudar a resolver y restaurar el equilibrio emocional perdido debido al sentimiento de culpa **no** real. Es posible que, para algunas de estas actividades, también se precise el apoyo o la intervención de un psicoterapeuta.

LA NEGACIÓN

La negación es un mecanismo de defensa primario, generalmente inconsciente e involuntario, que se utiliza cuando no se dispone de otro mecanismo de defensa más efectivo. La negación aparece cuando la realidad es demasiado dolorosa y amenazante para ser escuchada. La negación permite distanciarse de la amenaza y disminuir el impacto de la realidad, basculando generalmente entre el conocimiento del hecho y la conciencia de que se trata de una amenaza. Dependiendo del caso, la adopción de una estrategia de negación para evitar el dolor (lo que se llama una *estrategia de evitación*) puede llegar a generar más dolor del que se trataba de evitar, o puede convertirse en una forma eficaz de manejar una situación. Pero hay otras situaciones, en efecto, en que la negación permite al enfermo mantener el *locus de control*, en lugar de dejar que el control esté en manos de la enfermedad o del personal médico-sanitario. Así por ejemplo, cuando la negación se realiza sobre un pronóstico de vida, esta estrategia puede constituir una respuesta incluso saludable para la persona que la emplea. Una mujer se negaba a aceptar el pronóstico emitido por los oncólogos, que le pronosticaban que iba a morir en tres meses. En el capítulo 4, está reflejado como a esta mujer, la negación le ayudó en su proceso de vida.

Entre las principales manifestaciones de la negación ante la muerte podemos destacar las siguientes. A nivel físico, la negación ante la muerte puede derivar a veces en cansancio y abatimiento, y otras veces en una sensación de mucha energía. A nivel emocional, la negación ante la muerte puede suponer que no se muestran emociones relevantes, o bien un aumento de la irritabilidad. A nivel cognitivo la persona puede decir (y puede decirse) cosas como: *«Esto no está pasando»*, *«Esto no me puede estar pasando a mí»*, *«No es posible que yo me muera ahora»*, *«¿Qué sabrán los médicos?»*. A nivel conductual, la negación ante la muerte puede hacer que la persona se comporte como si no sucediera nada, o incluso que muestre conductas hiperactivas. A nivel relacional, puede derivar en conflictos interpersonales.

Algunas pautas para el acompañamiento en la negación ante la muerte son las siguientes: Identificar la actitud de negación y mantener una actitud de flexibilidad hacia ella. Al hablar con esta persona, no focalizar la interacción en la negación, ni tratar de obligar a la persona a que acepte lo que sucede, sino tratar de gestionar el dolor (es decir, la amenaza que le genera ese mecanismo de defensa); no confrontar a la persona, si esta se defiende e insiste en no aceptar lo que le sucede; tomar nota de aquello que la persona niega para ver cómo evoluciona el proceso[21]. La persona está en todo su derecho a enfadarse o a estar irritada con el entorno, y a no aceptar lo que está sucediendo. La negación ante la muerte no constituye algo que la familia o el personal sanitario puedan evitar, aunque sí puede resultar terapéutico aceptar el hecho de que la persona, por ahora, no admite lo que le está sucediendo. Y una vez aceptado ese hecho, podamos seguir acompañando a la persona en su proceso, sea cual sea su final.

SUFRIMIENTO

El sufrimiento es la sensación de amenaza que experimenta la persona en el proceso de la enfermedad y la muerte, junto con el sentimiento de impotencia. Generalmente, el sufrimiento se percibe como algo malo, como algo desagradable, algo que no debería de tener la persona, que no debería de existir. Y cuando aparece el mismo, se intenta evitarlo. Pero no sólo los profesionales. El mismo Buda ya intenta aliviar el sufrimiento, quinientos años a. de C. El sufrimiento[22] es un complejo estado afectivo, cognitivo y negativo caracterizado por la sensación que tiene el individuo de sentirse amenazado en su integridad, debido al sentimiento de impotencia para hacer frente a dicha amenaza, y al agotamiento de los recursos personales y psicosociales que le permitirían afrontarla. Una persona sufre[23] cuando acontece algo que percibe como una amenaza importante para su experiencia personal u orgánica, y al mismo tiempo siente que carece de recursos para hacerle frente. Esta definición se asemeja bastante a la de Lazarus[24,25] cuando habla del estrés: el estrés es el resultado de una relación entre el sujeto y el entorno, que es evaluado por este como amenazante o fuera del alcance de sus recursos, y que pone en peligro su bienestar. Por último, también es cierto que[26] el sufrimiento puede, al fin y al cabo, enseñarnos compasión, pues nos hace conscientes de nuestra fragilidad, de nuestra debilidad, de nuestras limitaciones.

En algunos aspectos es parecido al duelo, pues en ambos se desmontan la ilusión de fortaleza, de integridad, de todo poder, de posesión del otro, de posesión incluso del propio cuerpo. El sufrimiento constituye una amenaza a la identidad que se había construido a lo largo de la vida. En las tradiciones de sabiduría, es el resultado de la separación entre lo que la persona cree que es y lo trascendente que está en cada uno y en esa experiencia está la posibilidad de apertura a un nuevo espacio de conciencia, que surge tras la trascendencia liberadora del mismo.

Las tareas de acompañamiento en el sufrimiento ante la muerte vienen a ser un resumen de las anteriores y una ampliación de estas: Para empezar, aceptar lo que está ocurriendo, desapegarse y entregarse a la experiencia; Ayudará también, identificar los niveles de ansiedad que aparecen en la misma; Gestionar las ideas malsanas que distorsionan el proceso; Reparar daños, poner orden y finalizar todo aquello que la persona considere no acabado. Se necesita ya no una escucha activa, sino una escucha profunda, hasta poder contactar con ese sufrimiento de la persona y estar con el, acompañando. Y aquí otra vez, quitándose de en medio. Estando junto a la persona, mirándola ya no con los ojos de la cara. Escuchándola ya no con los oídos. Percibiéndola no de forma parcial, sino de manera global. Percibiendo su dolor, el sufrimiento que está experimentando. Y compartiendo que nos hemos hecho eco de el. Que lo acogemos, que lo acariciamos y que a pesar de no hacerlo nuestro, podemos sostenerlo en el dolor.

Lo que quiero expresar está muy bien recogido por Valmiki[27]. *"Me gustaría vivir solo en una ermita pequeña con el techo de paja, construida a la sombra del bosque de pinos. Viviendo en esta cabaña, si un niño cayera* enfermo en el este, iría a curarlo. *Si una madre estuviera fatigada en el oeste, iría a ayudarla y a darle masajes en los hombros. Si hubiera un moribundo en el sur, iría a decirle que no se preocupara, que no tuviera miedo de* la muerte. Pero si muriese, lloraría con una profunda compasión por él y por su *familia. Si en el norte hubiera una querella, iría a detenerla, y diría: No pelearos. Combatir no sirve de nada. Aunque algunos me criticasen y me tratasen de estúpido, no me entristecería. Aunque otros me admirasen como a una buena persona, no me alegraría. Espero ser así algún día".*

Por último, otras tareas importantes son cubrir las necesidades físicas, psicológicas y espirituales de la persona que muere, evitar las interferencias externas, aliviar el dolor físico, liberarse de los apegos, y en algunos casos, cuando se pueda y la persona esté preparada, incluso aprender de la experiencia. Y evidentemente, aunque enunciemos estas tareas de forma separada, conviene recordar que cada una de ellas influye e interacciona con las demás, y habrán de ser tenidas en cuenta todas ellas de forma conjunta, a fin de ofrecer una intervención y un acompañamiento global, holístico y que resulte terapéutico.

¿QUÉ DIFICULTA Y QUÉ FACILITA MORIR EN PAZ?

> *Hay dos comportamientos*
> *que conducen a la enfermedad.*
> *El primero es el lamento*
> *El segundo es la crítica*
> Principio de medicina ayurvédica

Hemos venido señalando en los apartados anteriores distintos factores que influyen en el proceso de morir, y ahora vamos a subrayar de nuevo algunos de los que dificultan[28] y los que facilitan a nuestro juicio. Así, un primer factor que puede dificultar significativamente el proceso de morir lo constituye el conjunto de creencias, filtros o ideas que la propia persona tenga sobre lo que significa la muerte y morir. No en vano, la Organización Mundial de la Salud indica que las expectativas que las personas tienen sobre su propia salud influyen de forma significativa en ella. Así por ejemplo, si una persona cree que morir tiene que ser algo doloroso, entonces es posible que cuando sienta dolor no pida ayuda a los servicios sanitarios, pensando que lo que le pasa es lo normal: «Si lo normal es morir con dolor, entonces ¿para qué pedir ayuda? Lo que tengo que hacer es aguantarme». De este modo, las expectativas de esa persona están condicionando su conducta, y las consecuencias de esa conducta están reafirmando a su vez las expectativas iniciales de esa persona. También pueden influir, por razones más o menos parecidas, las ideas que tengan sobre la muerte los familiares cercanos a la persona que está muriendo, así como el personal sanitario que está al cargo de su cuidado.

Otro factor importante que puede dificultar el proceso de morir es la existencia de emociones no expresadas en la persona o en su familia (es decir, los miedos, culpas, resentimientos, tristeza, rabia o preocupación, que las personas están experimentando en esos momentos, pero cuya expresión reprimen, para que no se les note lo que están sintiendo). También es un factor que dificulta el apego excesivo a las personas, a las situaciones o a las cosas, así como la dependencia emocional. Otro elemento es un nivel excesivo de ansiedad y la incapacidad para manejarla, tanto de la persona que está muriendo como de su familia. Y otros son el propio dolor físico, así como el malestar psicológico y el conflicto espiritual, y también el conjunto de necesidades no cubiertas que pueda haber en esos mismos tres niveles (físico, psicológico y espiritual).

Otro factor que no facilita el proceso de muerte son las interferencias externas, como puedan ser los ruidos en la habitación y las personas que entran y salen de esta. Con frecuencia ocurría que el personal médico-sanitario entraba y salía de la habitación de forma intermitente para atender sus diferentes tareas (tareas de enfermería, tareas de revisión médica, tareas de limpieza de la habitación y demás). Pero esto lo hacían así, generalmente, teniendo en cuenta las necesidades organizativas del servicio, pero sin considerar las necesidades de la persona que moría y de su familia. Cada vez más se tienen en cuenta estas necesidades y encuentran la forma de planificarse para poder realizar todas esas tareas de forma organizada, minimizando el impacto que esas entradas y salidas puedan tener para la tranquilidad del enfermo y sus acompañantes.

Otro factor que puede dificultar el proceso de muerte, y del que ya hemos hablado anteriormente, son los asuntos no resueltos. En ocasiones la persona necesita pedir perdón por algo que hizo en el pasado, y que en ese momento siente la necesidad de reparar, para reequilibrar la relación que quedó desequilibrada, para «sanar» esa relación antes de morir. También sucede con cierta frecuencia que una persona que está en proceso de morir, y cuyas constantes vitales no son ya compatibles con la vida, mantiene sin embargo un hilo de vida hasta que no llega un familiar con quien tenía algún asunto pendiente. Y justo al poco tiempo de llegar este, la persona se muere. Esto ocurre incluso en casos en los que la persona está en coma y «no se está enterando de lo que pasa», como hemos comentado anteriormente.

¿Qué necesitan los seres humanos para morir? ¿Qué les ayuda a morir en paz? ¿Qué aspectos facilitan que ocurra una muerte en calma, una *muerte clara*? Como ya dijimos en el Capítulo 1, los seres humanos necesitan de una forma muy especial amor y afecto, y esto se mantiene a lo largo de toda la vida, desde el mismo momento del parto, y es preciso también en el último momento de nuestra vida, cuando la persona está muriendo. Cuando las personas mueren necesitan ser acogidas en ese momento, ser sostenidas, abrigadas, confortadas mientras están vivas y ser tratadas con afecto.

Además, a las personas les ayuda, en general, sentirse queridos, estimados, ser tranquilizados cuando están agitados, y poder estar próximas a las otras personas que quieren. Todo esto se aplica también para el momento en el que está muriendo. Y las personas que están en ese proceso también agradecen ser tocadas de forma respetuosa, que les proporcionen contacto físico de forma cálida, cordial, dulce, no invasiva. También facilita bastante, en el proceso de la muerte —al igual que a lo largo de la vida— el hecho de compartir con las personas que quieren sus emociones, sus intuiciones, sus vivencias y sus pensamientos. La posibilidad de compartir el propio mundo interior con otra persona que simplemente la escuche, sin juzgar, le proporciona seguridad y bienestar, sobre todo cuando las emociones no son agradables. Necesita ser escuchada. Ser importantes para el otro. Que el acompañante pueda expresar, de forma auténtica: *«Te consagro mi tiempo y atención. Te estoy consagrando mi tiempo, ahora. Eres importante para mí, ahora, en este momento. Incluso en este momento en el que te estás muriendo».* Cuando esta intención es auténtica y profunda entonces *se llega bien dentro*, se conecta en profundidad con la persona que está en el proceso de la muerte. Igual que en el día a día supone un alivio el poder contar con la atención del otro, con su disponibilidad, con la presencia de esa otra persona en una relación próxima —en una relación de respeto, de presencia plena—, todo ello alivia también en el momento de la muerte.

Es preciso también poder seguir el propio ritmo, pues cada persona tiene el suyo. Incluso podemos necesita reír en complicidad con la otra persona, y ser capaces de reír juntos. El sentido del humor puede ser una herramienta muy útil, incluso en esa situación, siempre que aparezca de forma espontánea, sin forzar. Y también necesita, en ese proceso de muerte, ser capaces de estar junto al otro sin apropiarse de él. Hace aproximadamente cien años, el poeta libanés Khalil Gibran[28] expresó con claridad la idea de cercanía sin pertenencia, la esencia del amor no posesivo, al hablar de los hijos:

Tus hijos no son tus hijos.
Son hijos e hijas de la vida,
deseosa de sí misma.
No vienen de ti, sino a través de ti;
y aunque estén contigo,
no te pertenecen.

"Un hombre de 45 años decía de forma agradecida, antes de morir: *«Ya está, he tenido una buena vida. Ahora me puedo ir tranquilo».*" Para algunas personas, el agradecer a la vida el haber disfrutado de ella y la buena muerte, van unidas. Si estas personas dan gracias a la vida es porque se percatan de que esta vida que tenemos no nos viene de forma obligada: la vida es algo que tenemos, pero la vida no es nuestra. Si siquiera nuestra propia vida es realmente «nuestra». La vida es algo que tenemos, y que tenemos durante un tiempo determinado, nada más. Igual que nuestras cosas no son tampoco realmente «nuestras» (no nos las podremos llevar cuando muramos). Percatarse de esto es darse cuenta de que en cualquier momento podemos dejar de estar vivos, de que en cualquier momento podemos morir. Percatarse de esto es darse cuenta de que la gente que más queremos en esta vida puede morir en cualquier momento: nuestra pareja, nuestros padres, nuestros hijos o nosotros mismos. Y ante todo esto podemos preguntarnos: *«¿Qué estoy haciendo con mi vida ahora? ¿Qué quiero hacer ahora que estoy vivo? ¿Qué quiero decir ahora a la gente a la que quiero?».*

Algunas de las personas que están muriendo

quieren poder compartir su vida y sus recuerdos con las personas cercanas y queridas; quieren transmitir su sabiduría, lo que ellos han aprendido de la misma; quieren poder transmitir su forma de ver la vida, su cosmovisión, la visión que ellos tienen del mundo; quieren poder repartir sus objetos personales, y de la forma concreta que ellos desean; quieren arreglar sus relaciones antes de morir con sus seres queridos y también con la idea que ellos tienen de la Divinidad llámese, Dios, Alá, Buda, Yahvé, Universo, Vacío, o Nada. También quieren asegurarse de que las personas queridas van a estar bien, no van a sufrir, no van a tener un dolor insoportable por su muerte.

Quieren poder finalizar su historia en sus propios términos. Poderle poner el FIN que ellos desean a la vida, a su vida, para morirse en paz.

Y todo ello, facilita en gran manera el que puedan morir en paz.

4
ACOMPAÑAMIENTO TERAPÉUTICO EN LA MUERTE

Además de las indicaciones para el acompañamiento que hemos ido desgranando respecto de cada una de las emociones, actitudes y estados en el proceso de la muerte, en este capítulo vamos a profundizar sobre las distintas habilidades en el mismo, con el objetivo de **no añadir** más dolor, al que la persona o su familia tenga en ese momento.

COMO SE INTERFIERE

La muerte representa
la última e inevitable destrucción
de aquello a lo que más apegados estamos:
nosotros mismos.
Sogyal Rimpoché[1]

Muchas de las formas de acompañar de forma saludable en el proceso de la muerte, así como muchas de las formas de interferir durante el mismo, están relacionadas con el uso de la palabra. La importancia de la palabra y la comunicación son enormes. Con frecuencia, el personal médico-sanitario pone su empeño en las técnicas de evaluación, diagnóstico y tratamiento, pero no en la forma en que comunica dicha información al enfermo y a sus familiares. Es muy importante para ellos, el modo en que el profesional les habla, el tono que emplea y las palabras que usa para dirigirse a ellos, en definitiva, las habilidades de comunicación que utiliza.

Habitualmente cuando las personas están en una situación de enfermedad y más si la enfermedad es grave o se sospecha que lo es, la figura del profesional adquiere una relevancia fundamental y lo que les diga y sobre todo el modo que utilice, la forma como se comunique con ellos les puede impactar durante mucho tiempo, de forma favorable o desfavorable.

En una conferencia sobre comunicación, el ponente estaba enfatizando la importancia de la palabra en las relaciones humanas, cuando un asistente levantó la mano y le interpeló:

—Pues yo no estoy de acuerdo con lo que usted dice. La verdad es que no veo que la palabra tenga tanta importancia.

Al escuchar esto, el conferenciante respondió de forma abrupta y despectiva:

-¡Cállese, hombre!

Entonces el asistente se levantó de su asiento y se puso a vociferar, lleno de rabia, diciendo que qué se había creído, y que esas no eran formas de tratar a la gente. Rápidamente, el conferenciante volvió a aproximarse al micrófono y dijo:

-¡Perdón, no sé qué me ha pasado! Me arrepiento totalmente de lo que le he dicho, no volverá a ocurrir.

Entonces el oyente se tranquilizó, aceptó las disculpas y volvió a sentarse en su asiento.

Cuando el orador retomó la palabra, dijo:

-¿Ha visto usted? Han bastado unas palabras para que se exalte, y han bastado unas palabras para que se calme.

La importancia de la palabra también está recogida en este otro cuento antiguo.

El emperador preguntó a su chamán:

-¿Qué es el cielo y qué es el infierno?

Y éste le contestó:

-Desde luego, majestad, no pregunta usted más que tonterías.

El emperador, enormemente irritado por esta respuesta, echó mano al sable que llevaba, lo sacó de su funda y lo extendió sobre la cabeza del chamán en ademán de partirla en dos. Entonces este dijo rápidamente:

-Ved, majestad, esto es el infierno.

El emperador se detuvo pensativo, respiró profundamente, volvió a enfundar el sable y se sonrió.

-Y esto, majestad, dijo el chamán, es el cielo.

Los estereotipos son falsas concepciones o creencias que actúan a modo de clichés en el acercamiento a un fenómeno, grupo social u objeto. Un acompañamiento saludable se dificulta por el uso de frases estereotipadas, que revelan distintos estilos de intervención ante el otro. En este caso figuran numeradas, aunque ello no implique el orden de importancia en la distorsión de la comunicación:

1) Intervenciones que niegan los hechos o las emociones que surgen ante la situación.

2) Que le indican al interlocutor como tendría que estar, pensar, sentir o actuar.

3) Sugerencias de culpabilización al intentar hacer creer al acompañado, que la expresión de su emoción va a hacer que el estado emocional del acompañante empeore.

4) Comentarios interpretativos respecto del comportamiento del otro.

5) Críticas, "etiquetas" o juicios de valor, a la persona respecto de sus pensamientos o comportamientos.

6) En la fase del duelo, se expresan comentarios o creencias personales respecto de lo que le pasa a la persona que ha muerto o con lo que le va a suceder al familiar en el futuro.

En el primer caso, la familia, los amigos, las personas que acompañan al otro en ese momento, utilizan estereotipos de negación de los hechos diciendo cosas como: «No pasa nada», «Todo está bien», o «No hay de qué preocuparse». Y es que una de las formas de manejarse con el dolor que se prevé que va a generar en el receptor la noticia, es invalidarla o no tenerlo en cuenta. Lo que presupone esta forma de comportamiento, es que si no se tiene en cuenta la emoción del receptor, su dolor será menor. Y eso se supone que será así, tanto para el que tiene la dificultad, como para el que acompaña. Aunque cuando la experiencia demuestre que cuando se niega la expresión de emociones, el problema no solo no desaparece, sino que se incrementa.

"En la muerte de Iván Ilich, el relato clásico de Tolstoi, dos cosas disgustan a Iván cuando está muriendo. Una, que la familia, los compañeros y los médicos no quieran darse cuenta de que él se está muriendo y en lugar de eso pretenden que esté tranquilo y que se someta al tratamiento, en lugar de contemplar la posibilidad, de ver siquiera, que se muere. Es la negación de la muerte. Es el pensamiento mágico "si niego que algo esté pasando, no existe". La otra es que excepto uno de sus criados, Gerasim, nadie le mostraba afecto, nadie le mimaba, nadie le "popaba", nadie le consolaba".

La segunda forma de dificultar ese acompañamiento es cuando se utilizan estereotipos para decirle a la persona cómo tiene que estar, sentir, pensar o hacer en estos momentos. Cuando se expresan manifestaciones como: *«Ahora tienes que ser fuerte», «Calla, mantén las apariencias», «No sufras, ha sido para bien», «No te preocupes», «No llores», «No te enfades», «No tengas miedo», «Contrólate, no te desmorones», «Hay que hacer de tripas corazón», «Resígnate», «Sé valiente», «Sé fuerte», «Hazlo por los tuyos», «Intenta distraerte un poco», «Pásatelo bien», «Si lo piensas bien, hasta tendrías que estar contenta o contento», «Da gracias a que tienes otros hijos u otra familia»* …, y en definitiva, lo que se expresa es: No sientas lo que sientes. No sientas lo que estás sintiendo en este momento. Compórtate de la manera concreta que yo considero que es saludable para ti.

En tercer lugar, se utilizan estilos que intentan que el otro no sienta lo que siente, utilizando la culpabilización al decirle a la persona que está enferma o muriendo, que si expresa sus emociones van a hacer al que acompaña, estar peor, preocuparse más, estar más triste, o más angustiado. *«Si tu lloras, yo me voy a sentir mal»*, *«Si estás preocupado, tu familia, se sentirá muy mal»*, *«Estate tranquilo, para que nosotros estemos bien»*. El mensaje en este caso es no pienses en ti. Piensa en mi.

En cuarto lugar, cuando se utilizan ideas interpretativas respecto de las causas finales de lo que está sucediendo: *«Esto te está pasando para que aprendas»*, *«Esto te pasa por tu bien»*, *«No veas lo que vas a aprender de esto que te está sucediendo»*, *«Las personas que se comportan de la manera como lo haces no quieren curarse»*, *«Has decidido no comer hoy para hacerme enfadar»*.

En quinto lugar, cuando se expresan juicios negativos o críticos acerca del pensamiento o de su conducta: *«No está bien que pienses de esa manera»*, *«¿Te parece bonito hacer las cosas que haces?»*, *«Si se enterara tu familia, ¿crees que le gustaría?».«¿Te parece bien lo que haces?»*. O se utilizan etiquetas para clasificar su pensamiento: *«Una persona inteligente no debería pensar así»*.

Con posterioridad a la muerte, durante el proceso de duelo, se expresan convicciones o creencias sobre lo que le ha sucedido a la persona tras la muerte, o sobre lo que le va a suceder en el futuro a la persona que está en duelo: *«Él no sufre más, está con Dios»*, *«Dios se lleva las rosas más hermosas para su jardín»*, *«Ya verás, tendrás otros hijos»*, *«Cuando vuelvas a tener otra pareja, esto se te pasará»*. Creencias que en ocasiones, sirven para que la persona que las expresa se quede más tranquila, pero que dificultan la situación por la que el protagonista pasa y que generan dolor. Un dolor innecesario.

A un hombre que estaba en el tanatorio con su mujer muerta, se acercó un vecino para darle el pésame y le dijo: «Tendrías que estar contento, porque tu mujer está en el cielo». El viudo, le respondió: «Estaría mas contento si quien se hubiera muerto, hubiera sido la tuya».

Este tipo de comportamiento se produce por varias razones:

   – La persona no es capaz de identificar sus

propias emociones.

- Confunden sus propias emociones con las de la persona a la que acompañan.
- "Intentan" ayudar
- O utilizan estilos manipulativos para conseguir que el otro cambie su comportamiento.

Es un principio básico en inteligencia emocional que si una persona no es capaz de identificar sus propias emociones, tampoco podrá identificar eficazmente las emociones de los demás. No se puede identificar en el otro una emoción que no se haya identificado previamente en uno mismo. Así sucede que si el acompañante no es consciente de sus propias emociones de miedo, rabia, culpa o ansiedad, será muy difícil que pueda identificar esas emociones en la persona que está próxima. Cuando la muerte se considera como un fracaso, no es de extrañar que en las personas que acompañan, aparezcan ansiedad y estrés.

Cuando se confunden las emociones y el que acompaña proyecta sus propias emociones sobre la otra persona, asumiendo que la otra persona se siente igual que ella, o como ella cree que se sentiría si estuviera en su misma situación, se generan situaciones de disconfort y de malestar.

Algunas personas dicen: *«Como yo me sentiría hundido en una situación similar, la otra persona se tiene que sentir así»*, o *«Como yo me alegraría si estuviera en su lugar, la otra persona también tiene que alegrarse»*. Es importante que si se quiere saber como se siente una persona en esa situación, **se le pregunte a ella**, en lugar de interpretar las posibles emociones de la otra.

"Un hombre de 35 años, diagnosticado de leucemia, llevaba dos meses en tratamiento con quimioterapia en el hospital. *«Un profesional entró a mi habitación, y nada más atravesar la puerta, sin preguntarme siquiera, me dijo: «Yo sé lo que te pasa». ¡Y a mi me entró un enfado!. «¿Cómo va a saber lo que me pasa, sin preguntarme siquiera cómo estoy?».*"

"En otra situación, una persona le dijo a una mujer cuyo padre había muerto: *«Yo sé cómo tu te sientes. Mi padre murió el año pasado, y sé muy bien por lo que estás pasando».*" Ese tipo de afirmaciones, en lugar de ayudar, que probablemente sea la intención, generan malestar y dificultan el acompañamiento y la presencia. Porque lo cierto es que la relación que la persona huérfana tenía con su padre era única, como también era única, la relación que tenía el que intentaba ayudar, con su propio padre.

Las emociones, los pensamientos y los vínculos son únicos en cada relación, no se pueden transferir de unas relaciones a otras. Nadie se puede poner en el lugar de otra persona. Y ni siquiera uno mismo sabe exactamente cómo se sentiría en una situación, a menos que esté atravesando por ella en ese preciso instante. Lo cierto es que la única manera que hay de saber cómo se siente otra persona en un momento dado, es preguntárselo a ella.

Además, ocurre que cuando se produce una comunicación no adecuada entre dos personas, la confianza se pierde en ese momento y es muy difícil restaurarla después. Si alguien coge un folio y lo arruga hasta hacerlo una bola de papel, por mucho que quiera después alisarlo y planchar la hoja, no conseguirá que desaparezcan las arrugas. A veces, las emociones del que acompaña impiden esa relación de confianza, y dan lugar a «arrugas» en la comunicación, que luego son muy difíciles de alisar: *«Yo sé lo que le pasa», «Yo sé lo que necesita usted para estar bien», «Usted lo que tiene que hacer ahora es…».*

NO INTERFERIR

Epstein[2] expone que la reflexión y el autoconocimiento ayuda al personal sanitario a examinar su sistema de creencias y de valores, a manejarse con sentimientos fuertes, a tomar decisiones difíciles y a resolver conflictos interpersonales. Todo ello les facilita el hecho de estar presentes con la persona que en ese momento presenta la enfermedad, aumentar la capacidad para resolver problemas, presentar y transmitir información, tomar decisiones basadas en la evidencia, desarrollar estrategias y definir sus propios valores. Y ello propicia, a su vez, que se manejen mejor con las variaciones de la situación clínica que se va presentando, así como con el curso de la enfermedad y con el mismo proceso de la muerte.

Tal estilo de intervención está basado en buena medida en la idea de *no interferir*, es decir, en la idea de ayudar al otro sin interferir en su propio proceso. Y destaca siete características principales de este estilo de intervención, que son las siguientes: en primer lugar, la *observación*; en segundo lugar, el proceso de *preatención* o *visión periférica*; en tercer lugar, la *curiosidad crítica*; en cuarto lugar, la *valentía*; en quinto lugar, la *voluntad de examinar y abandonar categorías y prejuicios*; en sexto lugar, la *conexión entre el sujeto que conoce y el que es conocido*; y por último la *compasión*, basada en la reflexión interior y la presencia, así como en el deseo de aliviar el sufrimiento. Analicemos cada una de ella en detalle.

La *observación* consiste en la contemplación activa de uno mismo, así como de la persona en ese momento enferma y del problema o problemas que presenta. Esto hace referencia, para empezar, a la capacidad del profesional de identificar sus propias sensaciones, emociones y pensamientos cuando se acerca a la persona que muere; pero también hace referencia a la capacidad de identificar las dudas, inquietudes y emociones de la persona enferma, así como el problema que presenta la persona en ese momento. *¿Cómo está la persona? ¿Qué le pasa? ¿Cómo interpreta ella lo que le pasa? ¿Cómo lo percibe? ¿Cuáles son las emociones que experimenta? ¿Cuáles son sus sensaciones? ¿Qué le pasa a la familia? ¿Qué piensa la familia? ¿Qué siente? ¿Cuáles son las emociones asociadas?*

En cuanto al proceso de *preatención* (o *visión periférica*), consiste en estar atento, abierto a la expectativa, observando como si se observase desde afuera, desde "arriba", para tener una mayor capacidad de captar lo que está sucediendo. Este proceso es más intuitivo que racional[3], y se caracteriza como la manera de percibir lo que sucede, de una forma global, no analítica. Está asociado a la creatividad y suele ser un proceso más lento que el pensamiento racional, además de necesitar una actitud mental mucho más relajada. Esta forma de estar y de hacer, generalmente responde a problemas no concretos, sino abstractos; a problemas no simples, sino complejos; y a problemas cuya respuesta suele no ser inmediata, sino que requiere tiempo para aparecer. Este proceso de preatención puede responder a preguntas del tipo: *¿Qué está planteando la persona que muere?, ¿Cómo voy a relacionarme con esta persona que está muriendo?*. Lo que es adecuado en este caso no es tanto *pensar*, como *percibir*. En este caso, la solución al problema *llega*: no es la persona quien la encuentra, sino que ella llega a la persona. Como en los casos de *serendipity* (descubrimientos azarosos afortunados), lo que ocurre es como si se encendiera una bombilla (sucede un *eureka*, un *lo encontré*).

La siguiente característica de este estilo de intervención que se propone, es la *curiosidad crítica*. Se trata de una curiosidad abierta, no dogmática, ante lo que está apareciendo ahora. Y se trata también de una curiosidad *crítica*, en tanto que se plantea y se cuestiona qué es lo que está sucediendo ahora, en el preciso momento y contexto en que está sucediendo. *¿Qué le pasa a la persona?, ¿Cuándo* *le sucede? ¿Desde cuándo está apareciendo eso?, ¿Con qué lo relaciona la persona?, ¿A qué lo atribuye?, ¿Cuándo mejora?, ¿Con qué situación empeora?*

A continuación viene la *valentía*, que corresponde al valor de ver el mundo tal cual es, en lugar de verlo como uno desearía que fuera. Se incluye este valor porque, en efecto, se precisa valentía para ver que ni las cosas, la enfermedad, la vida y que ni incluso la muerte, dependen de la voluntad personal del acompañante. También se precisa valentía para aceptar que la situación de la familia tras la muerte de una persona puede modificarse de una forma drástica y hasta dramática, sin que tampoco ello dependa de la voluntad del que ayuda; y que se pueden modificar las expresiones de afecto, los aspectos económicos familiares y los roles que cada uno de los integrantes de la familia y de los amigos desempeñaba, sin que nada de eso dependa de la voluntad de terceros. La valentía de ver el mundo, tal cual es, en lugar de cómo desearía que fuera.

La siguiente característica de este estilo de intervención es la *voluntad de examinar y de abandonar categorías, estereotipos y prejuicios,* algunos de los cuales ya hemos examinado con anterioridad: *qué está bien y qué está mal; qué es adecuado y qué no lo es; cómo deberían de ser las cosas; cuándo deberían suceder las cosas. Si sucede tal cosa, va a pasar tal o cual otra. Los hombres son... Las mujeres son... Los homosexuales son... Las lesbianas son.... Los negros son... Los niños son... Los viejos son.... Los blancos son... Los católicos son... Los judíos son... Los budistas son......Los islamistas son.... Los jóvenes son... Los gitanos son.... Los que han hecho tal cosa son...* Si alguien se para un momento a intentar rellenar los puntos suspensivos, podrá descubrir cuáles son las ideas, las categorías y los prejuicios que aparecen. Entonces verá, posiblemente, que en la mente aparecen ideas, imágenes, categorías y prejuicios de los que no es consciente, pero que le influyen. Y a partir de ahí, cada persona tiene la posibilidad de contemplar cada uno de ellos, y de examinar si le llevan a la salud o a la enfermedad. Para determinar posteriormente si quiere abandonarlos o decide seguir llevándolos a «las espaldas». Este proceso de reflexión es madurativo y requiere un esfuerzo que es posible que no esté dispuesto a realizar en este momento. Sólo el hecho de ser consciente de la presencia de estos ya pone en marcha un trabajo de sanación y de liberación.

La sexta característica del proceso es la *conexión entre el sujeto que conoce y el que es conocido*. Formamos parte de una misma cosa. Este cuerpo que tenemos ahora está compuesto de los mismos átomos, (que se formaron antes de que existiera la Tierra), que tiene el otro. El que conoce y el conocido. Formamos parte de este Universo. Respiramos el mismo aire. Incluso nos infectamos con los mismos virus. Nos calienta el mismo sol. Bebemos la misma agua que está en la Tierra desde que se formó aquella. La cantidad de agua es la misma, aunque más contaminada en determinados lugares. Funcionamos de una forma muy parecida. Pensamos en bastantes ocasiones, de manera similar. Es verdad que somos muy distintos y al mismo tiempo muy iguales. En algunas ocasiones la mente puede estar empeñada con la idea de la separatividad, de que lo que una persona haga no influye en los demás, pero somos olas de un mismo océano. Cuando se cae en la cuenta de que lo que le hacemos a la naturaleza, nos lo hacemos a nosotros mismos. Cuando contaminamos la tierra, el calentamiento global, nos afecta, nos influye. Estamos conectados con el otro. Formamos parte del otro y de este planeta. Puedo ser insensible ante lo que le pasa al otro, pero hay una conexión estrecha, muy estrecha, entre el otro y yo.

Finalmente, el séptimo aspecto clave de la intervención basada en el no interferir, es la *compasión*, del que reflexionaremos en el apartado de la Relación de Ayuda

En ese no interferir, se considera a la persona como quien más sabe de sí misma, aunque ella no tenga esa seguridad o lo dude. Y eso alivia, libera y descarga al profesional que está ayudando a esa persona: no importa lo profundos que sean los conocimientos del que acompaña, la persona que más sabe de ella sigue siendo ella misma. Entonces, en lugar de mirar a esa persona desde la lástima, quien está próximo puede contemplarla desde la capacidad que tiene cada ser humano para enfrentarse a su propia vida y a sus propias adversidades. Entonces pasa de considerar a la otra persona como una víctima, a contemplarla como un superviviente. Y la persona comienza a considerarse a sí misma como superviviente, en lugar de como víctima. Y se pone en contacto con sus propias capacidades, sus propias habilidades, sus propias debilidades, sus propios recursos, sus propios déficits y explora su capacidad de manejarse con su vida y sus dificultades tal cual ocurren en este momento.

Este cuento puede reflejar la idea que quiero transmitir aquí.

Antes de que existieran las facultades de medicina, las personas que querían ser médicos se iban a aprender con un profesional eminente y se pasaban años con él, viendo enfermos y practicando la evaluación, el diagnóstico y el tratamiento de estos.

Un día, un estudiante de medicina pasaba consulta junto a su maestro, cuando este le susurró en voz baja:

—Tu vas a valorar a esta persona, pero lo que necesita para sanar es tomar granada.

El alumno exploró a la persona, la terminó de escuchar y le dijo:

—Usted lo que necesita para sanar es tomar granada.

—¿Granada? —replicó el enfermo—. ¡Usted no tiene ni idea de lo que dice! Con lo mal que yo me encuentro, y usted pretende que comiendo granada me voy a curar.

Y tras decir esto, el enfermo se levantó muy airado y abandonó la consulta.

El alumno miró a su maestro, sorprendido por la respuesta, pero este no parecía afectado ni inquieto por la situación. Se limitó a recomendarle que tuviera paciencia, y que poco a poco iría aprendiendo. Después de un tiempo, tuvieron ocasión de tratar a un enfermo con características muy similares, y en esa ocasión el maestro le dijo:

—Déjame a mí tratar a esta persona.

Entonces el médico le preguntó al enfermo qué le pasaba, lo exploró, y escuchó sus explicaciones con mucha atención. Después de reflexionar durante unos segundos, le dijo:

—Mire para curar su enfermedad usted necesita una fruta, pero no una cualquiera.

El enfermo empezó a prestar mucha atención.

—Necesita usted una fruta que sea grande.

—¿Grande? —respondió el enfermo.

—Sí. Grande y con la corteza dura, y con una corona en uno de los extremos.

—Con la corteza dura y con una corona… —musitaba el enfermo.

— Sí, y que tenga por dentro compartimentos donde estén las semillas. Y que estas sean dulces y rosadas.

—Que tenga compartimentos —susurraba el enfermo—, y que las semillas sean dulces y rosadas.

Entonces, de pronto, al enfermo se le iluminó la cara y respondió:

—¡Granada!

Y el médico le confirmó:

—¡Eso es!

Y el enfermo se levantó, contento y orgulloso por haber encontrado la solución a su problema. El enfermo «encuentra» la solución, y eso le convierte en un agente bien activo de su propio proceso.

En definitiva, cuando se acompaña a alguien en el proceso de morir, es importante no interferir, «no estorbar»: no estorbar con las ideas, creencias, miedos, preocupaciones y angustias del profesional sanitario o del acompañante, de manera que este pueda estar cerca de la persona, y ver qué le sucede en ese momento y qué necesita. Para poder realizar este trabajo, el personal que acompaña debe ser capaz de identificar lo que necesita el otro. El personal que acompaña debe ser capaz de preguntarse: *¿Quién necesita lo que yo ahora voy a hacer o decir?, ¿Es la otra persona la que lo necesita, o soy yo?* Estas preguntas pueden ser terapéuticas en ese momento, ayudando a la saludable tarea de «quitarse de en medio» (la tarea de estar sin estorbar, de acompañar sin interferir).

COMUNICACIÓN SALUDABLE

Para establecer una comunicación saludable con la persona que está muriendo o con su familia, se precisan una serie de elementos:

1. En primer lugar un espacio en calma donde se pueda establecer una comunicación íntima, que sea segura para ambas personas y donde haya calma, no haya ruidos, con una distancia adecuada, cercana, que pueda permitir el contacto físico respetuoso si para el usuario es adecuado.
2. Puede ser un buen lugar la habitación donde la persona está, ya sea sentada o acostada, pero no es válido un lugar con personas entrando y saliendo, un pasillo o en medio de unas escaleras.

Un médico confesaba, con mucho dolor por su parte, que había dado el diagnóstico de cáncer al hijo de un enfermo en el umbral de la puerta de la habitación donde estaba el padre. Y comentaba: *«He hecho justamente lo que en los cursos de comunicación de malas noticias he oído cien veces que no hay que hacer».* Porque el conocimiento por sí solo no modifica la conducta. Solo saber las cosas no cambia nada. El conocimiento es necesario pero no es suficiente. Lo que cambia la conducta es la emoción. Y lo que modifica la conducta es la capacidad de la persona de manejarse con sus propias emociones. El médico sabía lo que no tenía que hacer, pero no estaba preparado para identificar su propia ansiedad en esos momentos. El decía: *«No estaba preparado para identificar mi propia necesidad de dar la noticia cuanto antes y pasar el mal trago. Si hubiese aprendido a identificar mi propia dificultad, y a no confundir mi angustia con la ansiedad del hijo, entonces posiblemente habría sido capaz de actuar con más tacto y con más respeto: lo habría conducido a una habitación tranquila, y le habría informado de la situación de una forma sosegada y más adecuada para el familiar y para mi».* Y *no quiero que otro compañero mío pase por esa situación tan incómoda para mi y tan difícil para ese hijo.*

3. La comunicación se ha de establecer con los familiares más cercanos o si lo prefiere, permaneciendo sola.

4. Hay que asegurar que no haya aparatos de televisión encendidos o móviles que dificulten la comunicación.

5. Procurar disponer del tiempo necesario y confirmar que el usuario también lo tiene y no ha de venir otra persona o profesional a interrumpir la conversación.

6. Tomar conciencia del propio estado emocional antes de acercarse al otro.

7. Acercarse al estado emocional del receptor de la noticia, para evaluar que información está recibiendo de la que se le está proporcionando. *Esto que le estoy diciendo, ¿cómo le hace sentirse?.* Para poder percibir su estado emocional.

8. En ocasiones he oído: *Es que no me han dicho nada sobre lo que le pasa o no me han dado información sobre la enfermedad.* Y es que cuando el médico nombra la palabra tumor, o cáncer o enfermedad grave o **el receptor percibe que se la están comunicando,** se produce un bloqueo emocional y cognitivo. Y se registra un porcentaje muy bajo de la información comunicada. Por eso es importante recibir el feedback de la información recogida por la persona que presenta los síntomas de la enfermedad.

9. En ocasiones, esta misma persona no quiere saber lo que está sucediendo y habrá que averiguar ese

aspecto. ¿Hasta qué punto quiere el usuario saber? Y darle solamente la información que en ese momento esté dispuesto a recibir.

10. Mirar a la persona a la cara para dar la información, de manera que el emisor sea percibido como alguien que se preocupa por la persona, más que por la enfermedad.

11. Si hay que tomar alguna nota en el ordenador o revisar cualquier información en el mismo, es importante no hacerlo mientras cualquiera de los dos está hablando, pues el usuario lo percibe como una falta de tacto, *"no es importante para él lo que le estoy diciendo o lo que él me está diciendo a mi"*.

12. El contacto físico es realmente importante, pues en situaciones de estrés y la comunicación de una noticia en un momento dado, puede constituirla, hace que el emisor de la noticia sea percibido como cercano, próximo, interesado por la salud de la persona. Y disminuya el estrés de ese momento. Se percibe como: *"Hay alguien realmente interesado por mi, en este momento"*.

13. Y algo que está recogido en todos los manuales sobre comunicación, dejar siempre la puerta abierta a la esperanza cuando lo que se comunican son noticias que alteran de forma drástica y negativa la visión que la persona tiene de su propio futuro[3]

14. Como en la situación 2 expresaba el médico, el conocimiento de una comunicación saludable, no modifica la conducta y *no quiero que otro compañero mío, pase por esta situación tan incómoda para mi y tan difícil para el otro.*

RELACIÓN DE AYUDA

En este apartado de acompañar de forma terapéutica en el proceso de muerte me baso en el modelo de Relación de Ayuda de Piulachs[4], con las variaciones que he ido introduciendo en su aplicación. Utilizo el término Relación en el sentido de comunicación interpersonal, de correspondencia, de la interacción que permite establecer una conexión entre dos o más personas y el de Ayuda, en el de facilitar a alguien que realice algo que quiere hacer.

La Relación de Ayuda se contempla bajo una perspectiva holística o global, como una forma de estar próximo al otro para prestar cooperación y ayudar al otro en ese momento.

Así que la Relación de Ayuda[5] *"es un encuentro personal, entre una persona que pide ayuda, y otra que quiere ayudar, para modificar algunos aspectos del modo de pensar, sentir y actuar del primero y que se produce dentro de un marco interpersonal adecuado"*. Aplicada en el momento en que la vida tal como se la conoce termina, la Relación de ayuda es el encuentro entre la persona que muere y el que se acerca a ella, con el objetivo de facilitar dicho proceso, de conseguir que sea lo más fluida posible. El ayudado puede ser la persona que está cercana al momento de la muerte, y el que ayuda puede ser un profesional que intenta hacer surgir de la otra parte, o de las dos, una mejor apreciación y expresión de los recursos latentes del individuo en esos momentos, y un uso más funcional de los mismos. En ocasiones, quien presta la ayuda también puede ser cualquier otra persona que se haya desprendido de todas las ideas sobre la vida y la muerte y se muestre bien abierto a aceptar lo que se produzca, en el momento en que se produzca.

Hay tres pilares básicos en la Relación de Ayuda, tal y como la estamos entendiendo aquí. El primer pilar está basado en el **autoconocimiento**, la atención a la relación con el otro y el compromiso a que ese contacto con el otro sea de calidad. El segundo pilar básico es la **determinación** a que la relación sirva para capacitar al otro en la construcción de su propia vida, así como para desarrollar sus propias potencialidades que le permitan aumentar su nivel de salud y el grado en que vive una vida plena hasta el último momento de esta. El tercer pilar es que la persona que recibe la ayuda sea **capaz de identificar los comportamientos que lo limitan o paralizan**, usando para ello las capacidades y potencialidades tanto del ayudador como las suyas propias. Mediante esa identificación se pretende que la persona aprenda a resolver sus propias dificultades, y que avance en el camino de capacitación para vivir su propia vida de una forma madura y plena. Estos tres pilares se cimientan a su vez sobre una relación entre iguales, en las que todas personas involucradas son dadores y receptores de la ayuda, en un proceso sinérgico en el cual su contacto les empuja a ambas hacia mayores niveles de conciencia, y hacia un mayor desarrollo de sus capacidades para ser, estar y existir de una forma plena.

La Relación de Ayuda está basada en principios amplios, como son el respeto, la compasión y la intención terapéutica. La relación de ayuda exige un alto grado de autoconocimiento, sobre todo por parte de la persona que ejerce el rol de prestar ayuda (aunque, como acabamos de ver, la realidad es que en este tipo de relación ambas partes se ayudan entre sí). La Relación de Ayuda exige una comprensión global de la situación donde ambas personas se encuentran, y exige que quien ejerce el rol de ayudante sea capaz de identificar las interacciones entre los diferentes elementos de la situación.

Para establecer este tipo de relación, en definitiva, se requiere que quien ayuda sea capaz de abrir su conciencia para percibir el mundo subjetivo del otro, desde su propia experiencia y su propia necesidad de ayuda. Cuando el personal sanitario consigue hacer esto, entonces adquiere capacidades para una buena práctica de la relación humana en general, y se transforma en un experto en el ámbito clínico, captando el problema de una forma intuitiva y ayudando a que la persona encuentre su propia respuesta a la situación, en lugar de limitarse únicamente a hacer diagnósticos y prescribir tratamientos.

En el campo de la salud se sigue empleando de forma casi exclusiva el término «paciente» para referirse al usuario (es decir, la persona que presenta una patología, o a la persona receptora de ayuda en general). Aunque es cierto que el término viene del latín *pati, patior*, que significa sufrir, el significado actual del término lo vincula también con alguien que tiene paciencia, alguien que es sujeto pasivo de las intervenciones curativas que otras personas hacen sobre él. El problema de esta perspectiva es que el personal médico-sanitario y la persona que está siendo atendida se sitúan en niveles muy distintos. Del «paciente» se espera en efecto que *sea paciente*, esto es, que tenga paciencia, que sea obediente, que no discuta, que adopte una actitud de aceptación y de espera, aceptando pasivamente las decisiones que otras personas toman sobre su enfermedad. Vista bajo esta perspectiva, el usuario se incapacita, se convierte en dependiente del personal sanitario. Y al mismo tiempo, al asumir el profesional sanitario la carga y la responsabilidad del usuario, tiende a identificarse con el problema y con las emociones de éste, percibiendo la angustia del usuario, a un nivel interno, inconsciente, como si fuera propia. La consecuencia puede ser la depresión, o el síndrome *burnout* (el síndrome del profesional quemado, del que ya hemos hablado anteriormente).

En el modelo de Relación de Ayuda, por el contrario, una de las características es que el «paciente» se transforma efectivamente en «cliente» o «usuario». Entonces la relación deja de girar exclusivamente en torno al diagnóstico y al tratamiento, y empieza a incorporar otros elementos que se consideran factores clave en este nuevo modelo de relación. Así, entre los objetivos principales de la Relación de Ayuda está el proporcionar al usuario modelos de comportamiento saludable, entrenarle para el manejo de situaciones conflictivas que le generan dificultad, y ofrecerle un campo de experimentación donde poder ensayar, a fin de que vuelva a retomar su responsabilidad y su autonomía. Al mismo tiempo se potencia que el usuario adopte una actitud bien activa, con capacidad para resolver sus problemas y con autodeterminación, hasta donde le sea posible. Con todo ello, la persona se siente respetada y se experimenta como un ser humano inteligente, capaz, valioso y digno. Lo que aumenta su percepción de control de la situación, hace que aumente la autoestima y que disminuya la tristeza y la desesperanza. Cuando la persona ya no puede tomar decisiones por ella misma, la ayuda se transforma en cuidar de ella, como lo haría si tuviera la conciencia, la fuerza y la capacidad necesaria y en acompañarla hasta el momento de la muerte.

Si en la perspectiva «sanitario-paciente» el paciente es tratado fundamentalmente como un sujeto pasivo, y se propicia que él se vea a sí mismo como un sujeto pasivo en ese proceso, en la perspectiva «sanitario-usuario» se potencia todo lo contrario. En la perspectiva «sanitario-usuario» se potencia la autonomía del usuario, y se potencia que el usuario se represente a sí mismo como alguien activo en su propio proceso de curación, alguien que tiene decisiones a tomar y retos a batir. Para hacer frente al estrés de una forma saludable, la persona[6] tiene que transformar la percepción de amenaza o de pérdida en un *desafío*; de este modo deja de percibirse como alguien pasivo respecto a su problema, y se percibe como alguien activo, alguien que tiene un reto a superar. De la misma manera, la intervención psicológica tras sucesos traumáticos intenta cambiar la perspectiva de la persona, para que pase de considerar de víctima a *superviviente*[7]. El cambio de perspectiva en todos estos casos va en la misma dirección: potenciar la percepción de autonomía y capacidad que tiene la persona para actuar frente a sus propios problemas. *Con la situación tan difícil o dura que me está sucediendo, ¿qué puedo hacer ahora? No se trata de negar la evidencia de lo que me está sucediendo. Se trata simplemente de plantearme, a partir de esta realidad que me sucede, a partir de lo que ahora tengo, ¿qué puedo hacer y qué hago yo ahora?*

La Relación de Ayuda va dirigida, en primer término, a valorar la globalidad de la realidad actual de la persona, evaluando sus puntos fuertes y sus puntos débiles. En segundo lugar, va dirigida a identificar la situación distorsionada que genera dificultad o malestar a la persona o a sus acompañantes, tratando de comprender el sentido y funcionalidad de esa situación, para hacerle frente de forma saludable. En tercer lugar, la Relación de Ayuda busca propiciar que sea la propia persona quien encuentre la solución a esta situación de dificultad, según sus propias capacidades y potencialidades. Y por último, la Relación de Ayuda va dirigida a capacitar a la persona en la promoción de la salud hasta el último momento de su vida, promoviendo el máximo nivel de autoconciencia, lucidez y maduración personal, así como su autonomía y plenitud, como culminación máxima de las potencialidades humanas.

Las capacidades por desarrollar en la dinámica de la relación interpersonal en el acompañamiento en el proceso de la muerte son las siguientes: **Empatía, Escucha Activa, Aceptación Incondicional, Respeto, Precisión y especificidad en la expresión, Inmediatez, Presencia, Compasión, Autenticidad y el Tocar Terapéutico.** Cada una de estas capacidades no están constituidas de forma aislada, sino que se complementan y se articulan para establecer una relación de armonía, de entendimiento en ese acompañamiento. No sólo de lo que le sucede al acompañado, sino también al que acompaña. De manera que se transforme en una relación fluida, equilibrada, en un proceso saludable hasta el último momento.

La **Empatía** es la capacidad de estar próximo a la otra persona, acompañada de una actitud de respeto y total aceptación, lo que facilita un ambiente protegido y predispone a la comunicación y al contacto emocional. Implica ser capaz de identificar la emoción del otro, y éste es un aspecto capital, sin **identificarse** con la misma. En situaciones de crisis personales o de muerte, se produce una verdadera tormenta emocional. Cuando todas esas emociones, son identificadas y normalizadas por quien acompaña, se produce una sensación de alivio en quien las percibe. Cuando se conecta con el otro, es habitual que se produzcan expresiones de liberación en el acompañado: *Me siento mejor. No tengo que sentirme de forma distinta a como estoy. Está bien como estoy y que me sienta como me siento.* El normalizar las emociones del otro, tiene un efecto curativo, sanador. Alivia sufrimiento.

La dificultad para quien acompaña es que si va identificándose con cada una de las emociones del usuario o de sus familiares, es previsible que a la larga le aparezcan síntomas tales como fatiga emocional, cansancio, a veces ganas de dejar de trabajar, problemas de sueño, trastornos emocionales que actúan como señales y que pueden indicar a quien acompaña que preste atención. Se necesita estar atento para identificar estas manifestaciones, reconocer las causas y ponerles remedio. Y de ello reflexionaremos en el capítulo siguiente.

La siguiente capacidad es la **Escucha Activa** que es la actitud receptiva del contenido comunicativo global que emite la persona que se expresa. Este proceder permite captar los mensajes emitidos por los distintos canales de expresión y en la forma en que se emiten. Esta atención predispone a estar receptivo, no solo al contenido de lo que expresa, sino a la forma como lo expresa.

Esta escucha libre de prejuicios, de estereotipos respecto del otro, permite acceder a lo que manifiesta de forma verbal y no verbal. Aquí es interesante subrayar que en ocasiones, los mensajes que el emisor realiza en los dos formas, no son coherentes, no tienen el mismo significado. Puede estar expresando de forma verbal: *Es muy difícil esto que me está pasando o estoy mal,* y sonreír con la cara y los ojos. En un intento de no preocupar al oyente, o de no aceptar su propia emoción. Si quien escucha, anima a expresar la emoción, sea cual sea y como sea, e invita al emisor a que se despreocupe de su influencia en el otro, puede sentirse libre de llorar, o de expresar preocupación, o miedo, o rabia incluso. Y simplemente ese acto, alivia. Y puede poner esa energía que libera, en cualquier otro aspecto de su vida que quiera revisar antes de morir.

La **Aceptación Incondicional,** implica relacionarse con la persona que muere, aceptando todo lo que está sucediendo en su vida, su enfermedad, su forma de morir, su situación, su forma de expresión, su entorno, de una manera total, incondicional, completa, global. Sin juicios, sin críticas. Procurando aliviar el sufrimiento en la medida de lo posible, aliviar su dolor, su preocupación, sus dificultades, sus miedos o el resto de sus emociones. *Lo acepto tal y como es, tal y como se manifiesta ahora.*

El **Respeto,** es esa consideración que se le tiene al otro sólo por ser una persona, por formar parte como él o ella, de esa ola en ese océano.

La **Precisión y especificidad en la expresión,** es la capacidad de poder percibir de forma precisa lo que el emisor quiere transmitir. Cuando se duda de entender de una forma específica y concreta el mensaje, será importante aclararlo para captar con precisión. *Realmente tengo interés en entender qué quiere decirme.*

La **Inmediatez** implica que una vez se haya

captado el mensaje, devolvérselo lo antes posible, lo que para el emisor implica que hay alguien al otro lado que es capaz de recoger lo que está expresando. Proporciona calma, sosiego. La persona "ayudada" percibe que el receptor está presente.

La siguiente capacidad para desarrollar es la **Presencia.**

> *La presencia es acción.*
> *El silencio no es inactivo.*
> *La flor llena el espacio con su perfume;*
> *la vela, con su luz.*
> *No hacen nada*
> *y sin embargo,*
> *su simple presencia lo cambia todo.*
> *Su propia presencia es acción.*
> Nisargadatta Maharaj

El término presencia hace referencia a ese estar bien atento a lo que sucede a la persona, a su familia y al entorno. Supone un estar global, atento, centrado en lo que acontece en ese momento. Sin juicios, sin critica, sin valoración. Igual que se ha hecho en el ejercicio de percibir las sensaciones. Para realmente acompañar, sin interferir.

Hay dos tipos de soledad. Una es la soledad deseada, la soledad de la persona que decide retirarse a un lugar apartado, sin ruidos, alejada de otras personas. Esta es una situación que en ocasiones los seres humanos buscan, como vía para alcanzar el sosiego y la calma. El otro tipo de soledad es la no deseada. Esta es la que experimenta una persona cuando le gustaría que hubiera alguien presente, alguien con quien hablar, alguien con quien conversar o compartir las vicisitudes del día a día, y no tiene a nadie próximo para poder hacer eso. Se ha descrito[8] cómo esta segunda forma se relaciona con altos niveles de ansiedad, con sentimientos de hostilidad, de baja autoestima y con estados depresivos.

Una de las actuaciones más terapéuticas y curativas que existen es la de cubrir la necesidad de acompañamiento en este sentido. Se trata de que haya alguien al otro lado, alguien que esté de forma entera: no sumido en su pensamiento o en su propia tristeza, sino bien entero para estar atento a lo que sucede, atento a las necesidades de la persona que está en ese proceso de muerte. *Estoy aquí, bien presente. Aunque me duela, aquí estoy: bien atento a tus necesidades, y bien atento a mis propias necesidades también.* Este tipo de acompañamiento, que podríamos llamar Presencia con mayúsculas, es uno de los elementos terapéuticos más repetidos en los manuales de acompañamiento en procesos de muerte

Este tipo de estar no es una presencia cualquiera (no se reduce a la presencia física), sino que implica una presencia completa, de todo el ser, una presencia atenta, abierta, templada, sin juzgar, sin valorar, sin interpretar, sin etiquetar lo que le sucede al otro. Se trata de una presencia entera del cuerpo y de la mente, así como de esa parte espiritual que todos los seres humanos poseen.

Así entendida, la presencia de la persona que acompaña implica un estar bien atento a lo que sucede a nivel físico, a nivel psicológico y a nivel espiritual, sin reaccionar (es decir, sin dejarse llevar por las emociones y pensamientos de la persona que acompaña en ese momento). Se trata de colocarse ante el sufrimiento de la persona que muere y el de su familia de una forma no reactiva. Es decir, permaneciendo con la atención bien despierta ante lo que sucede, y respondiendo a ello de una forma sosegada y ordenada, en lugar de dejarse arrastrar por las propias emociones, pensamientos, prejuicios. En esa presencia, se responde ante lo que sucede, en lugar de reaccionar ante los hechos. Todo ello implica estar bien presente ante los síntomas que la persona expresa de forma verbal y los que no. Implica estar aquietado, con la mente tranquila, concentrado en lo que está sucediendo, prestando atención a lo que expresa la persona que está en proceso de muerte. Ello implica no sólo conocimiento, sino autoconocimiento.

Tal postura se refleja, de forma metafórica, en el siguiente cuento[9].

Un monje se dirigía a la ciudad para llevar una carta muy importante, que él mismo había de entregar en mano a su destinatario. Sin embargo, para acceder a la ciudad el monje debía atravesar un puente custodiado por un samurái, gran experto en el arte del sable. Este, para demostrar su fuerza e invulnerabilidad, había prometido desafiar a duelo a los cien primeros hombres que atravesasen el puente, y había matado ya a noventa y nueve. El humilde monje habría de ser el número cien.

El samurái desafió al monje, pero el monje le suplicó que lo dejara pasar, ya que tenía la misión de entregar esa carta tan importante.

—Te prometo que volveré a luchar contigo una vez haya cumplido mi misión —le dijo el monje al samurái.

El samurái aceptó el trato, y el monje pudo entrar en la ciudad y entregar la carta. Una vez entregada, sabía que tenía que volver al puente tal y como había prometido, y estaba convencido de que aquello sería su final. Abatido, fue a visitar a su maestro para despedirse de él.

—Me he de enfrentar a gran samurái —le dijo—, un auténtico campeón del sable, cuando yo no he tocado un arma en toda mi vida. Me va a matar, seguro.

—En efecto —le contestó su maestro—, vas a morir, pues no tienes ninguna posibilidad de ganar. Por tanto no hay necesidad de que temas al combate, pues ya sabes lo que va a pasar. Ahora bien, lo que sí puedo enseñarte es la mejor manera de morir en ese duelo: colocarás el sable por encima de tu cabeza, cerrarás los ojos y esperarás con serenidad; y cuando sientas un frío encima de tu cráneo, ese será el final. En ese momento bajarás los brazos, y todo habrá terminado.

Tras escuchar estas palabras, el monje se despidió de su maestro y se dirigió hacia el puente donde le esperaba el samurái. El guerrero agradeció al monje que hubiera cumplido su promesa, y le pidió que se pusiera en guardia, pues iba a comenzar el duelo.

Nuestro humilde monje, aguantando el sable con las dos manos sobre su cabeza, cerró los ojos y esperó sin moverse, con absoluta serenidad. Esta actitud sorprendió al samurái, pues la postura que había adoptado no reflejaba ningún temor. Desconfiado, el samurái avanzó con prudencia hacia su adversario, mientras el monje se mantenía impasible, con toda su atención concentrada en la parte alta de su cabeza, esperando recibir de un momento a otro el golpe mortal.

El samurái se dijo a sí mismo: «Parece que este monje es muy fuerte. Ha tenido el coraje de cumplir su promesa, no puede ser un aficionado». El monje, absorto, continuaba impasible, sin prestar atención a los movimientos de su contrincante. Entonces el guerrero comenzó a tener miedo, y pensó: «No hay ninguna duda que es un gran guerrero, solamente los maestros del sable adoptan desde el principio del combate una posición de ataque. Y además tiene los ojos cerrados, parece intuir mis movimientos sin necesidad de mirarme siquiera». El joven monje, mientras tanto, seguía esperando sentir de un momento a otro el anunciado frío sobre su cabeza. Pero el samurái se sentía ya completamente desamparado y no se atrevía a atacar, convencido de ser cortado en dos al más pequeño gesto que hiciera.

Pasado un tiempo, el monje (que había olvidado completamente al samurái y sólo estaba atento a seguir bien los consejos de su maestro para morir dignamente), fue devuelto a la realidad al escuchar los gritos y lamentos del samurái, que decía:

—¡No me mate, gran guerrero, tenga piedad de mí! Y yo que me creía que era el rey del sable, pero nunca me había encontrado un maestro como vos. Por favor, acépteme como discípulo, enséñeme la Vía del Sable…..

Otra capacidad que desarrollar es la **Compasión**, que está basada en la reflexión interior y en la presencia (como se señalaba antes) y que implica el reconocimiento de la limitación, de la fragilidad, de la vulnerabilidad de todos los seres humanos y al mismo tiempo, el deseo de aliviar el sufrimiento del otro. Nace desde el reconocimiento de las propias limitaciones del acompañante y del acompañado. Considera a ambos como iguales, en un mismo plano ante la vida. La compasión, no tiene nada que ver con la lástima. La persona que siente lástima se coloca «por encima» del otro, mientras que en ésta se establece una relación de igualdad. Aunque uno de los dos sea más rico, más poderoso, más inteligente o más sabio, aun así las dos personas se conciben como estando en un mismo plano de igualdad, y desde ahí se relacionan. Y así, desde la percepción de esa igualdad, la persona que acompaña percibe el sufrimiento del otro y tiene el deseo de aliviarlo. No hace suyo ese sufrimiento, sino que solo lo percibe, solamente está próximo en ese sufrimiento. Y al hacerlo está bien presente de una forma plena, entera.

La palabra *compasión* se puede aplicar a la relación con cualquier persona, sin importar en el momento de la vida en el que esté: se puede tratar de alguien que está naciendo, de un bebé, un niño, un adolescente, un adulto o un anciano; alguien que tenga un buen estado de salud en general, o de alguien que tiene un grado avanzado de alguna enfermedad; o de alguien que está muriendo. En cualquiera de esos casos se puede aplicar. Y en cualquiera de estos casos, y en especial en el acompañamiento a la persona que está muriendo. La compasión implica la acepción más hermosa de la palabra *amor*. Significa amor incondicional, no juzgador, no interpretativo, no valorativo. E implica también el anhelo de aliviar el sufrimiento del otro y de su familia e incluso del dolor. También[10] exige la humildad al enfrentarnos al hecho de la muerte, dado que este hecho confronta a la persona con sus propias limitaciones; exige apertura hacia los aspectos que se ignoran del proceso, que son muchos; y también madurez y equilibrio personal para hacer frente a todos los pensamientos, emociones y sensaciones que aparecen en esos momentos.

En una playa, tras una noche de fuerte tormenta, aparecieron varadas cientos de estrellitas de mar, que habían sido arrastradas por el fuerte oleaje. No pudiendo volver al agua por sí mismas, estaban destinadas a perecer en la arena.

Al observar el desastre, una persona empezó a coger las estrellitas por una de las puntas, y con fuerza y determinación, las iba arrojándolas de nuevo al mar, lo que para ellas constituía su salvación. Otra persona, al observarla, le preguntó:

—¿Qué está haciendo? Hay demasiadas, no las va a poder devolverlas a todas al mar.

A lo que la persona respondió:

—Sí, pero eso dígaselo a esta —y señalando la que tenía en la mano, la devolvió al mar.

Saunders[11] decía: «Sin duda tenemos que aprender qué es el dolor, pero aún más tenemos que aprender lo que se siente al estar tan enfermo, al ir perdiendo la vida y su actividad, al darse cuenta de que tus facultades te están fallando y de que vas dejando atrás afectos y responsabilidades. Debemos aprender a sentir "con" los pacientes sin sentir "como" ellos, si queremos darles la clase de escucha y el apoyo firme que necesitan para encontrar su propio camino».

En algún lugar he oído esta historia:

"Cuentan que al morir Buda subió al cielo, y —claro— allí le dijeron que podía entrar. Sin embargo, antes de entrar miró hacia atrás, y contempló todo el sufrimiento que quedaba aún en el mundo. Entonces movió la cabeza de un lado a otro, negándose a cruzar el umbral: no era capaz de quedarse en el cielo mientras existiera tanto sufrimiento en la tierra. Así que volvió a bajar a la tierra, y dicen que desde entonces mora en el corazón de cada persona. Por eso la compasión siempre está disponible en las personas, para que se puedan acercar a quien está sufriendo".

La Autenticidad es el aspecto de la persona que acompaña que se muestra tal cual es. Como ha realizado previamente un trabajo de despejar cualquier aspecto que se le había adherido al ego tiene la capacidad de mostrarse "tal cual". No necesita ser más sabio, ni mas inteligente, puede mostrarse de forma honesta, auténtica, con la mínima cantidad de prejuicios.

Ello nos recuerda la necesidad de considerar el

equilibrio como máxima a la hora de afrontar la intervención, que hemos comentado con anterioridad: se trata de poder estar cerca del sufrimiento del otro, pero sin llegar a identificarse con la emoción del otro. Y es que el hecho de ser auténtico en el acompañamiento enfrenta al que acompaña al sufrimiento del otro ser humano, y hace que el sufrimiento del otro duela como persona que es, como persona de carne y hueso que es.

"Claro que el sufrimiento del otro es suyo y mi sufrimiento es mío (solo experimento mi propio sufrimiento; yo no experimento el sufrimiento del otro, ni sufro por el otro). Y sin embargo, el sufrimiento del otro «resuena» en mí, me remueve a mí, y me enfrenta a mi propio dolor, a mi propio sufrimiento." Y a nadie le gusta tener dolor.

Este es un ejercicio de auténtico equilibrio a los tres niveles: al físico, psicológico y al espiritual. El equilibrio es una característica y un indicador de la salud. Se necesita para tener salud, y cuando aparece el equilibrio, se manifiesta la salud. Cuando se produce el desequilibrio, aparece la enfermedad.

La última capacidad para desarrollar en el acompañamiento en el proceso de la muerte es **el Tocar Terapéutico,** que es el contacto intencionado dirigido a proporcionar un aumento en la mejora del bienestar de la persona, o a disminuir el malestar que tenga en ese momento. Este tocar exige una presencia tranquila, en calma, pero activa al mismo tiempo[12,13]. Se trata de un tocar desde el más profundo respeto al otro ser humano.

Hay numerosos estudios sobre los efectos del tocar y del contacto físico, abarcando desde sus aspectos sociológicos[14] hasta sus correlatos fisiológicos. Uno de estos últimos es la disminución de la frecuencia cardíaca[15]. También se ha analizado la influencia del contacto físico respecto a variables psicológicas, mostrando por ejemplo cómo se reducen los niveles de ansiedad y miedo[16,17]. Y también se ha analizado su impacto sobre aspectos psicoterapéuticos, evidenciándose que aumenta el nivel de seguridad en las personas que son tocadas[18,19] y que disminuye su percepción del dolor[20,21].

También está constatado que las enfermeras son capaces de comunicarse más fácilmente con aquellos enfermos a los que tocan que aquellos a los que no tocan[22]; y está comprobado el efecto del tocar terapéutico en el embarazo y en el parto, ayudando a disminuir el tiempo de este y la recuperación posterior[23]. Estudios realizados en residencias de mayores, por último, concluyen que el tocar puede actuar como una forma de comunicación que favorece el aquietamiento y el confort de los residentes, disminuyendo la sensación de soledad[24].

Cuando alguien está muriendo, lo que transmite ese tocar terapéutico, respetuoso, no invasivo, es: *Te quiero y te acepto tal como estás ahora, tal como eres. Eres una persona válida ahora, en este momento. No voy a echar a correr cuando te estés muriendo. No voy a echar a correr cuando me hables de tus miedos. Ni siquiera voy a echar a correr si no me hablas de ellos. No voy a echar a correr. No tienes que hacer en este momento nada para mí. No tienes que hacer nada para nadie ahora. Está bien que hagas lo que tengas que hacer, y está bien que no hagas lo que no quieras hacer.*

Las matronas saben muy bien que cuando nace un niño, este necesita que lo sostengan, y necesita que la madre lo mantenga pegado a su cuerpo para que el niño note su proximidad, e incluso el latido de su corazón. Las matronas saben bien que cuando se coloca al niño desnudo encima del pecho de la madre, este se tranquiliza y se siente más relajado que si se le deja solo encima de una camilla, por muy caliente y confortable que esté la camilla. No hay camilla que reemplace la proximidad y el contacto con la madre. Pues bien, de la misma manera, la persona que está muriendo suele tener también una necesidad de contacto y de proximidad física. Y para poder tener la oportunidad de ese contacto, la persona que está muriendo necesita que sus acompañantes no echen a correr cuando les aparezcan emociones como miedo, tristeza o rabia. Para poder cubrir su necesidad de contacto físico en la antesala de la muerte, la persona necesita de sus acompañantes una presencia serena y clara, a pesar de las emociones que aparezcan.

Una de las formas de saber si la persona a la que acompañamos tiene la necesidad de ser tocada, cuando esta se encuentra consciente, es preguntarle de forma explícita: *«¿Puedo acercarme y tocarlo?», «A mí me gustaría poder estar próximo a usted, ¿puedo?».* Si la persona no está totalmente consciente, puedo aproximarme con sumo respeto y tocar la piel de la mano o del pie. Si la persona no la retira, probablemente estemos teniendo su permiso para estar próximos físicamente. En ese punto el lenguaje no verbal cobra una importancia especial, para suplir la falta de comunicación hablada.

A través del tocar se transmiten emociones, de forma que si la persona que toca está relajada, podrá transmitir relajación, tranquilidad y serenidad. Pero si la persona que toca está incómoda, entonces probablemente transmitirá esa incomodidad, o transmitirá su miedo o su preocupación. A veces sucede, incluso, que lo que transmite la persona que toca es: *Estoy tocándolo, pero no estoy. Estoy sin estar.* Y eso, la persona que es tocada lo percibe. Tizón[25] explica la forma de tocar a los enfermos de un médico de familia: *«Muchos médicos de familia, como el doctor Gálvez, conocen bien el valor emocional, analgésico, antidepresivo e inmunitario del contacto con el médico en los pacientes terminales y sus familias … Este médico ha adoptado la costumbre de mantener entre sus manos la mano de los pacientes terminales, mientras les proporciona las explicaciones del día en las visitas periódicas. Cuando la emoción le turba al referir a sus compañeros la muerte de un paciente, suele añadir humorísticamente: "Este es un efecto colateral que aún no he podido controlar"».*

Las vivencias en el proceso de la muerte, una vez

más, son una mera prolongación de las vivencias durante las etapas anteriores de la vida. La muerte es una etapa de la vida. Y sin embargo, el solo hecho de establecer una relación de contacto con otra persona, el solo hecho de tocarla, supone una comunicación a nivel global, una comunicación a nivel holístico, englobando lo físico, lo biológico, lo psicológico y lo espiritual. Aunque antes de tocar al otro, eso sí, es importante haber hecho un trabajo de autoconocimiento y exploración de nuestras propias ideas y emociones respecto del tocar.

Es muy importante estar bien centrado para que el tocar sea terapéutico y esa característica ya se plantea en las filosofías orientales como una forma de vivir bien plena, incluso cuando lo que se está realizando sea algo ordinario y parezca no fundamental.

Jäger solía contar este cuento:

El alumno le pregunta al maestro sobre la iluminación y este le responde: ¿Sabes fregar los platos? Y el discípulo le contesta: Los dejo muy limpios. Y le vuelve a preguntar: No te he preguntado cómo los dejas, sino ¿dónde está tu atención cuando friegas los platos?

Desde la conciencia plena, lo que se conoce como mindfulness, Kabat-Zinn[27] y Siegel[28], recogen esta forma de prestar atención a las cosas cuando se está haciendo algo muy importante, y también cuando se realiza algo cotidiano. También en otro estudio[29] se está utilizando la potenciación de la atención para prevenir caídas en personas mayores. Así pues distintas filosofías, culturas y personas inciden sobre lo mismo: la importancia de estar bien atento y con la energía puesta en aquello que se está realizando.

El Maestro Li Yi-yu (1832-1892) postuló cinco características internas como necesarias para la práctica del taichí: *Mente tranquila, cuerpo ágil, energía plena, fuerza completa y espíritu concentrado.* Y tales características pueden ayudar a que el contacto físico se convierte en un tocar terapéutico, facilitador. A continuación vamos a ir repasándolas, una a una.

En cuanto a la *mente tranquila*, conviene empezar por subrayar que si la mente está agitada o intranquila, entonces no estará adecuadamente concentrada. En ese caso, se mueva hacia donde se mueva, nuestra mente no está enfocada. Para evitar esto hemos de prestar mucha atención a los movimientos de la persona a la que tocamos, y «dejarnos guiar», de alguna manera, por ella. Debemos descubrir qué desea esa persona, qué quiere y qué no. Aunque la persona se esté muriendo, esa persona se tiene que convertir en maestro, y la persona que la acompaña y que la toca se ha de convertir en su alumno, la persona que la acompaña se ha de convertir en alguien que está dispuesto a aprender, en el acompañado. Entonces, cuando la mente del que toca está tranquila y su cuerpo está tranquilo, el propio tocar es tranquilo, y la persona que es tocada lo percibe. Lo que ocurre entonces, en la mayoría de los casos, es que la mente de la persona que es tocada también se aquieta, se tranquiliza. En el antequirófano, por ejemplo, un contacto físico protector, no invasivo (un contacto cálido y respetuoso) produce en el enfermo una sensación de calma y sosiego muy superior, a veces, a la que genera un ansiolítico. Y ese mismo efecto balsámico (esa misma sensación de calma) se produce en la persona que muere. También es importante estar bien atento a las señales que la persona pueda transmitir de incomodidad ante el tocar, y ante la menor duda de que pueda generar malestar, la sugerencia es retirarse, no invadir.

"En un hospital, una persona aguardaba entrar a la sala de operaciones, sola en la camilla, consciente. Una limpiadora que acertó a pasar por allí se le acercó espontáneamente, le puso la mano sobre su antebrazo con mucha suavidad, y le dijo *«¿Cómo está usted, se encuentra bien?»*. Esa persona se sintió profundamente agradecida a la limpiadora por su gesto, y la limpiadora también se sintió agradecida hacia esa persona por haberle permitido acercarse a ella en ese momento."

La segunda característica interna del tocar terapéutico es el *cuerpo ágil*. El cuerpo debe estar ágil, fluyendo. En el tocar, si los movimientos corporales del que toca son inseguros, esa inseguridad será percibida. En cambio, si el cuerpo es ágil y fluye, entonces el tocar es fluido, y la persona entera fluye también. La tercera característica es la *energía plena*. Cuando la energía de la persona que toca es difusa (cuando está espesa y lenta), los movimientos son desordenados. Entonces el que es tocado puede sentirse inquieto o incómodo. Por el contrario, si la energía es plena entonces el contacto será pleno. Eso significa que será un contacto intenso, aunque sin invadir; será un contacto fuerte sin presionar; será un contacto cálido sin abrasar, y será un contacto tranquilizador sin avasallar. Además, para que la energía fluya y el tocar se convierta en una actividad terapéutica resulta importante prestar atención a lo que uno está haciendo, y también puede ser útil prestar atención a su propia respiración. La inspiración simboliza la capacidad de mantener y sustentar, lo cual corresponde de algún modo a la asunción de responsabilidades. Mientras que la exhalación simboliza la capacidad de sumergirse y dejar ir, lo cual viene a representar el tolerar, el perdonar, el soltar.

El alumno le dijo al maestro:
—Maestro, estoy lleno de energía.
Este le contestó:
—No es energía lo que tienes, sino tensión. La energía es la que tiene el pez cuando se desliza por el agua, sin tener que hacer ningún esfuerzo para deslizarse.

La cuarta característica interna en el tocar es la *fuerza completa*. La fuerza para tocar no sale de las manos ni de los brazos: esta fuerza fluye del *hara*, que está situado unos dos o tres dedos debajo del ombligo, en la línea media del abdomen. En China y Japón, al iniciar a alguien en la *ceremonia del té*, se dice: «No muevas el té con la muñeca, muévelo desde el *hara*». Y en el arte marcial del tiro con arco, se dice: «No tenses el arco con el codo. Ténsalo desde el *hara*». La clave en ambos casos es la misma, *estar bien atento*. Lo mismo se aplica al arreglo floral japonés (*ikebana*), y a otras artes orientales como la esgrima, la danza o las bellas artes. Asimismo, al practicar el zen en el tiro con arco, arquero y blanco dejan de ser dos opuestos, para transmutarse en una realidad única (Herrigel, 1987). También en el tocar, el que toca y el que es tocado dejan de ser dos para transmutarse en una realidad única.

Finalmente, la quinta y última característica interna del tocar es el *espíritu concentrado*. En este punto se sintetizan los cuatro anteriores. En efecto, cuando el espíritu está concentrado, la energía puede a su vez concentrarse y cultivarse, lo cual lleva a que haya energía abundante, y todo ello conduce a la lucidez, a la claridad mental, a la coordinación de los movimientos y a la capacidad de diferenciar entre lo aparente y lo sólido. Entonces, cuando se toca teniendo en cuenta estos cinco aspectos, el tocar se transforma en terapéutico, porque ya no es la persona quien toca, ya no es el *ego* quien toca. La persona, al igual que el violinista se ha quitado de en medio. No hay *quien toca* y *quien es tocado*. No hay dos. Solo hay uno. No hay dualidad. Sólo está la *no dualidad*. No hay muerte ni vida. Solo hay *lo que es*. Solo pasa *eso que está pasando*. No hay nada que hacer, no hay nada más que *estar*. Estar presente mientras la persona está muriendo. Y al hacerlo así, el que acompaña se quita de en medio. El que acompaña no interfiere, no estorba. Sólo *está*. Es muy difícil transmitir con palabras, aquello que las palabras no pueden expresar[30] por si solas. Y sin embargo, este es el trabajo más importante en el acompañamiento a alguien que muere: *Quitarse de en medio*.

PRONÓSTICOS DE VIDA

Una de las características del ser humano es que se anticipa al futuro. El ser humano quiere saber qué va a pasar mañana, ya sea para preparar una escapatoria en el caso de que la previsión sea amenazante, o para prepararse a disfrutar de la situación en el caso de que se trate de una previsión agradable. Es probable que esto sea un vestigio evolutivo a nivel de especie, relacionado con la necesidad de tener comida o caza dispuesta de un día para otro, como garantía de poder satisfacer el hambre propia y de la familia. Esta característica —la anticipación— sigue siendo hoy en día enormemente útil. En efecto, si no existiera la anticipación, los niños no irían al colegio a formarse para después encontrar un trabajo; las personas no ahorrarían para después poder comprar un coche o una casa; las personas no harían aportaciones de cara a su pensión de jubilación, pública o privada; las personas no irían al supermercado para adquirir los productos con los que cocinar la comida en casa. La anticipación es pues una característica del ser humano, y no constituye en sí misma un problema.

El problema viene cuando la anticipación se lleva más allá de donde puede realmente funcionar, o cuando se lleva más allá de donde resulta útil. El problema aparece cuando el ser humano quiere anticipar demasiadas cosas, o cuando quiere controlar demasiadas cosas. Y es que a veces el ser humano quiere anticiparlo todo y quiere controlarlo todo. El ser humano, a veces, quiere anticipar cosas que no se pueden anticipar. Así, hay personas que quieren anticipar lo que va a ocurrir después de la muerte, hay personas que quieren anticipar cuándo se va a producir la muerte, y hay personas que quieren anticipar cómo se va a desarrollar vida enfermedad que conduzca a ese proceso de muerte. Así, en muchas ocasiones, he oído decir: *«El médico nos ha dicho que le quedan dos meses de vida, que no va a vivir más de dos meses»*, o

213

«Nos han dicho que no "pasa" de esta Navidad».

En el momento de la presencia explícita o implícita de la muerte, el ser humano quiere seguir anticipando, el ser humano quiere seguir teniéndolo todo controlado. El ser humano quiere saber: *¿Cómo va a ser ese proceso?, ¿Va a ser doloroso o no?* Y sobre todo, *¿Cuánto va a durar? ¿Cuánto tiempo de vida le queda a mi familiar? ¿Cuánto tiempo me queda de vida? ¿Cuándo me voy a morir?* En algunos casos, este deseo de saber responde al anhelo de no prolongar el dolor o el sufrimiento de los enfermos. En otros casos puede responder al afán de evitar la angustia y el dolor de los propios familiares. En otros casos se puede dar este deseo de saber porque el familiar que acompaña, tiene que cumplir en su trabajo, o tiene unos planes, y tiene un interés (legítimo, por otra parte) en saber cómo organizarse: *«Mi trabajo está a muchos kilómetros de aquí, y necesito saber si la muerte es inminente y debo quedarme, o puedo volver a trabajar y regresar cuando sea realmente necesario»;* o *«Tengo un viaje pagado y no sé si me voy a poder ir, porque si se va a morir yo me quedo, pero si no se va a morir entonces yo quiero irme y disfrutar de mi viaje».*

Hay veces en que el familiar quiere saber cuándo se producirá la muerte para evitar estar presente durante la misma: *«No quiero estar con él cuando se muera», «Sería durísimo ser testigo de su muerte, porque la muerte es algo horrible», «La muerte es algo de lo que no quiero hablar, y mucho menos vivirla, ser testigo de ella»,* o *«No quiero ser testigo de la muerte de alguien que quiero».* Otras veces por el contrario, la persona quiere estar presente, y quiere tener la oportunidad de acompañar a su familiar en el momento de la muerte. En algunos casos las personas afrontan esta cuestión volviéndole la espalda al problema, es decir, negándose a hablar de él (haciendo como si la muerte no estuviera próxima, sin querer enterarse de nada). En otros casos, lo que hacen los familiares es preguntar al personal médico-sanitario: «¿Qué tiempo le queda?»

"En un hospital pequeño estaba hospitalizada la

madre de un médico. Una mañana, la médico responsable de la planta llamó a su colega para informarle del estado de su madre. El hijo, que se encontraba en un congreso a 300 kilómetros de allí, después de haber escuchado el nivel de gravedad de su madre, le preguntó a la médico: *«Bueno, mira, entre compañeros: esta tarde termina el congreso y después será la cena de clausura. ¿Tú crees que puedo quedarme? ¿Crees que mi madre morirá esta misma noche?»*. La médico, con la intención de aliviar la angustia de su colega, -según confesaba después-le dijo: *«No, no creo que muera esta noche. Puedes quedarte»*. La madre se murió esa misma noche."

Cuando los médicos dan pronósticos de vida lo hacen sobre la base de datos estadísticos, es decir, sobre un cálculo de la *probabilidad* de que tal cosa suceda en un tiempo determinado. Ese cálculo estadístico se hace sobre los datos correspondientes a personas que ya han muerto. Así, se estudian 100 o 1.000 o 10.000 personas con cáncer en un órgano o estructura corporal (mama, pulmón, colon, etc.), y se observa el tiempo que han vivido después de habérseles diagnosticado la enfermedad en un estadío determinado. Con esos datos se confecciona una curva (la llamada *curva de distribución normal* o *campana de Gauss*), y se observa cómo en la cúspide de la campana se sitúa la media aritmética, que en una distribución normal coincidirá con la moda (el valor más repetido) y con la mediana (el valor que deja a ambos lados el mismo número de casos). En ese punto es donde se sitúa, por tanto, la mayoría de la población estudiada.

Siguiendo esa pauta se puede llegar a observar, por ejemplo, que la mayoría de las personas con cáncer en una determinada parte del cuerpo han fallecido a los 3 meses. Ahora bien, el estudio estadístico proporciona también otros parámetros de medida, como el *nivel de significación (n.s.)* o el *nivel de error (n.e.)*. En concreto, si el nivel de error resulta ser de un 5%, eso significa que a la izquierda y a la derecha de la curva gaussiana hay lo que se llaman *colas*: el 95% de la población se situará alrededor de la media, y presentarán, por consiguiente, valores en el tiempo de muerte muy próximos a los 3 meses; pero habrá también un porcentaje del 2,5% que muere bastante antes de ese plazo, así como un porcentaje del 2,5% que muere bastante después. Esos porcentajes corresponden a los datos con mayor desviación respecto de la media, y forman las *colas* en la campana de Gauss, a derecha e izquierda de su parte central. Entonces resulta que dentro de ese estudio en el cual el 95% de las personas con cáncer han muerto en un plazo aproximado de 3 meses, hay un pequeño porcentaje de personas del estudio que han muerto mucho antes de esa fecha (por ejemplo, al cabo de 1 mes desde el diagnóstico, o a los 15 días de recibir el diagnóstico), y hay otro pequeño porcentaje de personas que han muerto mucho después (por ejemplo, al cabo de 1 año desde el diagnóstico, o al cabo de 5 años, o que no se han muerto de ese diagnóstico en absoluto).

Es importante tomar conciencia de todo esto para darse cuenta de que las predicciones estadísticas son por naturaleza imprecisas y están sujetas al error. Una predicción médica basada en datos estadísticos es una mera proyección a partir de *promedio* de lo que tardan en morirse las personas con una determinada enfermedad, pero ello no permite determinar el tiempo que tardará en morirse un enfermo concreto. Y por ello es imposible (es literalmente *imposible*) saber cuándo se va a morir la persona que tenemos delante. Sabemos, o es posible saber, lo que le ha ocurrido en el pasado a esa persona, o a un grupo de personas en el pasado, pero no es posible saber lo que le va a pasar en el futuro. No es posible saber cuándo alguien se va a morir.

Cuando hay elecciones, y tras el cierre de los colegios electorales, los medios de comunicación suelen informar de los posibles resultados de la votación, atendiendo a las encuestas a pie de urna. Entonces dan el número de escaños que corresponde a cada partido, y añaden una coletilla del tipo «Más menos tres», o «Con una horquilla de error de más menos tres escaños». Ese es, en efecto, el nivel de error del estudio estadístico efectuado a partir de las encuestas a pie de urna. Y en las elecciones, dicho dato suele acompañar sin ambages al pronóstico en cuestión. Es decir, el pronóstico se presenta como tal pronóstico, no como una certeza. La certeza viene después, cuando se produce el cómputo total de votos y se indica, entonces sí, de forma definitiva, el número de cargos electos. Y yo me pregunto: *¿Por qué en los pronósticos de vida no ocurre lo mismo? ¿Por qué al dar pronósticos de vida, estos se presentan con frecuencia como si fueran certezas?*

Probablemente conozca a más de una persona a la que le hayan dado un pronóstico de vida que luego no se haya cumplido. Como venimos diciendo, esto no es sorprendente en absoluto, si tenemos en cuenta que los pronósticos son meros cálculos de probabilidad obtenidos a partir de datos estadísticos, y siempre llevan asociados un nivel de error.

"A un enfermo diagnosticado de cáncer de vejiga, y en un estadío muy avanzado de la enfermedad, le dijeron que se moría a los cinco meses. Cinco años más tarde se murió en su huerta, regando, de un infarto."

"Una enfermera me contó que mientras pasaba consulta con un especialista en un hospital, una persona abrió la puerta y desde la misma le preguntó al médico: *«Doctor, ¿se acuerda usted de mí? Soy Fulano de tal, y hace tres años me dijo usted que sólo me quedaban dos meses de vida. Pues mire, aquí estoy todavía, y por cierto muy bien».* Y cerró la puerta."

En mis talleres con personal sanitario he percibido muchas veces la angustia de los profesionales cuando tienen que dar diagnósticos de vida. Esa angustia se suele tener muy poco en cuenta, eclipsada por la angustia de los familiares, y por la del propio enfermo que va a morir. Sin embargo, los profesionales se sienten presionados con frecuencia a proporcionar una información que no poseen. Que no poseen, porque no la pueden poseer, y ello les genera una angustia importante. Esta angustia —la angustia del personal médico-sanitario cuando se siente presionado para dar un pronóstico de vida— es una angustia digna de atención, sin que ello suponga que la angustia de los familiares y la angustia del enfermo no merezcan también ser atendidas. Y es que a veces los familiares parten de la idea de que el médico tiene que saberlo absolutamente todo respecto de la enfermedad y respecto su pronóstico vital. E incluso a veces, los propios médicos parten de la idea de que ellos tienen que saberlo todo acerca de la enfermedad y de su pronóstico vital. Y esa idea puede desencadenar mucha angustia.

Desde la Comisión Deontológica Médica de la Organización Mundial de la Salud[31] advierten que no es conveniente dar pronósticos de vida: *«Es un error pronunciar una cifra, porque no lo sabemos. Si no se lo digo no es porque no quiera hacerlo, sino porque no lo sé"».* Y se podría añadir: *«Mire, sabemos cuántos tumores tiene, sabemos los signos clínicos que tiene, sabemos las limitaciones que tiene, e incluso sabemos el tratamiento que ahora nos parece el más adecuado respecto al momento de la enfermedad por el que está pasando ahora. Pero cuándo se va a morir, no lo sabemos.»* Si volviendo a la curva de Gauss, existe un porcentaje de personas que se sitúa en los extremos más alejados de la curva, entonces ¿por qué hay que considerar a la persona con la que estamos trabajando como si estuviera en el medio de la curva?

"Una mujer de 30 años padecía varios tumores cerebrales, con muy mal pronóstico médico. Era madre de una niña de 6 años, y estaba empeñada en hacerle el vestido de comunión a su hija, cosiéndole unas lorzas, para que estuviera bien guapa (las lorzas son unos pliegues o tiras que van colocadas de forma horizontal sobre la zona de la falda). La mujer no era ninguna profesional de la costura pero le gustaba coser, y tenía la ilusión de hacerle el traje de comunión a su hija. La comunión iba a tener lugar a los 9 años de la niña. La familia estaba muy asustada, porque a la mujer le habían dicho que con los tumores cerebrales que tenía no viviría más de tres meses. Sin embargo, ella se empeñaba en decir que le iba a confeccionar el traje con las lorzas a su hija. Entonces los familiares de esta mujer acudieron a los profesionales de su centro de salud de atención primaria, para que la convencieran de que no iba a poder hacer ese vestido: *«Tenéis que hacerle entrar en razón. Ha perdido la cabeza. Ella no va a poder confeccionar ese vestido, porque para cuando la niña haga la comunión, ella ya habrá muerto».* Cuando los profesionales de atención primaria preguntaron a los familiares quién sabía realmente si la madre iba a poder hacerle el vestido o no tres años después, estos los miraron con cara de extrañeza: la madre estaba a punto de morir, la información se la habían dado en un centro de especialistas y eso «era así». Entonces los profesionales de atención primaria les dijeron que ellos no tenían ninguna intención de convencer a la mujer de que ella no iba a poder hacerle el traje a su hija, porque realmente no sabían lo que iba a pasar. Pues bien, la mujer siguió haciendo el vestido, y tres años después acompañó a su hija en la comunión, y muy contenta por lo mucho que alababan el buen gusto y la habilidad que había tenido la madre al hacerle ese vestido con lorzas y lo guapa que estaba su hija. Y un tiempo después la vieron en una frutería, quejándose de lo *«caros que se habían puesto ese año los tomates»."* El mecanismo de negación que la mujer utilizó cuando le dieron el diagnóstico, probablemente le permitiera sobrevivir al pronóstico recibido.

INDICACIONES AL ACOMPAÑAR

Esta guía resume de forma sinóptica el conjunto de indicaciones que se han ido dando para el acompañamiento en el proceso de morir, y van dirigidas a las personas que acompañan:

1. La persona que acompaña necesita tener cierto grado de madurez, información y experiencia.

2. Se han de examinar a fondo las propias emociones y actitudes en relación con la muerte, para poder estar próximos al moribundo sin miedo y sin ansiedad.

3. Se le debe dar a entender a la persona que está muriendo que estamos dispuesto a compartir sus emociones sean las que sean.

4. Se debe transmitir el siguiente mensaje: «No voy a echar a correr cuando nombres la palabra cáncer o muerte. Y no te voy a exigir que hables de la muerte como yo quiero que te refieras a ella».

5. Se ha de esperar a que el que va a morir exprese lo que quiera comunicar y de la manera que quiera manifestarlo. No se trata de provocar nada. Así, si la persona habla metafóricamente de «el viaje», o «cuando uno se va a Constantinopla», conviene seguir su metáfora. En ocasiones la persona no está hablando de forma metafórica, sino que para ella la muerte, su muerte, es un viaje.

   "A José, un hombre de 82 años que estaba muriendo y con muy buen nivel de conciencia, se acercó el profesional para preguntarle cómo estaba.

   —*Me voy de viaje,* contestó.

   La mujer puso cara de asombro, pues no entendía que el marido hablara de irse de viaje cuando sabía que se estaba muriendo. El hombre prosiguió:

   —*Me voy de viaje, y lo estoy preparando,* confirmó.

   El profesional le preguntó:

   —*¿Hay algo que te falta?*

   José respondió:

   —*Tengo que terminar de preparar la maleta, pero todo está bien.*

   El profesional le volvió a preguntar:

> *—¿Hay algo en lo que yo te pueda ayudar?*
> Y él dijo, mientras miraba al profesional a la cara con complicidad:
> *—No, ya casi la tengo terminada. Algunas prendas pequeñas me faltan por poner en la maleta, pero todo está bien.*
> La mujer y las hijas comentaban después la serenidad y la paz con la que se había producido la muerte del marido y padre.*"

6. Se ha tener la capacidad de sostener en el dolor al moribundo durante el viaje que este va realizando hacia el interior de sí mismo (Barbero 2011). Se ha de esperar a que sea el moribundo quien dé el primer paso en dicho camino, estando bien atento a pistas verbales no explícitas.

7. Entonces el trabajo es, simplemente, y sea cual sea la emoción que tenga la persona en el proceso de morir, el de «regar las semillas»[4]: regar las semillas del amor, regar las semillas de la compasión, regar las semillas de la dulzura, regar las semillas del estar, regar las semillas del vivir ese momento y resaltar las cosas hermosas que la persona haya hecho en su vida. Si la persona está consciente decirle y recordarle las cosas hermosas que ha hecho por el que acompaña o que han hecho juntos. *¡Cómo me ayudó cuando hiciste tal cosa por mi! ¡Cuánto amor y cariño ponías cuando estábamos en tal sitio! Y estando bien presente.*

8. Se debe tener presente que mucha gente se aferra a seguir viviendo porque le quedan cosas por resolver: cuando pueden expresarlas y encauzarlas, quedan aliviados.

9. Se deben evaluar los miedos que la persona tiene en el proceso, antes, durante y después de la muerte.

10. Se debe liberar la carga emocional de la persona y ver cuáles son sus necesidades.

11. Se deben plantear preguntas amplias: «¿Qué cosa le gustaría hacer en esta situación?», «¿Qué le gustaría

saber?».

12. Se debe dar resquicio a la esperanza, y aceptar que cada persona que muere tiene su propio ritmo. Conviene ver qué tipo de información tiene el enfermo y qué desea saber, así como identificar y aceptar el ritmo de cada uno, incluyendo el ritmo del propio acompañante.

13. Se debe animar a la persona a explorar, a moverse, a expresar, a jugar, a reír en complicidad. Todo ello facilita la vida e incluso la muerte. Se debe ayudar a expresar emociones, incluyendo los resentimientos, si los tiene.

14. Se le debe enseñar, si es que desea aprenderlo, a decir *no* a lo que no quiera en ese momento.

15. Y por último, lo verdaderamente fundamental en todo este proceso, referido al acompañante: *Que las ideas del profesional o del acompañante no estorben, que no interfieran en el proceso de vida y de muerte de la persona a la que acompañan.*

16. Algunas personas quieren morir de manera consciente, con un dominio mental lúcido y claro. Para ello si hay dolor, se puede aliviar el mismo con técnicas psicológicas de manejo del dolor o con analgésicos pero sin oscurecer la conciencia.

17. Ayudar a resolver los asuntos pendientes, ya sea con familiares y amigos, ya económicos o materiales, puede facilitar este proceso.

18. Evitar que se realicen prácticas estériles dedicadas a curar, y que produzcan sufrimiento innecesario, cuando todo el trabajo debería estar orientado a proporcionar cuidados de alivio y de sosiego.

19. Procurar facilitar una atmósfera de serenidad y de paz. Los familiares presentes junto al lecho del moribundo deberían evitar emociones que perturben el momento de la muerte.

El filósofo japonés Isutzu[32] cita a Zhuangzi al relatar la siguiente historia. "Un «hombre verdadero», en sus últimos momentos, recibió la visita de un amigo que también era un «hombre verdadero». Al ver a la esposa y a los hijos llorar y lamentarse alrededor del hombre en su lecho de muerte, les dijo: *«¡Silencio! ¡Fuera de aquí! ¡No lo disturbéis en su proceso de transmutación!».* Para Zhuangzi, al hombre verdadero no le interesa saber por qué vive, ni le interesa saber por qué muere. Ni siquiera le interesa saber qué viene antes y qué viene después. En la mente del hombre verdadero la Vida y la Muerte no se diferencian entre sí, dado que dicha distinción es insignificante."

ACCIONES INMEDIATAMENTE DESPUÉS DE LA MUERTE

El cuerpo de la persona que ha muerto es un cuerpo sagrado y el lugar donde se ha producido la muerte, debería ser un lugar sagrado, al menos mientras el cuerpo permanezca en ese lugar. Y desde esa perspectiva, el respeto por él y por su familia deberían presidir cada una de las acciones que se realizan en ese lugar.

Si la muerte se ha producido al final de un proceso de envejecimiento natural, como si ha sido después de una enfermedad prolongada, ya no es necesario correr ni agitarse. Si queda algo pendiente que no se le ha dicho a la persona, es un buen momento para decirle lo que se quería haber dicho o hecho. Aunque el cuerpo de la persona está muerto, todos los recuerdos, los pensamientos y todas las emociones relacionados con ella, van a seguir estando vivas durante mucho tiempo. Así que se le puede comunicar todo aquello que le hubiera gustado hacer o decirle antes. Pero sin que ello constituya una obligación. A algunas personas les gusta acercarse a tocar o besar a su ser querido, pero en cambio, a otras no. A unas les gusta poder decirles en voz alta o incluso en silencio lo que querían decir, pero otras prefieren no decir nada. En algunos casos una oración. En otros un silencio respetuoso.

"El padre murió y el hijo que no se había despedido de su padre antes, cuando ya estaba amortajado, pudo decirle a su padre lo que lo quería y lo importante que había sido en su vida para él. Años después comentaba: *¡Qué tranquilidad me queda ahora después de haberme despedido de el y decirle lo que lo quería. Y aunque él llevaba ya varias horas muerto, le dije que lo quería mucho. Qué bien!*".

Si hay algo en ese momento que los familiares querían decir y no han dicho, siempre podrán hacerlo después.

Si la persona es practicante de alguna religión, se llama al ministro de culto para que realice las preces o los rituales que cada religión considera adecuados.

Cuando los asuntos emocionales pendientes con la persona muerta están resueltos, es adecuado encargarse de los aspectos físicos.

Dependiendo de la cultura o de la religión o se avisa a las personas encargadas de cuidar el cuerpo muerto o lo realiza el personal sanitario o la propia familia.

El aseo con agua templada de todo el cuerpo y el secado posterior debería ser realizado con sumo respeto hacia esa persona que ya no está.

Los movimientos deberían ser realizados con sumo tacto, sin prisas, manipulando ese cuerpo que ha estado habitado hasta hace muy poco tiempo.

Es muy desagradable cuando los movimientos se realizan de forma brusca. Incluso las maniobras de arreglo de la cara y peinado, o afeitado en su caso, si se hacen, han de ser llevadas a cabo con sumo respeto. Hacia el difunto y hacia la familia. "*Dentro del dolor, me alegró ver como mi padre estaba afeitado en el ataúd y peinado, como a él le gustaba estar cuando estaba vivo*".

También dependiendo de la cultura o de la religión

se le envuelve en un sudario o se le viste de la manera que la propia persona había previsto o conforme a la costumbre local.

Pero siempre con respeto, con delicadeza.

5

CONSECUENCIAS DEL ACOMPAÑAR

ESTRÉS DE LA CUIDADORA PRINCIPAL

Estar acompañando a un ser querido desde el diagnóstico de una enfermedad grave o desde que empieza a producirse el deterioro físico o cognitivo de una persona hasta que muere, puede constituir una situación estresante.

Es verdad que para algunas personas muy desapegadas, muy liberadas de los condicionamientos de las ideas, puede ser un camino de aprendizaje y de superación de la situaciones que va presentando la vida, pero en la mayoría de las situaciones genera estrés.

Y si ese proceso es de meses o de años genera un esfuerzo físico y emocional que se convierte en un estrés crónico.

En algunas situaciones la persona enferma se va deteriorando de forma progresiva, se va incapacitando para asearse, vestirse, moverse, comer y en otras situaciones hasta tiene dificultad para hablar o comunicarse. En ocasiones tiene que permanecer en cama gran parte del día o todo él y puede presentar también múltiples manifestaciones físicas tales como dolor, cansancio, agotamiento, fatiga, úlceras por presión, otras heridas o infecciones de repetición. Añadido a esto, puede presentar manifestaciones como tristeza, apatía, miedo, aburrimiento, desesperanza, planteamiento del sentido de la vida, sobre las que hemos reflexionado en los capítulos anteriores. Y a todas estas señales y síntomas de quien muere, tiene que responder el cuidador principal, que generalmente es una cuidadora. La cuidadora principal. Y es algo para lo que nadie la ha

227

preparado.

Según los datos del INE[1], el 86 % de la población cuidadora es mujer. Generalmente es la esposa, la hija o la nuera de la persona a la que cuidan y que asume el rol de cuidadora principal, sin que haya llegado a ello por un acuerdo explícito entre las personas que componen la familia[2]. Y esta situación de cuidar que se plantea al principio como algo temporal sólo termina cuando muere la persona a la que cuidaba.

En este tiempo, algunas de las emociones que presenta la cuidadora y el resto de los familiares ante la proximidad de la muerte de un ser querido son similares, en su conjunto, a las de las propias personas que mueren, y que acabamos de contemplar, aunque con algunos matices, pues siempre es el "otro" el que se muere.

Así, en los procesos que denominamos *buena muerte, muerte serena* o una *muerte hermosa,* la familia en algunos momentos anteriores a la misma pueda sentir tristeza, miedo e incluso preocupación por lo que está sucediendo o por lo que va a suceder después. También aparecen sensaciones de tranquilidad, calma, paz, aceptación del hecho, e incluso de agradecimiento por como se ha producido todo el proceso. Estas últimas perduran en el tiempo, incluso años después de haber muerto la persona.

En otras situaciones de muerte, la cuidadora principal y el resto de la familia, se encuentran inmersas en una situación de estrés, cuyo concepto vamos a analizar a continuación.

El estrés es el resultado[3] de una relación entre la persona que lo vive y su entorno, y que es evaluado por ella como amenazante o que desborda sus recursos y que pone en peligro su bienestar. Las personas no son víctimas del estrés. Lo que determina la naturaleza del estrés es la manera como la persona aprecia los acontecimientos estresantes y los recursos que cree que tiene. Aunque en bastantes ocasiones tenga más de los que ella misma piensa.

Dicha situación de estrés se interpreta algunas veces como el resultado de los múltiples factores que influyen en ella, y otras veces como una causa que genera a su vez, distintas manifestaciones desagradables.

Revisando la fisiología del Sistema Nervioso autónomo, éste tiene dos ramas principales: el Sistema Nervioso Simpático y el Parasimpático. En el primero está ubicada la respuesta de lucha, de huida y también la de parálisis. De una forma somera, la información que el cuerpo capta a través de los órganos de los sentidos como los oídos, la vista, el olfato, el gusto e incluso las sensaciones propioceptivas del resto del cuerpo, es dirigida al tálamo que reenvía esta información a la corteza cerebral donde es analizada e interpretada. Si la conclusión a la que llega es que hay un peligro, se pone en marcha el sistema nervioso simpático, y se activa el eje hipotálamo-hipófiso-suprarrenal disparándose la secreción de adrenalina, para proteger a la persona del peligro. Con lo que está preparada para luchar, si evalúa que puede enfrentarse al mismo, para huir si considera que no puede hacerlo, o se queda completamente paralizada como consecuencia de no ser capaz de tomar una decisión entre las dos posibilidades anteriores. Como consecuencia de este proceso aparecen manifestaciones fisiológicas, (el aumento de la tensión muscular, dilatación de las pupilas, el aumento de la frecuencia cardíaca, el aumento de la tensión arterial, la contractura de los maseteros, etc.), que la preparan para cualquiera de las tres posibles respuestas,

Es importante señalar que el Sistema Nervioso Simpático tiene cuatro características: Se pone en marcha, ya sea el peligro real o imaginado; Se activa según una ley del todo/nada; No es voluntario; Y no es consciente.

Esa activación es excelente para momentos puntuales: cuando el familiar se complica en el proceso de salud, (presenta fiebre, o diarrea o vómitos) o cuando surgen otro tipo de dificultades domésticas o familiares. Se dispara el Sistema Nervioso Simpático, se gestiona lo que se ha de gestionar y se resuelve la situación. Es una situación de estrés más o menos agudo en función de la gravedad del hecho.

Cuando el peligro ha pasado, y la situación se ha resuelto, se pone en marcha el Sistema Nervioso Parasimpático que devuelve el cuerpo a la normalidad: Se produce la relajación muscular, la normalización de la frecuencia cardíaca, de la frecuencia respiratoria, de la tensión arterial, de la cavidad abdominal. La persona enferma se queda aliviada y el familiar queda tranquilo.

Pero si la situación del ser querido no se resuelve, sino que aparece un agravamiento en el estado de salud que hace más previsible e inminente su muerte, la activación del Simpático de la cuidadora no solo no se detiene, sino que se mantiene e incrementa, y se genera una situación de estrés crónico, que se manifiesta en los aspectos físicos, emocionales, cognitivos, espirituales y comportamentales que configuran el ser humano y que se .describen a continuación.

Las manifestaciones **físicas** de ese estrés de la cuidadora son:

Fatiga; Cansancio porque tiene que cuidar de la persona enferma y al mismo tiempo tampoco puede descuidar sus otras obligaciones familiares e incluso laborales: (*Este cansancio que tengo no se me quita ni en los pocos ratos que consigo descansar*); Problemas de sueño, (insomnio o hipersomnia); Múltiples quejas somáticas; Algias en distintas estructuras corporales, como cefaleas, (*Tengo un dolor de cabeza que no se me quita con nada*), migrañas, lumbalgias, dorsalgias, cervicalgias; Problemas intestinales; Cambios en la percepción del hambre (inapetencia o comer de forma compulsiva); Dolores intestinales; Alteración en el tránsito intestinal (estreñimiento o diarrea) y en el aparato urinario (disuria o infecciones urinarias).

A nivel inmunológico celular se produce una disminución de los linfocitos T, una disminución de las células NK (natural killer o «asesinos naturales»), una menor respuesta linfocitaria a la Ph A y a Concanavalina A y una disminución de la producción de Interleucinas 2. Todo ello produce una disminución del sistema inmunológico, que hace que la persona sea más propensa a padecer infecciones y otras enfermedades.

En el nivel **emocional**, dicha situación de estrés provoca tristeza, miedo, irritabilidad, enfado, rabia, preocupación y culpa. La *tristeza* que aparece por la percepción del deterioro del ser querido y por la anticipación de su pérdida. No es de extrañar que en las personas que acompañan, aparezca la tristeza, porque no es nada raro estar triste cuando el familiar se está muriendo. Tener *miedo* también es normal.

Pero estar *enfadado*, no es muy aceptado socialmente. Cuando alguien está enfadado o está irritable, en general esa emoción no es aceptada por los familiares, se interpreta como algo anormal y se intenta que vuelva a estar "bien" lo antes posible. En realidad el enfado, la irritabilidad, la rabia no son más que indicadores del dolor de la persona que lo experimenta. Para ir un poco más allá de la manifestación, más allá de la expresión de la rabia habría que preguntarse: ¿Cuánto dolor tiene ese cuidador? ¿Cuánto cansancio, que no es reconocido por el resto de los familiares? ¿Cuánto enfado no expresado por estar presenciando cómo el ser querido se va muriendo y no puede hacer nada por evitarlo? ¿O por no ser capaz de aliviar el dolor y el sufrimiento del otro? ¿O por no tener tiempo ni para comer, ni para dormir, ni en ocasiones para el propio aseo personal?

Algunas personas no pueden permitirse estar enfadadas y cambian la emoción por la tristeza. En otras ocasiones, algunas personas no pueden permitirse la expresión de tristeza y la cambian por una de rabia, que si pueden expresar.

La *preocupación* puede aparecer debido a: La posible influencia emocional de la muerte del ser querido en otros miembros de la familiar *(¿Cómo se van a sentir los hijos pequeños, o la pareja, u otros miembros? ¿Cómo van a reaccionar? Es él/ella, quien se encargaba hasta ahora de todos nosotros y de resolver todas las situaciones familiares. Si no está, ¿quién lo va a hacer?)*; Por las consecuencias económicas que se van a producir *(¿Qué va a pasar con los ingresos económicos que estaba recibiendo?, ¿Cómo nos vamos a quedar ahora a nivel económico?)*; o por la gestión de los asuntos diarios, *(¿Quién se va a encargar del tema de los bancos, o de la luz o del agua, o de la compra diaria?)*.

La *culpa* también se puede manifestar asimismo en el cuidador. Las cosas siempre se pueden hacer de más de una manera y en ocasiones la culpa tiene que ver con la imposibilidad de evitar la muerte del ser querido, la incapacidad de quitar el dolor o de aliviar el sufrimiento, o con la crítica hacia uno mismo, o hacia los demás, por cómo se deberían de haber hecho las cosas, *(Si hubiera hecho las cosas de tal o cual manera, mi familiar estaría mejor. Si no le hubiera dicho esto, no estaría tan mal. Nadie tendría que haberse enterado de que estaba oliendo mal. No he sido lo suficientemente buena, o hábil, o….).*

En numerosas ocasiones la culpa aparece por el estereotipo que tiene el cuidador de considerar la muerte como un fracaso, *(Si se está muriendo es porque no tengo que haber hecho algo bien)*, o por la no aceptación de la muerte como parte de la vida. Y es una emoción a la que es preciso prestar atención. Y valorar si es una culpa real o imaginada y al igual que en el capítulo 3, establecer estrategias de manejo saludable con la emoción. Para poder poner la energía para la vida. Para que el cuidador pueda vivir, para que se permita vivir con la mochila lo más ligera de equipaje. Liberándose de la culpa. Y pudiendo poner su fuerza en lo que está pasando en ese momento. Si lo que está sucediendo es cuidar al familiar, pues en ello. Y si ha muerto, pues en lo que haya de hacer en ese otro momento de la vida.

El *alivio* aparece cuando la persona está mucho tiempo enferma y no sólo no mejora, sino que va empeorando día a día y la familia expresa en voz baja: *«Si Dios hiciera un milagro y se lo llevara…»*. Y cuando por fin se produce la muerte, quien cuida experimenta alivio, porque la persona que estaba sufriendo deja de sufrir, y la persona que la estaba cuidando va a poder recuperar su propia vida. También el personal sanitario y el resto de familiares que acompañan pueden experimentar alivio tras la muerte. ¿Y cuál es la emoción que aparece cuando ante la muerte de un ser querido, se experimenta alivio? Pues la culpa. Y ésta vuelve a incrementar un poco más ese estrés crónico.

Así que en toda esta etapa van apareciendo muchas emociones que con frecuencia se solapan, cambian, presentan distintos niveles de intensidad, de duración, que dificultan su identificación y el consiguiente manejo posterior.

Las manifestación **cognitiva** del estrés crónico en cuidadoras en procesos de muerte afloran como: La aparición de pensamientos que se convierten en repetitivos y que son intrusivos en algunos casos (*No me puedo quitar de la cabeza lo que me está pasando; No me puedo creer que esto sea verdad)*; Dificultad en la atención y en la concentración, que repercuten en la memoria (*No me acuerdo si le he dado ya la medicación; o no se dónde pongo las cosas; o se me ha olvidado que tenía que ir a la farmacia a recoger la medicación; o que tenía que llamar al médico para preguntarle que hago con el estreñimiento que no se le quita*); Puntos de vista dogmáticos; Y la reducción de alternativas a la resolución de problemas que se van presentando en el transcurso de los últimos días de vida del ser al que cuidan (*No se puede hacer nada. No encuentro qué se puede hacer. No sé que tendría que hacer ahora. Todo lo veo negro. No hay ninguna solución*).

Asimismo en dicha situación aparece la *confusión*, relacionada con la preocupación anteriormente citada, por la gran cantidad de situaciones que se han de valorar y los distintos aspectos que intervienen en la misma. *(No sólo es que percibo que mi familiar se muere, sino que no se cómo se lo voy a decir a nuestros hijos, o al resto de la familia. O no sé como ellos van a reaccionar. No se cómo hacer. No se que decirles).* Porque cada una de las respuestas que se encuentran, en ocasiones generan nuevos problemas que se han de resolver en muy poco tiempo. Lo que se convierte en un nuevo foco de dificultades. Y el ciclo del estrés se realimenta y la cuidadora se agobia de nuevo.

También en el nivel **espiritual** de la cuidadora pueden aparecer sensaciones de desesperanza, pérdida del sentido de la vida, sensación de vacío interior, de agotamiento espiritual, de desconexión con el aspecto profundo del ser. *(Mi vida está dejando de tener sentido. Esto no nos lleva a ningún lado. No hay nada que se pueda hacer. Me siento vacía).*

En ocasiones el estrés crónico puede generar *conductas inadaptativas* como: Aislarse socialmente; o presentar respuestas de sobresalto ante estímulos pequeños; o mostrar agresividad con el resto de los familiares; o un consumo excesivo de alimentos, o de alcohol o de otras drogas; o un incremento en los conflictos en las relaciones, etc.

En cambio una *conducta adaptativa* para manejarse con el estrés crónico podría ser que la cuidadora aprendiera a posponer decisiones no importantes. También el prever la gestión de los aspectos materiales que van a tener que ser resueltos una vez se produzca la defunción, como en qué momento hay que llamar al médico o a los servicios funerarios o cuáles van a ser los rituales funerarios que se van a celebrar.

COMPORTAMIENTOS FAMILIARES

Es importante advertir a la familia que si vienen a visitarla otras personas, utilicen el tiempo para estar con el que muere, pero no para dialogar de sus propios intereses. En ocasiones, éstas se ponen a hablar de cosas que para nada interesan al moribundo, e incluso se ponen a hablar entre sí, sin mirarlo siquiera, y sin darse cuenta de lo molesto que pueda resultarle el ruido de esa conversación a pocos metros de su cama. Estas conversaciones intrascendentes se producen generalmente como consecuencia del mismo miedo o angustia que pasan esas personas, que aunque han venido a «acompañar», acaban por buscar la forma de evadirse de la situación. Lo mismo ocurre cuando los acompañantes muestran conductas como agitarse, violentarse, moverse de un sitio a otro de forma compulsiva, hacer llamadas telefónicas innecesarias, manipular el móvil, etc.

En mi vivencia he sido testigo de cómo algunas veces, (por fortuna excepcionales), mientras la persona se está muriendo, y en su propia habitación o en las proximidades, la familia empieza a discutir sobre quién se va a repartir qué cosas de la persona o aflorando conflictos familiares que estaban latentes. Si a los allegados se les cuestiona por este comportamiento, se excusan diciendo *«Si no se entera», «Si ya no oye», «Si no está despierto»*. Ante esta actitud, me pregunto: ¿Realmente es necesario esa conducta en ese momento y en ese lugar? ¿De quién se está cuidando? ¿De quién es la necesidad? Y ¿cómo saben los familiares que la persona no se entera o no oye? En ese momento, probablemente más que nunca en su vida, la persona que está muriendo necesita calma, necesita sosiego, paz y armonía, para poder vivir ese momento sin interferencias externas. Dice Blackman[1]: *«A veces, las personas necesitan presencia y tranquilidad. Por favor, ¡no os preocupéis por mí! ¡Permaneced serenos como corresponde a una familia! Cuando uno está a punto de irse, no le sirven para nada el ruido y la confusión».*

Otra situación que puede aparecer es cuando la cuidadora principal no se separa ni de día ni de noche de la habitación o de la cama de quien está muriendo, esté de forma bien consciente y despierto o en una situación de pérdida de conciencia. Y cuando pasan los días, y el resto de la familia la empujan para que descanse un poco o se alimente o se asee, y un tiempo después de salir de la habitación, cuando la cuidadora no está presente, el enfermo muere. Y algunas personas con tranquilidad dicen: *Estaba esperando a que yo me fuera para morirse*. Y en otras ocasiones reaccionan de forma distinta, se enfadan y expresan: *No quería separarme ni por un momento de su lado y en un momento que he dejado de estar, me hace la "jugada" y se muere. ¡Con todo lo que he hecho por el y va y se muere cuando no estoy!. ¡No tendría que haberme hecho esto a mi!. ¡Tendría que haber esperado a que volviera!"*. Y lo viven con enfado. Y esto que pueden considerarse como meras anécdotas, pueden generar a posteriori mucho dolor en la cuidadora. Porque dependiendo de la interpretación que haga quien cuida, así va a verse modificado su estado de ánimo. Si percibe que el moribundo lo ha hecho para no generarle más dolor, para cuidar a quien cuidaba, y para no hacerle pasar un mal rato al presencia su muerte, probablemente haya un sentimiento de agradecimiento y de calma. Si por el contrario, vivencia esa situación como un desagradecimiento de la persona que ha muerto hacia ella, lo viva con mucho malestar. Realmente, ¿cómo se puede saber si la persona que fallece tenía alguna intencionalidad respecto del momento de es momento, respecto de la otra persona? ¿O simplemente, son interpretaciones que hacen las personas que le sobreviven?

También ocurre a veces, en procesos de enfermedad que se prolongan en el tiempo, que hay algunas personas que se encargan de cuidar del enfermo de una forma sistemática y planificada (los *cuidadores principales*), mientras que otros familiares, ya sea porque viven lejos u otras razones, visitan al enfermo de forma ocasional. Algunos de estos familiares, cuando van a ver al enfermo, sienten que tienen que hacer todo lo que no han hecho antes, y con frecuencia tratan de adquirir protagonismo planteando intervenciones que ya han sido descartadas por el equipo médico y por la familia. Así, plantean cuestiones como: *«Y ¿por qué no le ponen una sonda»*, *«¿Por qué no le sedan?»*, *«¿Por qué no le ponen un suero?»*, *o cualquier otra intervención.* Y la respuesta podría ser: ¿Quién necesita esa intervención? ¿La necesita el enfermo? ¿O el visitante de última hora que necesita que se lleve a cabo esa intervención para sentirse útil, para aliviar su sentimiento de culpa por no haber estado más tiempo junto al enfermo?

Dentro de los comportamientos familiares, en el momento de la muerte serena, en calma, se pueden generar en distintas personas de la misma familia, actitudes distintas: Mucha tranquilidad, calma, mucha serenidad, tristeza, llanto, o mucha agitación, mucho movimiento entre los familiares, en función de cómo cada uno de ellos se plantee lo que es la muerte y las consecuencias de esta.

"Cuando la madre con 82 años murió de forma esperada tras un proceso largo con una enfermedad pulmonar, un hijo que estaba presente en el momento de la muerte empezó a andar agitado de un sitio a otro de la casa, negando la muerte o el momento: *«No puede ser, No puede ser»*, mientras que la otra hija permanecía llorando serena, al lado de su madre muerta".

También la expresión de la rabia puede producirse en ese momento: "Tras morir un enfermo de 70 años en el dormitorio de su casa, el hijo mayor, que había tenido muchas dificultades con su padre, golpeaba con los puños la pared de una habitación colindante. Los golpes eran tan violentos que producían un ruido impresionante. *«¡No puede ser que esto esté pasando, no puede ser cierto!»* decía».

EL DUELO

Etimológicamente, la palabra «duelo» proviene del latín *dolus*, que significa *dolor*, mientras que «luto» proviene del verbo *lugeo*, que significa *llorar*. Y conviene recordar que la tristeza de la separación, es decir, el duelo en sentido amplio no solamente ocurre cuando alguien ha muerto o está a punto de morir, sino que se puede desencadenar por otras muchas pérdidas, algunos más visibles y otros menos visibles. Así por ejemplo, una persona puede vivir un duelo tras la separación de su pareja, los hijos pueden vivirlo tras la separación de los padres, y los padres tras la emancipación de los hijos. Se puede experimentar duelo por la pérdida de un trabajo (ya sea por despido o por jubilación), así como por la del hogar familiar, por el cambio de escuela (pérdida de lo establecido), o tras experimentar un robo o un atraco (pérdida de la seguridad). Puede aparecer un duelo tras la marcha de un familiar que se muda a otra ciudad y no volverá en mucho tiempo, o tras perder la confianza en otra persona, o en un ideal. Y también tras la desaparición de la juventud, de la belleza, la aparición de las canas o la caída del cabello, de la estética dentaria, tras la aparición de la menopausia, etc., o tras la amputación de cualquier parte corporal (mama, ovarios, útero, tiroides, próstata, pierna, brazo, etc.).

El duelo es el conjunto de manifestaciones fisiológicas, emocionales, cognitivas y conductuales que la persona experimenta ante la separación de un ser querido, especialmente en caso de muerte o ante la percepción de esta última. Tales manifestaciones pueden presentar notables diferencias individuales en función de distintos factores. Así por ejemplo, influye la relación que tenía la persona que experimenta el duelo con la persona que ha muerto o está en proceso de morir; el lugar que la persona que está muriendo ocupa en la familia; la función social que realiza; la forma en que se produce el proceso de muerte; el apoyo social que tiene la persona que sobrevive, etc. Pero también las ideas que las personas tengan respecto del proceso del morir y de la muerte; respecto a cómo se va a producir la muerte; lo que le va a pasar a la persona que muere después de su muerte; y lo que les va a pasar después de esta muerte a las personas que le sobrevivan. También influye el grado de equilibrio o desequilibrio psicológico que tenía el deudo antes de la muerte del familiar, y los estilos de afrontamiento, la forma en la que haya afrontado pérdidas anteriores, ya sean por muerte o de otro tipo.

La vida de una persona está llena de pérdidas desde el momento en el que nace: efectivamente, cuando nace pierde el claustro materno, en el que ha estado viviendo durante nueve meses, y a partir de ahí va experimentando sucesivas mermas o quebrantos a lo largo de toda su vida. Sin embargo, también va ganando y aprendiendo al mismo tiempo, y esas nuevas ganancias, sumadas a la experiencia que va acumulando en el proceso, son las que le permiten afrontar la vida. En ocasiones sucede que no somos conscientes de tales ganancias, y entonces es importante tomar conciencia de ellas para restablecer el equilibrio.

La pérdida[5] de una persona querida es una de las experiencias más intensamente dolorosas que puede sufrir cualquier ser humano y no es sólo dolorosa de experimentar, sino también de presenciarla, aunque solo sea por la impotencia que supone esa situación. En efecto, aunque la mayoría de los profesionales sanitarios trabajan para aliviar a las personas que están con dolor, hay algo en la experiencia del duelo que excluye la capacidad de ayudar del ayudador. El dolor es inevitable[6,7,8] en tal caso, y proviene de la conciencia de ambas partes de que ninguna puede dar a la otra lo que quiere: el profesional no puede traer de vuelta a la persona que ha muerto, y la persona en duelo no puede gratificar al profesional que le ayuda, porque se supone que ese profesional está para ayudar, no para ser ayudado. El resultado de todo ello puede ser que el cuidador se sienta incómodo por no ser capaz de ayudar, o con un sentimiento de frustración, o de enfado con la situación, y ello puede llevarle a tratar de abreviar esa relación todo lo posible.

En el Capítulo 2 decíamos que la sugerencia de la Biblia era que a los muertos hay que rezarles, enterrarlos y dejarlos. Pero a los familiares en duelo les resulta muy duro, generalmente, que alguien les sugiera que «dejen» a la persona que ha muerto. Pues cuando se les insinúa tal conducta, los deudos lo perciben como una traición. Como que están traicionando a la persona que ha muerto. Tienen que abandonar a su ser querido, con el que tanto tiempo han estado conviviendo. Y para ellos constituye una falta que no quieren cometer. Ahora bien, el hecho de dejarlos no implica olvidarse de ellos, ni apartar de su vida el recuerdo que han dejado. «Dejarles», en este sentido, implica no llevarlos en la cabeza todo el día, no tenerlos en *la torre del castillo*. Y es que la *torre del castillo*, es decir, la cabeza, el pensamiento, es un lugar muy inhóspito, expuesto al calor, al frío, a la lluvia, a la nieve, al viento… En cambio, la *cocina del castillo*, el corazón de la persona es un lugar recogido y abrigado, está protegida de la lluvia y del viento, hay una temperatura más estable, y siempre encontramos en ella un fuego encendido y un puchero con algo caliente. Es por lo que si llevamos a la persona que ha muerto en el corazón, se encontrará mejor, más abrigada, más confortable, más cómoda y más segura, que si la llevamos en el pensamiento. Ahí, en el corazón, es donde tiene que estar el difunto. Y los deudos expresan: *"Mientras yo viva, la persona vivirá conmigo, pero no en mi cabeza, impidiéndome vivir, pues entonces estaré en el tormento, en la tristeza o en la culpa. Mientras yo viva llevaré a esa persona que ha muerto en mi corazón, facilitándome la vida. Viviré sin que esa persona esté a mi lado físicamente, pero la tendré siempre conmigo, en mi corazón".*

Si alguien quiere saber cómo se traslada al difunto de la torre del castillo a la cocina, del pensamiento al corazón, puede preguntárselo a alguien que ya lo haya hecho. En el acompañamiento, muchas personas me han preguntado cómo se hace esto, y les he respondido que no lo sé, que no sé cómo se hace. Después de un tiempo he vuelto a verlos y me han dicho que ya lo han hecho, que han trasladado al difunto de la torre al castillo. Entonces les pregunto cómo lo han hecho, y me contestan que no lo saben, pero que lo han hecho y que están mejor, más tranquilos, más en calma, con más sosiego en el corazón. Y sus caras, la *fachada del castillo*, transmiten esa misma sensación.

La separación entre duelo y muerte es artificial, pues ambos van de la mano. De hecho, el proceso de duelo comienza muchas veces antes de que se produzca la muerte propiamente dicha, cuando se anticipa la llegada de esta (*duelo anticipado*). Con todo, en este libro estamos centrando la atención en lo que sucede antes de la muerte, y en el acompañamiento en dicho proceso, más que en lo que sucede después.

En realidad el duelo constituye una desilusión. Y para que exista ésta, previamente tiene que haber una ilusión. La ilusión de que mi cuerpo es mío. De que los hijos son míos, De que el trabajo es mío. De que soy mi nombre. De que soy mi rol. De que la persona con la que comparto parte de mi vida es mía. De que las posesiones que tengo son mías. De que mis pensamientos son míos. De que mis emociones son mías. De que las sensaciones que aparecen en este cuerpo son mías.

Y cuando muere la persona que quiero, muere esa ilusión. Y aparece la desilusión. Y cuando percibo que estoy muriendo, muere esa ilusión. Y cuando mueren todas las ideas de lo que pensaba que era, aparece la desilusión. Y la desilusión, genera mucho dolor. Tanto que se denomina duelo. Cuando se consigue desapegarse de las ideas, de las ilusiones, el proceso de duelo puede seguir siendo difícil, la vida sin esa persona puede generar dificultades, pero probablemente viva de otra manera mas serena, más lúcida, más clara. Y es lo que comentan algunas personas que han conseguido observar la ilusión, desapegarse de ella y vivir la vida.

"Mi hermana se fue preparando para su muerte y decidió que quería cambiar de casa, rodearse de las personas a las que quería y la querían y vivir el tiempo que le quedaba, con el mayor nivel de paz y armonía que le permitiera su enfermedad y su dolor. Dos elementos formaron parte de sus últimos meses: El desapego y la compasión…. Me dijo que estaba preparada para irse y me preguntó si lo estaba yo. Contesté que si y nos despedimos….. Seguimos sus instrucciones y deseos para esos últimos momentos, lo que no sólo le serviría a ella en su tránsito, sino a las demás personas que compartimos esos momentos….. De hecho, algunas veces y en situaciones diferentes, la siento cerca y me genera paz y bienestar, nunca tristeza."

"El recuerdo de la muerte de mi madre me trae un buen sabor de boca. Cuando me acuerdo de ella, lo hago con alegría. Vivió su vida, con todas las dificultades que tuvo y supo sacarnos a todos sus hijos adelante".

Una mujer me comentaba, un tiempo después de la muerte de su marido: *«Cuando nos dimos cuenta de que, después de más de diez años del proceso de su enfermedad, él se moría, y que nada de lo que estaban haciendo los médicos iba a impedir su muerte, hablamos mucho de lo que estaba pasando, nos preparamos. Lloramos mucho, nos enfadamos, nos asustamos. Y cuando vimos que todo seguía su curso natural, un día, no sé cómo, empezamos a plantearnos qué íbamos a hacer ante esa situación: qué íbamos a hacer con nuestros hijos, qué queríamos hacer con el negocio familiar que teníamos, cómo quería él que fuera su entierro, y que quería él que hiciera yo. Lloramos mucho. Nos reímos mucho. Y ahora que él no está, estoy tranquila y aliviada. Pero no sé si eso está bien. Porque ¿qué van a pensar los demás? ¿Qué yo no lo quería? ¿Qué he perdido la cabeza por no estar triste?».*

No obstante, mientras se continúa percibiendo la ilusión como si fuera la vida, aunque las personas experimentan el dolor, se va aliviando de una forma natural con el transcurso del tiempo. Pero al principio del duelo muchas expresan: *"No me lo puedo quitar de la cabeza. No puedo dejar de pensar en él. Cuando me acerco a la cafetería donde iba con él, me pongo muy triste o muy nervioso, porque allí pasamos muy buenos ratos y eso ya no va a ser nunca igual. No voy a poder volver allí con el. Desde que se ha muerto, no he podido volver al cementerio. O no he podido volver a ir a un entierro. O cuando veo un coche fúnebre, me pongo a llorar sin poder pararme, y no entiendo lo que me pasa".*

Una forma excelente de afrontamiento del duelo es aceptar el dolor, percibirlo como algo normal ante la ausencia del ser querido, y no forzar a la persona a que esté bien. Permitir que el dolor vaya fluyendo, en lugar de reprimirlo. Y de nuevo encontrar el término medio. No negarlo, ni permanecer en él, el resto de la vida. No aferrarse a ninguna de las dos orillas del río. Permanecer en el centro, fluyendo con el río de la vida.

Para las personas interesadas hay manuales excelentes sobre el duelo, y la pérdida[9-21]

DIFICULTAD EN PERSONAL SANITARIO

*Desde que se **me** murió mi enfermo*
y yo no hice todo lo que pude hacer,
y no supe hacerlo bien,
estoy con depresión.
No dejo de repetirme cada día
que no hice todo lo que tenía que haber hecho,
y me cuesta mucho trabajo la vida
y el trabajo desde entonces
Profesional sanitario

Son varios los problemas que suelen referir los profesionales que cuidan a enfermos en situaciones de muerte, o a sus familiares y en la situación generalmente posterior de duelo. Porque a veces, el duelo comienza antes de la muerte. Algunos de los problemas más frecuentes son: El malestar por no poder disminuir el sufrimiento de la persona que muere ni el de la familia, ni el dolor que sienten los familiares después de la muerte del ser querido.

En el trasfondo de ese malestar subyacen varias dificultades. Todavía escucho en el ámbito sanitario que cuando se trabaja con alguien con dificultad, con enfermedad, con dolor, con sufrimiento, hay que tener empatía con la persona. Y que eso significa *ponerse en el lugar del otro*. Esto sucede de forma muy especial, por ejemplo, cuando muere una persona al que el personal sanitario ha estado cuidando durante un tiempo, sobre todo si son niños pequeños. En estos cuidados, el personal sanitario (sobre todo el personal de enfermería) sabe que aunque el niño no sea suyo, lo tiene que atender como si lo fuera. Y entonces, cuando el niño muere, pueden sentir esa pérdida como propia, identificándose con el dolor de la familia. Ya hemos comentado anteriormente que esa idea no saludable de empatía incrementa el riesgo del profesional quemado, o burnout.

El trabajo ahí es, una vez más, identificar las emociones: identificar la emoción que el personal está sintiendo, e identificar la emoción de la familia, sin identificarse con ellas. *Yo no soy mi emoción; mi emoción aparece en mí durante un tiempo, pero no es lo que yo soy. Puedo identificar la emoción de la otra persona y puedo acogerla.*

En otras situaciones, se puede producir una identificación de la persona con la que se trabaja, con un familiar propio y de nuevo se generan muchas dificultades.

Comentaba un psicólogo clínico que trabajaba en el área de oncología infantil: *"Cuando un niño pequeño, con una edad similar a la de mi hijo, ingresa en el servicio y veo que se va deteriorando y al final muere, por mucho que ya sé que no es mi hijo, no puedo dejar de entristecerme, pero de una forma muy profunda. Me noto muy cansado, llevo un tiempo que me cuesta trabajo ir al servicio de oncología. Cuando voy y hablo con los padres me muestro distante y frío. Creo que estoy con burn-out. Voy a tener que coger la baja".*

El burn-out se define[22] como el agotamiento emocional producido por un esfuerzo grande y continuado en el trabajo, que constituye una respuesta a un estrés crónico, cuyos rasgos son: Agotamiento físico y psicológico; Actitud fría y despersonalizada en relación con los demás; y un sentimiento de inadecuación a las tareas que se han de desarrollar.

Una enfermera de una planta de medicina interna comentaba: *"Estoy agotada y con los nervios a flor de piel. Ayer con una compañera con la que llevo trabajando cinco años de una manera muy cordial, es mi mejor compañera en el servicio, discutí. Y es que está muriendo mucha gente en el servicio y yo no puedo mas. Pienso en el dolor de la persona que muere y de su familia y me ahogo. Seguramente no soy apta para este trabajo".*

Además de identificarse con las emociones del otro, al personal le dificulta la idea de la omnipotencia. La idea de que ha de ser capaz de resolver todos los problemas, absolutamente todos los problemas. Incluso el de la muerte, que se percibe como un problema a evitar. Y la presencia de esa idea acaba generando una angustia y un dolor con los que resulta difícil manejarse en el trabajo cotidiano.

Otra situación que aparece con frecuencia es la dificultad de entender y aceptar la perspectiva de la otra persona. Así por ejemplo, cada persona vive la situación de muerte y el duelo de una manera distinta: hay personas que necesitan más tiempo que otras, y hay personas que hacen su duelo de forma más rápida, o no quieren entrar en él más profundamente. Si eso es lo que quieren, se ha de aceptar esa actitud. Es importante que el profesional sea receptivo a esas diferencias, y que acepte dónde está la persona, mostrando una actitud empática (lo cual significa *entender y aceptar* las emociones que está sintiendo la otra persona, no *mimetizarse* con esas emociones convirtiéndolas en propias).

En ocasiones no se sabe diferenciar entre las necesidades del profesional o los cuidadores y las de la persona que está siendo cuidada. Cuando alguien se está muriendo, en ocasiones se propone sedar a la persona aunque no tenga dolor, para que no se entere de lo que está pasando, en realidad para que no se dé cuenta de que se está muriendo. Entonces conviene preguntarse: ¿De quién es esa necesidad? ¿Quién necesita que la persona que muere esté sedada, y no se entere de lo que está pasando? ¿Es la persona que está muriendo, pero que no tiene dolor, la que necesita que la seden? ¿O la necesidad es del que cuida para que mitiguen su propia angustia? ¿O quizá lo que ocurre es que el cuidador necesita que seden a la persona que está muriendo para que esta deje de estar presente, para que muera dormida, y así no tener que acompañarla en el momento de su muerte? Preguntarse de quién es la necesidad en cada momento puede ayudar a clarificar objetivos, y facilitar la tarea del profesional.

Finalmente, otro problema también muy habitual

en cuidadores es la ansiedad ante la muerte, algo de lo que ya hablamos algo en el Capítulo 3 y ahora complementamos. La ansiedad[23] ante la muerte se puede definir como la reacción emocional producida por la percepción de señales de peligro o amenaza (reales o imaginadas) ligadas a la existencia, tanto a la existencia propia como a la ajena. En el caso de aquellas personas que por su trabajo han de afrontar el sufrimiento y la muerte de los demás, la ansiedad ante la muerte se convierte en un estado emocional que necesitan abordar para aprender a manejarse en situaciones que habrán de vivir a diario. Además, la ansiedad ante la muerte experimentada por los profesionales sanitarios influye también en los enfermos y en sus familias, y esto ocurre tanto si el profesional sanitario es consciente de ello como si no.

La ansiedad[24] ante la muerte es una parte fundamental e inherente de la existencia y de la experiencia humana, a menos que se haya hecho un trabajo previo de desapego y de desidentificación. Cuando se realizan talleres con un fuerte componente experiencial y vivencial, se consigue de manera notable la reducción de la ansiedad. En el taller de **Acompañamiento en procesos de muerte. Aprendiendo a vivir,** en que se inspira este libro, algunos de los comentarios que los participantes realizan son los siguientes: *Estoy perdiendo el miedo a la muerte. He aflojado la rebeldía ante la muerte. Me está permitiendo reflexionar sobre cómo vivir cada día. Me aporta calma. Me descarga. Me trae al presente. Siento menos carga desde que empecé el taller. Me refuerza que hay que vivir cada día. Estoy empezando a aflojar mi angustia ante la muerte. Estoy en calma cuando reflexiono sobre la muerte.* Y es que como ya hemos comentado el conocimiento por si solo, no modifica la conducta. El contactar con las emociones, con la vivencia, con la experiencia, si. Incluso modifica la ansiedad ante ella. Permite que las personas puedan hablar sobre la misma de manera natural. Como si formara parte de la vida.

De forma análoga se ha comprobado que la ansiedad ante la muerte tampoco disminuye con la relajación, ni con ejercicios de desensibilización sistemática. Son, por el contrario, la introspección y las visualizaciones vívidas las que consiguen los mejores resultados. Otra de las maneras no adaptativas de intentar reducir la ansiedad ante la muerte es negándola, pero cuántas ¡dificultades aparecen en el personal médico-sanitario cuando pasan por esas situaciones de negación!

Otro elemento que ayuda a reducir la ansiedad ante la muerte es la habilidad de la persona para dilatar su perspectiva del tiempo. En efecto, es sabido que la percepción del tiempo varía con la atención. Cuanto más absorto estoy en la tarea que estoy realizando, menor es la percepción del tiempo transcurrido[26]. Así, si el profesional consigue centrarse en lo que está haciendo, el tiempo se le pasará más rápido. Se atribuye a Einstein la observación de que si se está durante dos horas sentado con una persona muy agradable, el tiempo se le pasará como si fuera un minuto, mientras que si tiene que estar sentado en una parrilla ardiente durante unos segundos, estos se harán eternos…

Pero ¿por qué la experiencia de muerte afecta tanto al personal médico-sanitario? ¿Por qué les genera tanta ansiedad? ¿Por qué les ocasiona tantas dificultades?. La experiencia[27] del proceso de la muerte y del duelo «toca» personalmente al profesional sobre todo por tres razones. En primer lugar, el hecho de trabajar con personas que están en el proceso de la muerte y del duelo puede hacerle revivir sus propias pérdidas, así como procesos de muerte anteriores no resueltos. Esto puede resultar en ocasiones muy doloroso. Así, si en anteriores procesos de acompañamiento han quedado heridas no curadas, o emociones no expresadas, entonces el hecho de volver a trabajar con alguien en su proceso de muerte puede reabrir tales heridas, dificultando el acompañamiento a esa persona. Y si ha perdido un cónyuge por muerte o divorcio y no lo ha resuelto de manera adecuada, entonces le resultará especialmente difícil ayudar a alguien con una pérdida similar. Mientras que, por el contrario, si ha elaborado adecuadamente su propio duelo, si ha «curado» su dolor, de tal modo que la situación pasada ya no le provoca dolor, entonces esa situación bien resuelta puede ayudarle positivamente en su intervención o acompañamiento.

La segunda razón por la cual el profesional en un proceso de muerte se encuentra especialmente expuesto, tiene que ver con sus propios miedos. Si no es consciente del miedo que tiene a sus propias pérdidas, entonces ese miedo puede dificultar o interferir en el trabajo con la persona que está a punto de morir, o que está en situación de duelo. Por el contrario, si es consciente de su propio miedo y ansiedad en esa situación, entonces le resultará más fácil estar próxima a la otra persona, y/o podrá derivarlo a otro profesional si no se considera con la fuerza y claridad necesaria. *«¡Cuánto me agobia pensar en mi propia muerte y en lo que les va a suceder a los míos cuando yo ya no esté!».*

Y por último, la tercera razón para que experimente una dificultad especial, es que ese trabajo cuestiona al profesional acerca de su propia ansiedad existencial, y acerca de su propia conciencia personal o de sus seres queridos en el momento de la muerte.

«¡Cómo estoy con tanta ansiedad cuando me acerco a un enfermo, dudo en muchas ocasiones de que lo voy a hacer bien».

«Cuando quien está muriendo se parece a alguien de mi familia, o tiene la misma edad, o la misma forma de hablar, ¡qué difícil es acercarme a su dolor! Su dolor toca mi dolor, lo remueve».

Y también he oído decir a profesionales que trabajan acompañando en el duelo: *«Cuando la persona con duelo tiene mi edad, o mi mismo sexo, o mi profesión… ¡qué difícil me resulta!».* Es importante prestar atención a las identificaciones con el otro.

QUIEN CUIDA TAMBIÉN NECESITA SER CUIDADO

Este apartado va dirigido a la cuidadora principal, al resto de la familia que acompaña a quien está muriendo, así como al personal sanitario que atiende a los dos anteriores.

Para[28] trabajar de forma saludable con personas que están en proceso de muerte, el personal que acompaña necesita tener en cuenta distintos factores. Por una parte, necesita estar libres de situaciones que demandan reparación, compensación o redención. Cuando la persona que acompaña tiene hechos en su pasado que precisa redimir (actuaciones por las que se siente culpable, cosas que ha hecho y por las que «debe pagar»), puede intentar realizar con este enfermo aquello que no hizo "bien" en la situación anterior no resuelta. Y es que cada situación es única, cada momento es único, cada persona es única, con lo que las relaciones entre dos personas también son siempre únicas. Cuando se intenta resolver algo no resuelto con otra persona, se puede interferir en el proceso de "ésta" persona enferma, además de dificultar la resolución de la propia culpa que estaba enquistada. Lo mismo ocurre, en general, con todas las situaciones inacabadas, con todas las situaciones «no cerradas» *«Cuando se murió mi familiar no le dije aquello que tenía que haberle dicho. No hice lo que tendría que haber hecho».* El principio psicológico de Zeignerik sugiere, de hecho, que una tarea no acabada se recordará hasta que se complete. Por ello el personal médico-sanitario que arrastra situaciones no resueltas tendrá más dificultades para ayudar a la persona que muere, y tendrá más probabilidades de padecer estrés como consecuencia de su relación con el otro que le hará revivir su propio trauma una y otra vez.

Los elementos que ayudan al personal sanitario a prevenir el sufrimiento son los siguientes: Haber logrado un cierto grado de autoconocimiento, así como de maduración personal; Ser capaz de manejarse con sus propias emociones y con las emociones de los demás; Adquirir conocimientos específicos respecto al proceso de desapego, al de la muerte y al duelo consiguiente; Adquirir conocimientos y tecnología en el campo del acompañamiento y de la ayuda, orientados a establecer relaciones cálidas basadas en la confianza y en el respeto; Tener la suficiente apertura para estar abierto a aspectos que aparezcan en el proceso, y a los que en el momento de su aparición no sea capaz de entender o de darle sentido; Adoptar una actitud no crítica, para estar próximo al otro sin juzgarlo, sin valorarlo, sin etiquetarlo y sin desvalorizarlo; Tener la valentía para ser capaz de revisar sus propias ideas respecto del proceso, así como para acercarse a sus propios prejuicios, paradigmas y formas de entender la vida; Y por último, tomar conciencia de que el tiempo de vida, tanto el de la persona que muere, como el propio es limitado.

El personal que cuida también precisa ser cuidado. El personal que acompaña también necesita ser acompañado. El personal que mima a los enfermos necesita ser cuidado. El personal que protege también ser protegido. El personal que toca necesita ser cuidado. El personal que cura también necesita ser curado. El profesional que acompaña a otras personas en el proceso de la muerte puede enfermar él mismo en ese proceso y precisa cuidarse.

"En uno de los talleres, una médico se asombraba de que le preguntara a ella: ¿Cómo está? Y es que confesaba: *En todo mi desempeño profesional, siempre he sido yo la que he preguntado a los demás: ¿Cómo está? Y esta es la primera vez que me preguntan a mi como estoy yo. La primera vez*".

Ahora bien, tanto si la cuidadora, como la familia, como el profesional, son capaces de ser conscientes de la situación de estrés por la que están pasando, de sus emociones, de sus dificultades, de sus habilidades, si son capaces de aceptar la realidad que viven, probablemente puedan disfrutar de un mayor nivel de bienestar, y ello facilite el desempeño de los cuidados o del acompañamiento que en ese momento son precisos.

Asimismo, si los profesionales que acompañan efectúan una tarea de exploración de su propio historial de pérdidas, ello les puede ayudar a entender mejor los procesos de muerte y de duelo, así como el sufrimiento que estos generan, e incluso cómo alcanzar la curación de ese sufrimiento. Y esa tarea puede ayudarles también a reconocer y a aceptar sus propias limitaciones.

En resumen, lo que concluyen los estudios y mi propia praxis profesional, es que el personal sanitario que identifica sus propias emociones ante la muerte del otro reconoce las emociones del que está en ese proceso, y adquiere habilidades para manejarse con ellas, presenta una menor ansiedad ante la muerte. Cuando los profesionales son capaces de percibir de forma plena lo que está sucediendo en el proceso de la muerte, cuando han sido capaces de enfrentarse a sus propios miedos, han hecho un trabajo personal de desapego de lo que les dificulta vivir, la vivencia de ese proceso les resulta menos dura, y pueden transmitirla y pueden facilitar que la muerte de esa persona se produzca con paz y con calma.

CATÁLOGO PARA PREVENIR EL BURNOUT

Resumiendo estos aspectos, podemos concretar, de forma orientativa, el siguiente Catálogo:

- Cuide su propia salud, satisfaciendo sus necesidades físicas, psicológicas y espirituales.

- Preste atención a su respiración, revise cuánto líquido bebe al cabo del día y preste atención a su alimentación. Procure que su dieta sea equilibrada, variada y jugosa, a ser posible de la zona y de la estación del año en que viven.

• Preste atención a las necesidades de eliminación, procurando tener un orden y un momento en el día, en que las llevan a cabo.

• Realice ejercicio físico, de acuerdo con las posibilidades personales de cada uno, a ser posible 30-40 minutos cuatro días a la semana.

• Tómese un tiempo para la realización de actividades que le produzcan placer ahora o les hayan producido bienestar con anterioridad: cantar, leer, escribir, oír música, arreglar las plantas, cuidar animales, andar por la naturaleza, correr, bailar, saltar, montar en bicicleta, hacer montañismo, hacer senderismo, cocinar por el placer de hacerlo, andar descalzo, madrugar para ver amanecer, ver anochecer, escribir, ver películas que le gusten, hablar con alguna persona amiga, tomar un refresco, comprar flores, cultivar verduras u hortalizas, no hacer nada, tomar un masaje, oír los ruidos de la naturaleza, bañarse con agua caliente, sembrar brotes de semillas, hacer las tareas domésticas con atención, etc.

• Aprenda a identificar, reconocer y expresar sus emociones, tanto las agradables como las desagradables[29]

• Valore los problemas de forma realista: No los magnifique. Deles las importancia que tienen.

• Los problemas forman parte de la vida. Y resolverlos también. Adopte una postura activa para afrontarlos.

• Esté atentos a cualquier señal de estrés (alteración del apetito, dificultad con el sueño, cambios en el estado de ánimo, irritabilidad, molestias físicas, dificultad en las relaciones personales…).

• Aprenda a manejarse con el estrés por medio

de la relajación, el yoga, tai-chi o cualquier otra actividad que les proporcione tranquilidad y calma.

- Haga meditación, contemplación o cualquier otra práctica de silencio.

- Preste atención al nivel de exigencia propio.

- No tome decisiones importantes en tiempos difíciles (*en tiempos de tormenta, no hacer mudanzas*).

- Aprenda a pedir ayuda cuando vea que los problemas empiezan a desbordarle (*pedir ayuda es un signo de fortaleza*).

- Comparta emociones y pensamientos con personas con las que pueda hacerlo, no con alguien que les juzgue al hacerlo, o que aproveche para abrumarle con sus propias preocupaciones.

Si no soy capaz de manejarme con mis dificultades, ¿cómo me voy a manejar con las dificultades de los demás?

EPÍLOGO

Al final, mi cuerpo se convertirá en polvo:
incapaz de moverse por sí mismo,
será impulsado por otras fuerzas.
¿Por qué me aferro a esta forma
efímera y frágil que llamo «yo»?
Shantideva (1999)

Al terminar este libro me doy cuenta de que está compuesto de fragmentos; fragmentos de experiencias, de vivencias, de cierta forma de ver la vida y la muerte. De que tales fragmentos expresan una parte de lo que considero que es el proceso de la vida y la muerte. Hay muchísimas más formas de contar este proceso, pero esta es la que ahora, en este momento, ha surgido en este libro.

Aunque con frecuencia nos identificamos con «nuestro cuerpo», «nuestros pensamientos», «nuestras emociones», «nuestros recuerdos», «nuestra profesión», «nuestros roles» (los roles que hemos desempeñado y desempeñamos en esta vida), lo cierto es que todo eso no deja de ser una especie de espejismo. Lo que está agregado se desagrega. Todo lo que nace, muere. Todo lo que se engendra, muere. Todo lo que está en movimiento se enlentece y se para. Y todo lo que está compuesto se descompone. Y a esa descomposición llamamos «muerte». Pero con frecuencia se nos pasa por alto que aquello que se desagrega pasa a formar parte de la vida de una criatura más simple. Cuando un papel se quema se transforma en calor, se transforma también en luz que se puede visualizar en distintas longitudes de ondas, en distintos tipos de gases y se transforma también en cenizas. Por eso decir que el papel ha desaparecido, es una forma de expresarlo. La otra forma es que simplemente se ha transformado.

La muerte no es un fracaso. Es simplemente una parte constituyente de lo que llamamos vida.

Si se aprovecha al máximo, si se vive de una forma plena, mientras vivamos podremos decir: Estoy haciendo lo que hay que hacer mientras estoy vivo. Lo que toca hacer.

Cuando llegue el momento de la muerte podré decir: Estoy haciendo lo que toca hacer mientras muero. Lo que toca hacer ahora.

Y señalar que en ese momento de la muerte, la presencia de otra persona puede dificultar o facilitar ese camino. Si ha aprendido a hacer como el violinista podrá acompañar sin interferir, sin estorbar. Como la matrona que recoge a la criatura cuando la madre da a luz de forma natural.

Una ilusión mía ahora, sería que a alguien le hayan servido alguna de las reflexiones que están plasmadas en este libro.

Mi agradecimiento por que hayan llegado aquí en su lectura.

Les deseo una buena vida.

NOTAS Y CITAS BIBLIOGRÁFICAS

Agradecimientos

1.- Anónimo (2002). *El Evangelio del Tao.* Barcelona: Edicomunicación.

Capítulo 1

1.- Hawking, S. (2001). *El universo en una cáscara de nuez.* Barcelona: Planeta.

2.- Tully, R. B., Courtois, H., Hoffman, Y. y Pomarède, D. (2014). *The Laniakea supercluster of galaxies.* Nature, 513, 71-73.

3.- Bachiller, R. (2012). Hitos de la Astronomía. *http://www.elmundo.es/ especiales/ 2009/06/ciencia/astronomia/visiones/bachiller_ rafael. html (25.04.2012)*

4.- Sánchez, F. (2012). Surcando el Cosmos. *http://www.elmundo.es/ especiales/2009/06/ ciencia/ /astronomia visiones/sanchez_francisco.html,* (6.10.2015)

5.- Doroty y Lewis B. (2021). We are Stardust. *https://www.amnh.org/exhibitions/permanent/the- universe/stars/a-spectacular-stellar-finale/we-are-stardust* (5.4.21)

6.- Jäger, W. (1995). *En busca del sentido de la vida.* Madrid: Narcea.

7.- Santana Porbén, S. y Espinosa Borrás, A. (2003). Composición Corporal. *Acta Médica, 11,* 26-37.

8.- Kabat-Zinn, J. (2004). *Vivir con plenitud la crisis.* Barcelona: Kairós.

9.- Harlow, H.F. (1958). The Nature Of Love. *American Psychologist. 13.* 763-685.

10.- Spitz, R.A. (1996). *El primer año de vida del niño.* Madrid: Aguilar.

11.- Barreto, M P., Fombuena, M., Diego R., Galiana, L., Oliver,y Benito, E. (2015). Bienestar emocional y espiritualidad al final de la vida. *Medicina Paliativa. 22,* 25-32

12.- Rimpoché, S. (2000). *El libro tibetano de la vida y la muerte.* Barcelona: Urano.

13.- Benito, E., Barbero, J., y Payá, A. (2008). *El acompañamiento espiritual en Cuidados Paliativos.* Madrid: Arán.

14.- Reddington, M. (1983). *Taller sobre necesidades espirituales.* Conferencia dictada en el Hospital Santa Cruz y S. Pablo. Barcelona (No publicado).

15.- Singh, K.D, (1998). *Grace in dying. How we are transformed spiritually as we die.* San Francisco: Harper.

16.- Goleman, D. (1996), *Inteligencia emocional.* Barcelona: Kairós.

17.- Mayer, J.D. y Salovey, P. (1995). Emotional inteligence and the construction and regulation of feelings. *Applied and Preventive Psychology, 4,* 197-208.

18.- Pennebaker, J. W. (1994). *El arte de confiar en los demás.* Madrid: Alianza Editorial.

19.- Kelley, J. E.; Lumley, M. A.; Leisen, J. C. (1997). Health effects of emotional disclosure in rheumatoid arthritis patients. *Health Psychology, 16* 331-340.

20.- Esterling, B. A.; L´Abate, L.; Murray, E. J. & Pennebaker, J. W. (1999). Empirical foundation for writing in prevention and psychoterapy mental and psysical health outcomes. *Clinical Psychology Review, 19.* 79-96.

21.- Rosenberg, H. J.; Rosenberg, S. D.; Ernstoff, M.S.; Wolford, G. L.; Amdur, R. J.; Elshamy, M.R.; Bauer-Wu, S. M.; Ahles, T.A.; Pennebaker, J.W. (2002). Expressive disclosure and health outcomes in a prostate cancer population. *International Journal of Pschyatry in Medicine, 32.*37-53.

22.- Cerezo, M.V. Ortiz-Tallo, M. y Cardenal, V. (2009). Expresión de emociones y bienestar en un grupo de mujeres con cáncer de mama: una intervención psicológica. *Revista Latino-americana de Psicología, 41,* 131-140.

23.-Picazo, G. (2018). Kairos Zen. El poder de mirar y hacer. Madrid: Urano.

24.- Huan Thi, (2800 A de C.) *El libro clásico del emperador amarillo.* Madrid: Cabal.

Capítulo 2

1.- Rumi, J. D. (1998). *El Matnavi.* Las enseñanzas de Rumi. Barcelona: Edicomunicación.

2.-Real Academia de la Lengua. https://dle.rae.es/muerte (4.4.21).

3.- Huan Thi, (2800 A de C.) *El libro clásico del emperador amarillo*. Madrid: Cabal.

4.-Bernat, J.L. (2017). Muerte encefálica: Consenso y controversias. *¿Debemos revisar el concepto de muerte encefálica?* Barcelona: Fundación Victor Grifols y Lucas. 43. 35-51.

5.- Loeb J. *The Organism as a Whole*. Nueva York: GP Putnam's Sons, 1916.

6.- Kuhn, T.S. (2014). *La estructura de las revoluciones científicas*. México: Fondo de Cultura Económica.

7.- Hogarth, R. M. (2002). *Educar la intuición*. Barcelona: Espasa.

8.- Jäger, W. (1995). *En busca del sentido de la vida*. Madrid: Narcea.

9.- Thorne, K.S. (2010). *Agujeros negros y tiempo curvo*. Barcelona: Crítica.

10.- Stocco, A., Prat, C.S., Losey, D.M., Cronin J.A., Wu, J., Abernethy, J.A. et al (2015). *Playing 20 questions with the Mind: Colaborative Problem Solving by Humans Using a Brain-to-Brain Interface*. PLoS ONE 10(9): e0137303. doi:10.1371/journal.pone.0137303.

11.- País-Vieira, M., Lebedev, M., Kunick, C., Wang, J. y Nicolelis, M.A.L. (2013). *A brain-to-brain interface for real-time shating of sensorimotor information. Sci Repág. Nature Publishing Group*, 3. 1319. doi: 10.1038/srep01319.

12.- Capra, F. (2005). *El Tao de la física*. Málaga: Sirio.

13.- Damasio, A. C. R. ((2005). *El error de Descartes: la emoción, la razón y el cerebro humano*. Barcelona: Crítica

14.- Van Lommel, P. (2015). *Conciencia más allá de la vida*. Girona: Atalanta.

15.-Capra, F. *El Tao de la física*. op.cit.

16.- Bayés, R. y Borrás, F.X. (1999). Psiconeuroinmunología y salud. En M.A. Simón (Ed.) *Manual de psicología de la salud. Fundamentos, metodología y aplicaciones*. Madrid: Biblioteca Nueva.

17.- Piulachs Moles, M.T. (1978). *Taller de la muerte*. Extracto de un taller dictado en el Hospital de la Santa Cruz y S. Pablo. Barcelona. (No publicado).

17.1.- Isutzu, T. (1997). *Sufismo y Taoismo, Lao Zi y Zhuangzi. Vol II*. Madrid: Siruela

18.- Lommel, P. V., R.van Wees, V. Meyers e I. Elfferich,

(2001). Near Death Experiencies in Survivor of Cardiac Arrest: A Prospective Study in the Netherlands. *The Lancets*, 358. 2039-2045.

19.-Parnia, S. (2014). Death and consciousness-an overview of the mental and cognitive experience of death. *Annals of the New York Academy of Sciences*. 1330, 75–93. DO 10.1111/nyas.12582.

20.- Greyson, B. (2006). Near death experiences and spirituality. *Journal of Religion & Science. 41*. (2) 393-414. DO 10.1111/j.1467-9744.2005.00745.x

21.- Fenwick, P. y E. (2015). *El arte de morir*. Girona: Atalanta.

22.- Lázaro, C. (2018). *Lo que dicen los expertos sobre las experiencias cercanas a la muerte*. Almería: Guante Blanco.

23.- Blackman, S. (2003). *Despedidas elegantes. Como mueren los grandes seres*. Barcelona: Liebre de Marzo.

24.- Matthieu, R. (2003). *En defensa de la felicidad*. Barcelona: Urano.

25.- Mello, A. de (1993). *Un minuto para el absurdo*. Santander: Sal Terrae.

26.- Mediavilla, D. (31.1.2016). *La realidad con la que convivimos es una simulación de nuestro cerebro. El País* (https://elpais.com/elpais/2016/01/29/ciencia/1454090 720_023345.html).

27.- Horowitz, M.J.; Wilner, N. y Krupnick, J. (1980). *Pathological grief and the activation of latent self images. American Journal of Psychiatry, 137*.1157-162.

28.- Olmeda García, M.S. (1998). *El duelo y el pensamiento mágico*. Madrid: Pfizer. Master Line.

29.- Benito, E., Barbero, J., y Payá, A. (2008). *El acompañamiento espiritual en Cuidados Paliativos*. Madrid: Arán.

30.- Piulachs, M.T. *op. cit.*

31.- García-Atenza, A. F. (1994). *Estudio de la eficacia de un programa para la promoción de la salud en la vejez*. Murcia: Facultad Psicología Universidad Murcia. Tesina no publicada.

32.- Heath, I. (2008). *Ayudar a morir*. Madrid: Katz.

33.- Durkheim, K.G. (1984). *El maestro interior*. Bilbao: Mensajero.

34.- Melloni, J. (2014). La Espiritualidad como Universal Humano. 39-43, En Enrique Benito, Javier Barbero, y

Mónica Dones. (eds.) *Espiritualidad en Clínica. Una propuesta de Evaluación y acompañamiento espiritual en Cuidados paliativos.* Monografías SECPAL. Madrid: Secpal.

35.- Morrison-R. S. y Morris-J. (1995), When there is no cure: palliative care for the dying patient. *Geriatrics, 50,* 45-51.

36.- Kübler-Ross, E. (1969). *Sobre la muerte y los moribundos.* Barcelona: Grijalbo.

37.- Rimpoché, S. (2000). *El libro tibetano de la vida y la muerte.* Barcelona: Urano.

38.- Mello, A. de (1988). *La oración de la rana.* Santander: Sal Terrae.

39.-López Sanchez, J. (2017). El significado de la muerte en las 39.- diferentes culturas y religiones. México: *https://es.slideshare.net/ noicnusa02/el-significado-de-la- muerte-en-las-diferentes?qid=048e1d0c-0fb6-4ce1-96a3-*

40.- Pániker, A. (2000). *El jainismo.* Barcelona: Kairós.

41.- Grand Ruiz, B. H. (2005). *Africa tradicional y la muerte.* Buenos Aires: Dunken.

42.- Jäger, W. (2007). *La vida no termina nunca.* Bilbao: Descleé de Brouwer.

43.- Mead, S., Whitfiel, J., Poulter, M., Shah, P. *et al.* (2009). A *Novel Protective Prion Protein Variant that Colocalizes with Kuru Exposure. New England Journal of Medicine. 361,* 2056-65.

44.- Biblia, L. (1963). *Eclesiastés, 37,16.* Barcelona: Herder.

45.-Râbi'a A. (2006). *Dichos y canciones de una mística sufí.* Palma de Mallorca: Jose J. de Olañeta.

46.-Mello, A. *op.cit.*

47.-Anónimo. (2016). *El libro tibetano de los muertos.* Barcelona: La liebre de Marzo

48.- Rimpoché, *op.cit*

49.-Nhat H. T. (2005). *La muerte es una ilusión.* Barcelona: Oniro

50.-Jäger, *op. cit*

51.-Benito, *op. cit*

Capítulo 3

1.- Bowlby, J. (1993). *El vínculo afectivo.* Barcelona. Paidós.
-*La pérdida afectiva.* Barcelona. Paidós.

-*La separación afectiva.* Barcelona. Paidós.

2.- Durkheim, K.G. (1984). *El maestro interior.* Bilbao: Mensajero.

3.- Piulachs Moles, M.T. (1978). *Taller de la muerte.* Extracto de un taller dictado en el Hospital de la Santa Cruz y S. Pablo. Barcelona. (No publicado).

4.- Reddington, M. (1983). *Taller sobre necesidades espirituales.* Conferencia dictada en el Hospital Santa Cruz y S. Pablo. Barcelona (No publicado).

5.- Caballo, V.E. (1993). *Manual de evaluación y entrenamiento de las habilidades sociales.* Madrid: Siglo XXI de España.

6.- Küng, H. (2016). *Una muerte feliz.* Madrid: Trotta.

7.- Blackman, S. (2003). *Despedidas elegantes. Como mueren los grandes seres.* Barcelona: Liebre de Marzo.

8.- Saunders, C. (2011). *Velad conmigo.* Madrid: Secpal.

9.- Nouwen, H. J. M. (1996). *El sanador herido.* Madrid: PPC.

10.- Albon, M. (2000). *Martes con mi viejo profesor.* Madrid: Maeva.

11.- Arranz, P., Barbero, J., Barreto, P. y Bayés, R. (2005). *Intervención emocional en cuidados paliativos. Modelo y protocolos.* Barcelona: Ariel Ciencias Médicas.

12.- Melzack, R. Wall, P.D. (1965) Pain mechanisms: a new theory. *Science, 150,* 971-979.

13.-Marks, I.M. (1991). *Miedos, fobias y rituales. Vol. 1: Los mecanismos de la ansiedad.* Barcelona: Martínez Roca.

14.- Piulachs, M.T. *op. cit.*

15.-Arranz, et al. *op.cit*

16.- Prados, J.M. (2005). Pensamiento y emoción: el uso científico del término preocupación. *Ansiedad y estrés,* 11, 37-48

17.- Breznitz, S. A. (1971). A study of worrying. *British Journal of Social and Clinical Psychology. 10,* 271-279.

18.- Matthieu, R. (2003). *En defensa de la felicidad.* Barcelona: Urano.

19.- Siegel, R. D. (2011). *La solución mindfulness. Prácticas cotidiana para problemas cotidianos.* Bilbao: Desclée de Brouwer.

20.- Kabat-Zinn, J. (2009). *Mindfulness en la vida cotidiana.*

21.- Piulachs, M.T. *op. cit.*

22.- Chapman, C.R y Gravin, J. (1993) Suffering and its relationship to pain. *Journal Palliative Care. 9.* 5-13.

23.- Arranz, et al. *op.cit*

24.- Lazarus, R.S y Folkman, S. (1986*). Estrés y Procesos cognitivos.* Barcelona: Martínez-Roca.

25.- Lazarus, R. (2000). *Estrés y Emoción. Manejo e implicaciones en nuestra salud.* Bilbao: Desclée de Brouwer.

26.- Baker, I. A. (1999). *El arte tibetano de la sanación.* Barcelona: Martínez Roca.

27.- Valmiki, (1982). El mundo está en el alma. Paris: Sindbad

28.-Piulachs, M.T. *op. cit.*

29.- Gibran, K. (2016). *El profeta.* Madrid: Creación Editorial.

Capítulo 4

1.- Citado en Matthieu, R. (2003). *En defensa de la felicidad.* Barcelona: Urano.

2.- Epstein, R. M. (1999). Mindful practice. *JAMA* (*Journal of the American Medical Association*). *282*, 833-839.

3.- Buckman, R. (1992). *Com donar les males notícies.* Vic: Eumo.

4.- Piulachs Moles, M.T. (1978). *Taller de la muerte.* Extracto de un taller dictado en el Hospital de la Santa Cruz y S. Pablo. Barcelona. (No publicado).

5.-Soriano, J.M. (2005). Los procesos de la relación de ayuda. Bilbao: Desclee de Brouwer (pag 82).

6.- Lazarus, R. (2000). *Estrés y Emoción. Manejo e implicaciones en nuestra salud.* Bilbao: Desclée de Brouwer.

7.- Young, B.H.; Ford, J. D.; Ruzek, J.I.; Friedman, J. & Gusman, F.D. (1999). *Disaster Mental Health Services: A Guidebook for Clinicians and Administrators.* Vermont: National Center por PTSD.

8.- Donaldson, J. y Watson, R. (1996). Loneliness in elderly people: an important área for nursing research. *Journal of Advanced Nursing,24*, 952-959

9.- Deshimaru, T. (2003). *La práctica del zen.* Barcelona: Abadía de Montserrat.

10.- Bayés, R. (2001). *Psicología del sufrimiento y de la muerte.*Barcelona: Martínez Roca.

11.- Saunders, C. (2011). *Velad conmigo.* Madrid: Secpal.

12.-Krieger, D. (1979). *The therapeutic touch.* New York: Prentice Hall.

13.- Krieger, D. (1984). The therapeutic touch. *Nursing Research, 33.* 296-298.

14.- Remland, M.S. Y Jones, T.S. (1988). Cultural And Sex Differences In Touch-Avoidance. *Perceptual And Motor Skill. 67,* 544-546.

15.- Drescher, V.M.; Whitehead, W.E.; Morrill-Corbin, E.D. y Cataldo, M.F. (1985). Physiological And Subjective Reactions To Being Touched. *Psychophysiology. 22,* 96-100.

16.- Harlow, H.F. (1958). The Nature Of Love. *American Psychologist. 13.* 763-685.

17.- Harlow, H.F. (1959). Love in infant monkeys. *Scientific American. 200.* 68-70.

18.- Goodman, M Y Teicher, A (1988). To Touch Or Not To Touch. *Psychoterapy.4,* 492-500.

19.- Kupferman, K. (1987). The Vitalizing And Revitalizing Experience. The Place Of Touch In Psychoterapy. *Clinical Social Work Journal. 15,*3-5.

20.-Krieger, 1979, *op. cit.*

21.- Brody, J.A. La imposición de manos. De la magia a la medicina. *El Pais.* 12/abril/1985, 27.

22.- Eaton, M.; Mitchell Bonair, I.L. Y Friedmann, E. (1986) The effect of touch on nutritional intake of chronic organic brain syndrome patients. *Journal of Gerontology,41.* 611- 616.

23.- Hyde.E. (1989). Accupressure Therapy For Morning Sickness. *Journal Of Nurse-Midwifery, 34,* 171-178.

24.- Marx, M.S. y Werner, P. (1989). Agitation and Touch in the Nursing Home. *Psychological Reports, 64,* 1019-1026.

25.- Tizón, J. (2004). *Pérdida, pena, duelo. Vivencias, investigación y asistencia.* Barcelona: Paidós.

26.- Lynch, J. (1989). *The broken heart: The medical consequences of loneliness.* New York: Harper&Row.

27.- Kabat-Zinn, J. (2004). *Vivir con plenitud la crisis.* Barcelona: Kairós.

28.- Siegel, R. D. (2011). *La solución mindfulness. Prácticas cotidiana para problemas cotidianos.* Bilbao: Desclée de Brouwer.

29.- Lomas-Vega, R., Obrero-Gaitán, E., Molina-Ortega, F. J. and Del-Pino-Casado, R. (2017), taichí for Risk of Falls. A Meta- analysis. *Journal of the American Geriatrics Society.* doi:10.1111/jgs.15008

30.- Herrigel, E. (1987). Zen in der Kunst des Bogenchiessens. Munich: O.W.Borth

31.- Gómez Sancho, M. (2013). Nunca hay que decir le queda

un mes. Bilbao: medicosypacientes.com http://www.medicosy pacientes.com/articulo/ marcos-gomez-sancho-nunca-hay- que-decir-le-queda-un-mes-nos-hemos-equivocado- demasiadas. (5.4.18)
32.- Isutzu, T. (1997). *Sufismo y Taoismo, Lao Zi y Zhuangzi. Vol II.* Madrid: Siruela.

Capítulo 5

1.- INE. (2012). *Encuesta Nacional de Salud 2011-2012.* Madrid: INE.
2.- Izal Fernández, M; Montorio Cerrato, I y Diaz Veiga, P. (1998). *Cuando las personas mayores necesitan ayuda. Volumen I.* Madrid: Imserso.
3.-Lazarus, R. (2000). *Estrés y Emoción. Manejo e implicaciones en nuestra salud.* Bilbao: Desclée de Brouwer.
4.- Blackman, S. (2003). Despedidas elegantes. Como mueren los grandes seres. Barcelona: La liebre de marzo.
5.-Bowlby, J. (1993). *La separación afectiva.* Barcelona. Paidós.
6.-Parkes, C.M., (1965). Bereavement and mental llness, part I: A clinical study of the grief of bereaved psychiatric patients. *British Journal of Medical Psychology*, 38, 1-26.
7.-Parkes, C.M., (1965). Bereavement and mental illnes, part II: A clasification af bereavement reactions. *British Journal of Medical Psychology, 38,* 1-26.
8.- Parkes, C.M. (1972). *Bereavement: Studies of grief in adult life.* Nueva York: International Universities Press.
9.-Astudillo, W., Pérez, M., Ispizúa, A., Orbegozo, A. (Eds.) *Acompañamiento en el duelo y medicina paliativa.* SOVPAL, 2007.
10.-Barreto, M, P. y Soler Saiz, M.C. (2007*). Muerte y duelo, guía de intervención.* Barcelona: Síntesis.
11.-Bermejo, J.C. (Ed.) (2003). *La muerte enseña a vivir. Vivir sanamente el duelo.* Madrid: San Pablo.
12.-Kübler-Ross, E. (1993). *Carta para un niño con cáncer.* Barcelona: Luciérnaga.
13.- Kübler-Ross, E. (1996). *La muerte: un amanecer.* Barcelona: Luciérnaga.
14.- National Cancer Institute. U.S. Nacional Institute of Health. Pérdida, pena y duelo. http://www.cancer. Gov/

espanol/ pdq/ cuidados-medicos-
apoyo/pena/healthprofessional

15.- Neimeyer, R.A. (2007). *Aprender de la pérdida*. Barcelona: Paidós.

16.- Nomen, L. (2008). *Tratando el proceso de duelo y de morir.* Madrid: Pirámide.

17.- Olmeda García, M.S. *Las mentes del duelo*. Congreso Virtual de Psiquiatría. 1 de Febrero-15 de Marzo 2000. Conferencia 53-CI-B. (4.9.2003).

18.-Olmeda García, M.S., García Olmos, A. y Basurte Villamor, I. (2002). Rasgos de personalidad en duelo complicado. *Interpsiquis*. (4.9.2003).

19.- Sánchez Sánchez, E.J. (2001). *La relación de ayuda en el duelo*. Santander: Sal Terrae.

20.-Savage, J.A. (1992). *Duelo   por las vidas no vividas.* Barcelona: Luciérnaga.

21.-Tizón, J.L. y Sforza, M.G. (2008*). Días de duelo. Encontrando salidas*. Barcelona: Alba.

22.-Maslach, C y Jackson, S.E. (1982). *Burnout in health professions: a social psychological analysis.* En Sanders, G. y Sus, J. Social Psychology of health and illness. Lawrence Erlbaum. New Jersey: Hillsdale.

23.-Limonero, J. T., Sábado, J.T. y Fernández Castro, J. (2006). Relación entre inteligencia emocional percibida y ansiedad ante la muerte en estudiantes universitarios. *Ansiedad y Estrés. 12*, 267-278.

24.-Loneto, R y Templer, D. I. (1992). *Ansiedad ante la muerte.* Barcelona: Iatros.

25.-González, L. C.; Fernández, R. G.; Fuentes, P. S. Y Medina, C.. V. (2012). *Medicina Paliativa, 19*, 148-154.

26.-Dossey, L. (1986). *Tiempo, Espacio y Medicina*. Barcelona: Kairós.

27.-Worden, J.W. (1997). *El tratamiento del duelo: asesoramiento psicológico y terapia*. Barcelona: Paidos.

28.-Piulachs Moles, M.T. (1978). *Taller de la muerte*. Extracto de un taller dictado en el Hospital de la Santa Cruz y S. Pablo. Barcelona. (No publicado).

29.- Sociedad Española para el Estudio la Ansiedad y el Estrés. Decálogo de emociones y salud. *Boletín de la Seas.*

http://www.ansiedadyestres.org/emociones-y-salud-decalogo-. (29.11.2011)

ACERCA DEL AUTOR

Antonio Francisco García Atenza ha trabajado como enfermero y en la actualidad lo hace como psicólogo especialista en clínica. Experto en psicooncología y cuidados paliativos, imparte desde 1984, cursos de formación a profesionales socio-sanitarios, grupos de personas con enfermedad, cuidadores y a cualquier persona interesada en los mismos, siendo el titulado "Acompañamiento en procesos de muerte. Aprendiendo a vivir" el que con más frecuencia realiza. Está próximo a personas en el proceso de morir y en el duelo, desde un enfoque holístico, utilizando como elementos en ese acompañamiento el respeto hacia el ser humano, la capacidad de darse cuenta de lo que está sucediendo, la compasión que proviene del reconocimiento de los propios límites y las cuatro P (permiso, protección, presencia y potencia). Practicante de zen en la línea Nube Vacía, que creó Willigis Jäger. Vive en Murcia.

www.ingramcontent.com/pod-product-compliance
Lightning Source LLC
LaVergne TN
LVHW051255200726
843510LV00010B/1134